A COR das palavras

Denise Ziviani

A COR das palavras

A alfabetização de crianças negras entre o estigma e a transformação

MAZZA edições

A COR DAS PALAVRAS: a alfabetização de crianças negras entre o estigma e a transformação

Capa
Túlio Oliveira

Revisão
Lourdes Nascimento

Projeto gráfico e diagramação
Anderson Luizes

Z82c

Ziviani, Denise Conceição das Graças.
A cor das palavras: a alfabetização de crianças negras entre o estigma e a transformação / Denise Conceição das Graças Ziviani. – Belo Horizonte : Mazza Edições, 2012.

256 p. ; 16x23 cm

ISBN: 978-85-7160-539-8

1. Educação. 2. Psicologia social. 3. Sociabilidade. I. Titulo.

CDD: 370:301.15
CDU: 37:316.6

MAZZA EDIÇÕES LTDA.
Rua Bragança, 101 – Pompeia
30280-410 BELO HORIZONTE – MG
Telefax: + 55 xx 31 3481-0591
email: edmazza@uai.com.br | site: www.mazzaedicoes.com.br

Aos meus colaboradores de pesquisa, meninos que sempre souberam esperar e que, enquanto esperavam, cooperavam...

Adilson, Victor Pedro e Hugo Eduardo.

AGRADECIMENTOS

Era uma vez uma menina negra que morava num morro e que, como muitas outras de sua idade, um dia, foi para a escola. Lá ela aprendeu o bê-á-bá...

Aprendeu a ler, aprendeu a escrever...

Do que aprendeu, ela quis ensinar. Ensinar às crianças, aos adultos a "ajuntar as letras" para formar primeiro o nome, as palavras, depois as frases. Ela descobriu que com as frases ela podia dar voz a seus pensamentos e assim começou a ajuntar tudo: gentes, emoções, memórias, projetos, ciência, política e fé, até escrever este trabalho, que para ser escrito ela precisou de "ajuntar letras", vírgulas, pontos, sinais e ideias. Para isso ela precisou de muita ajuda das pessoas.

E, hoje, ela agradece...

À professora, orientadora, psicóloga social, psicanalista, mulher e poetisa sensível Maria Lúcia Afonso, que acreditou, acolheu e incentivou as ideias que aqui puderam ser escritas;

À professora Consuelo Dores Silva, pela atenção, pela presença, pela orientação e pelas primeiras lições de negritude;

Aos professores do curso de Psicologia Social, que acreditaram na integração da Pedagogia com a Psicologia Social;

Às amigas e ao amigo da turma de 2000, pela escuta;

Às alunas da graduação do curso de Práticas de Dinâmica de Grupo de 2001/2002, com quem aprendeu a ouvir e a escutar;

Aos amigos do Movimento Negro que, democraticamente, a receberam e com quem ela dividiu suas indignações de professora negra e alfabetizadora: Luci de Fátima, Patrícia Santana, Cleide Hilda, Cida Reis, Mestre Primo...

À parecerista do projeto, professora, "mulher e negra que vi de perto", Nilma Lino Gomes, da Faculdade de Educação, pela valiosa contribuição;

À professora Petronilha Beatriz Gonçalves e Silva, por ter aceitado o convite para participar da banca;

Às catorze professoras sujeito/pesquisadoras, que abriram as portas de suas salas para que ela pudesse penetrar e intervir. Vocês todas com certeza tiveram 100% de participação neste trabalho!

Ao professor Marco Antônio de Oliveira, da Faculdade de Letras, cujas intervenções despertaram sua atenção, tornando-a uma alfabetizadora mais crítica;

Ao professor Paulo Roberto, com quem, até hoje, discute incansavelmente sobre a violência nas vilas, morros e favelas;

Às colegas alfabetizadoras e aos ex-alunos da Escola Municipal Anne Frank, lugar onde aprendeu o ofício de ensinar a ler...

À mãe, pelas orações infindáveis;

Aos sete irmãos, lutadores e sobreviventes;

A todos que cruzaram pelo seu caminho e pacientemente ouviram suas histórias e relatos;

A Deus, por tudo.

é com afagos
que os ricos dizem aos pobres:
– não sejam radicais!
que os brancos dizem aos negros:
– não sejam racistas!
os homens dizem às mulheres:
– deixem de ser sexistas!
e depois disso
metem-lhes as esporas burguesasbrancomachistas.
(*Cuti*)

PREFÁCIO

Um livro recomenda a si mesmo por inúmeras razões, tantas quantas são as janelas que abre para os leitores, expandindo horizontes, trazendo experiências estéticas ou simplesmente fazendo-os ad-mirar, no espelho do papel, aquilo que está escrito no mundo, mas, que, até então, não haviam conseguido enxergar. Com um pincel mágico, o livro vai dando cor e forma às tintas que permaneciam invisíveis nas tessituras do mundo. É por isso que um livro tem uma autoria, um jeito especial de segurar o pincel e traçar rumos para o olhar. Neste A cor das palavras, Denise Ziviani nos faz enxergar uma face trágica do racismo – aquele que recai sobre as crianças negras em fase de alfabetização. Entretanto, ela usa tintas tão luminosas, em um traçado tão delicado, que derrama no quadro um matiz de esperança de que tudo isto pode mudar. E assim ela também nos aponta caminhos e sentidos, para que possamos experimentar algo mais "entre o estigma e a transformação".

De fato, uma das faces mais cruéis do racismo é o seu impacto sobre as crianças, esses sujeitos ainda em formação, para quem o mundo apresentado pelos adultos pode parecer – e muitas vezes parece – tão "natural", malgrado a sua escandalosa injustiça. Sujeitos para quem aquilo que os adultos dizem pode parecer – e tantas vezes parece – ser a verdade! E se essa verdade for destrutiva para o sujeito? Como lidar com um mundo que, desde o seu nascimento, lhe diz que você tem um valor menor? E como fazer isso se você ainda está aprendendo a falar, a andar, a se relacionar, a separar o que é dia e o que é noite, a conhecer as pessoas e as cores e a se olhar no espelho dos olhares e dizer: esse sou eu? E se, passados alguns poucos anos desse turbilhão, você está aprendendo a escrever aquilo que aprendeu a falar e percebe – e não mais de repente – que a escrita tem cor? E que ela nada tem a ver com a caixinha de lápis de cor que você levou para a escola? Que a cor das palavras é a cor do outro? Será que você vai aprender a escrever? Será que vai aprender a escrever da mesma forma?

Um adulto está ali para proteger você e lhe apresentar o mundo e a sua escrita. Para lhe mostrar que palavras podem ser capturadas em uma folha de papel, em um fino traço que vai costurando a interpretação da realidade e a sua imaginação. Mas e se esse adulto em vez de protegê-lo(a), trata você como alguém que nunca conseguirá se apropriar desses tesouros? E se tudo o que você escuta – embora de maneira difusa e confusa – é que a sua cor não combina com a cor das palavras?

Em seu livro, Denise Ziviani nos mostra como se dá a discriminação contra crianças negras já na fase de alfabetização na escola e como essa discriminação interfere negativamente na aprendizagem da escrita e, por extensão, no desenvolvimento psicossocial da criança, que se vê inferiorizada e desvalorizada. O impacto negativo desse processo sobre o desenvolvimento da criança negra é grande – embora nem todas sucumbam, é claro. Mas dizer que os indivíduos podem lutar contra essa discriminação não pode nos levar a desresponsabilizar os(as) educadores(as), a escola e o Estado de sua obrigação de prover educação tanto na forma de acesso universal quanto na de qualidade de conteúdos e de interações humanas no contexto escolar.

Após as mudanças introduzidas pela Constituição Federal de 1988 (com todos os processos sociais das quais ela foi o resultado), o acesso à educação fundamental está quase universalizado, com um percentual de um pouco mais de 97% de crianças de 7 a 14 anos na escola (IBGE, 2006). Todavia, essa escola ainda carece conquistar um caráter democrático pleno, ampliando as metas da quantidade para a qualidade dos acessos, em todos os sentidos. Essa qualidade da educação é responsabilidade do Estado e direito da população, mas trata-se de um direito que não se conquistará sem participação, uma vez que não depende unicamente de concessões e recursos estatais. Necessita da implicação dos sujeitos, dos educadores e das famílias na construção de uma cultura de direitos e de respeito à pessoa humana.

Os efeitos perversos da discriminação permanecem obscuros por alguns anos. Como educadores(as), escolas e famílias não querem ou não conseguem enxergar, eles ficam invisíveis por detrás das histórias individuais: o menino que não consegue ligar consoantes e vogais, a menina que não sabe colocar pontuação nas frases, o menino bagunceiro, a menina desatenta, crianças que esfregam tanto a borracha na folha que a rasgam, cadernos que se sujam, que são levados aos pedaços, dia após dia, para a avaliação impaciente de professores que nem sempre estão atentos às mensagens cifradas. Estereótipos que vão ajudando a manter oculto o preconceito de raça, de cor, de gênero, de classe, entre outros. Um cotidiano que engole iniciativas tímidas de mudanças e que pressiona a todos a se manterem dentro dos trilhos já construídos na história.

É na passagem entre os níveis de ensino que o preconceito se deixa analisar. Os picos de evasão escolar se apresentam da 4ª para a 5ª série (segundo ciclo) do ensino fundamental e, hoje, mais ainda, da 8ª série (último ano do 3º ciclo) do ensino fundamental para a 1ª série do ensino médio. A grande maioria dos que evadem é negra e pobre! Se existem razões para esta evasão ligadas à necessidade de sobrevivência e de trabalho, Denise mostra que podemos encontrar também outras razões relacionadas ao funcionamento escolar e à relação educador-educando. O fato de que muitas crianças – em sua maioria negras e pobres – saem do ensino fundamental sem estarem bem alfabetizadas (em situação de analfabetismo funcional) corrobora essa "debandada" da escola, que as afasta e não lhes assegura, pela transmissão do conhecimento, uma entrada melhor no mundo do trabalho, nem no mundo da cultura e nem no mundo da vida.

Mas como essa debandada começa? Com a primeira decepção da criança que é desencorajada (ou sutilmente não encorajada) a aprender a ler e escrever. Denise Ziviani revela como crianças e professores(as) são capturados nas armadilhas do cotidiano, por meio de pequenas histórias e cenas. Assim, os apelidos pejorativos, as perguntas nunca respondidas, o contato físico que provoca rejeição, muito se soma em uma mensagem subliminar de racismo, que muitas vezes não é percebido e muito menos conceituado pelos sujeitos envolvidos. As grandes análises sociológicas certamente se enriquecem com essa garimpagem da vida quotidiana que dá sustentação às interpretações mais amplas.

Mas o grande mérito da pesquisa de Denise foi justamente ir além da constatação de uma realidade social e apresentar alternativas. Desenvolvendo uma pesquisa-ação, ela levou às últimas consequências a famosa frase de Lewin: "nada melhor para conhecer a realidade do que tentar transformá-la". Ou seja, em uma dimensão científica, seus achados seriam mais válidos se pudesse demonstrar que, mudando aquela realidade, estaria oferecendo melhores argumentos para a compreensão de sua dinâmica. E, em uma dimensão de intervenção psicossocial, estaria trazendo aos sujeitos pesquisados a possibilidade de se tornarem parceiros da produção do conhecimento e da produção de si mesmos no contexto pesquisado.

De pensar a agir, assim ela fez! Logo de início, mobilizou as educadoras e alunos, explicou a sua pesquisa e se dispôs a observar enquanto participava intensamente no cotidiano, ajudando nas aulas, mas buscando não intervir valorativamente no contexto. Ou seja, procedeu como um observadora participante que queria apreender a cultura local. Após alguns meses, iniciou um processo de discussão em grupos de professoras e propôs formas de intervenção na escola, discutindo projetos de ensino e atuando mesmo na sala de aula, ajudando as professoras. Dessa vez, explicitava o que fazia, colocando em questão as práticas existentes e as suas próprias, sem assumir uma posição de "sabichona", mas instigando o diálogo. Diversas reuniões de professoras, no formato "oficinas de grupo", forneceram a ocasião para que essas reflexões fossem aprofundadas, sistematizadas e, principalmente, apropriadas.

Assim, durante muitos meses, Denise "subia o morro" que levava às escolas, ora de ônibus, ora a pé, pois levava consigo materiais diversos, além de papéis e canetas, tais como feijõezinhos de cores e formatos diferentes e coelhinhos brancos e cinzas e negros (nenhum deles podia entrar no ônibus). Ao vivo e a cores, ia mostrando como trabalhava as diferenças raciais, com as crianças, de maneira leve e lúdica, buscando não reproduzir estereótipos e nem discriminar crianças, negras ou brancas ou de qualquer cor que lá estivessem. Trazia também elementos que pudessem ser trabalhados na escola: livros de estórias, como a clássica Bonequinha preta ou a mais moderna Menina bonita do laço de fita. Com impaciente paciência, como o nosso mestre Paulo Freire dizia, ia discutindo as suas proposições, ouvindo aquilo que as professoras queriam dizer e perguntar, independentemente de suas crenças e opiniões.

Ampliando a sua ação, Denise mobilizou a escola em torno de um projeto de humanização do ambiente escolar e quase todos os alunos se envolveram em tornar a sua escola de "cinza" em mais "colorida" e arejada por meio de um monte de mudinhas de árvores e flores. Planejou um painel de retratos das crianças no Dia da Consciência Negra, com o título: "Criança Negra, Criança Linda" e pela primeira vez as famílias viram as fotografias de seus filhos expostas de uma maneira socialmente valorizada. Envolvendo todos, independentemente de sua cor ou origem étnica, Denise trabalhava com crianças e educadores um sentido de igualdade étnica e respeito à pessoa humana, ao mesmo tempo que podiam enxergar, conversar sobre e respeitar as suas diferenças. O mais interessante foi que todo esse processo trouxe avanços substanciais na aprendizagem dos alunos, especialmente na fase de alfabetização, o que era possível ver nos relatórios escolares. A pesquisa-ação mostrava os seus resultados mediante uma condução cuidadosa da pesquisadora e da participação dos sujeitos pesquisados!

Além disso, a pesquisa-ação também dava um exemplo de como o combate às formas de discriminação na escola deve ser feito de maneira participativa, pois é preciso vencer resistências e criar alternativas de ação. Não se trata de trazer um programa de cima para baixo, nem de resgatar a dignidade dos "pobres discriminados", mas de criar contextos de mudança nos quais esses possam encontrar e fazer ouvir a sua própria voz. Em uma mudança cultural, é preciso incentivar o diálogo de forma que a mudança traga efeitos para todos os envolvidos e mude a visão de mundo. Ou seja, a consciência do racismo pode nos levar a compreender – e a rejeitar, racionalmente – práticas discriminatórias contra crianças negras. Mas é o mergulho na experiência e no diálogo que nos levará a nos emocionarmos e a nos envolvermos com o menininho de 3 anos que, olhando-se no espelho, passa a mão na barriguinha e diz orgulhoso, em seu linguajar infantil: "eu sou pêto"! Na relação educador-educando e nas diversas situações do quotidiano, essa presença subjetiva, o vínculo e a interação são poderosos mecanismos de sustentação da mudança.

Para saber mais, só lendo este livro! A cor das palavras é baseado na dissertação de mestrado de Denise Ziviani, uma "menina" negra e de família pobre que sobreviveu a uma escola discriminadora, onde diversas vezes ouviu de seus próprios professores que nunca iria chegar "muito longe". Pois, apesar de todas as dificuldades, ela chegou, e bem longe. Em 2010, completou o Doutorado em Educação na Universidade de São Paulo. Ela também foi capaz de encontrar os bons professores e de fazer aliados no campo da educação, tornando-se, ela mesma, uma trabalhadora nessa área, dedicada à qualidade do ensino em tudo aquilo que diz respeito à sua emancipação dos processos discriminatórios. Foi assim que conheci Denise, no momento do processo de seleção para o Mestrado em Psicologia da UFMG (área de concentração em psicologia social) e, ali mesmo, me apaixonei pelo seu projeto e pela sua determinação em desenvolvê-lo. Mais do que uma orientadora, tornei-me, naquele momento, uma aliada.

Agradecer (como de praxe) à Denise por esse compartilhamento é pouco. Devo e quero dizer mais. Em minha vida acadêmica, tive o prazer de orientar muitos trabalhos relevantes e consistentes. Mas, sem desmerecer qualquer outro, posso dizer que, se o único fruto de minha seara tivesse sido a orientação dessa luminosa Cor das palavras, a minha vida acadêmica já teria valido a pena! Mergulhei de cabeça, procurando por tesouros e... Tive a sorte de encontrá-los! Por tudo o que aprendi com Denise, ela se tornou uma pérola, a minha preciosa pérola negra!

Lucia Afonso

INTRODUÇÃO

Historicamente, a sociedade brasileira é marcada pela discriminação social, que marginaliza grande parte da população. Essa marginalidade é percebida nas desigualdades de oportunidades em áreas tais como saúde, trabalho, renda, moradia e educação.

Nessa circunstância, a educação representa para os segmentos marginalizados, e aqui abordamos pobres e negros,[1] uma chance de ascensão social. Os dados nos mostram que, da população estudantil de 7 a 14 anos, mais de 4/5 estão na escola pública, o que confirma a importância historicamente atribuída à educação escolar. Negros e pardos, mais do que outro grupo étnico-racial, dependem do ensino ministrado na escola pública, o que nos leva a enfatizar a importância de combater a discriminação racial e estudar as diferentes etnias, suas relações e seu processo de escolarização.

A partir dos dados da PNAD (Pesquisa Nacional por Amostra de Domicílio – 1982 – IBGE), em São Paulo, Rosemberg (1987b) analisou o desempenho e o tempo de permanência do alunado negro na escola e observou que o índice de aprovação na 1ª série era de 59,4% para as crianças negras, subindo para 79,4% para crianças brancas. Quanto à evasão, na passagem da 3ª para a 4ª série do 1º grau, uma em cada dez crianças negras evadiu-se da escola, enquanto entre as crianças brancas a proporção era de uma para vinte.

[1] Utilizaremos o termo *negro* ao nos referirmos ao segmento da população classificada pelos censos demográficos do IBGE como preta e parda, concordando com Rosemberg (1987b).

Noutro artigo, escrito catorze anos após o primeiro, Rosemberg (2001), por meio de análise dos dados mais recentes das PNADs 1985 e 1999, confirmou que a taxa de analfabetismo no Brasil, apesar de ter decrescido nos últimos anos, ainda continua alta.

Os dados dos Indicadores Sociais de 2000 apontam que o analfabetismo para a população negra ainda é o mais alto: a taxa de analfabetismo das pessoas de quinze anos ou mais de idade, por cor e raça, no país, apresentou, em 1992, brancos com 10,6% de analfabetos contra 28,7% de pretos e 25,2% de pardos; em 1999, brancos com 8,3% de analfabetos contra 21% de pretos e 19,6% de pardos. Em outras palavras, a desigualdade social permanece acentuada, sendo que as maiores taxas de analfabetismo ainda estão na população negra.

Pereira (1987) acredita que, por razões históricas, a identidade das crianças negras vem sendo produzida em interações sociais que tomam como referência a representação do negro nos meios de comunicação, em que ele aparece de forma esteticamente estereotipada e socialmente desvalorizada. Os meios formais e informais de socialização, que modelam a opinião do público e o comportamento dos indivíduos, negam a participação histórica desse grupo étnico-racial e contribuem sistematicamente com os estigmas que alimentam e justificam a sua discriminação. Dessa forma, fica prejudicada a identidade positiva do povo negro enquanto grupo étnico possuidor de características singulares dentro de uma sociedade pluriétnica. Segundo o autor, cada meio de socialização, a seu modo, de maneira sutil ou explícita, acaba contribuindo para que os estereótipos continuem a existir, e para que a identidade do povo negro se fragmente ainda mais.

Dos recursos socializadores formais que podem colaborar para manter esses estereótipos, Pereira (1987) destaca a escola, em seus vários níveis, principalmente no período inicial de escolarização, o que provavelmente vem contribuindo para que o índice de aprovação da criança negra no primeiro ano de escola seja inferior ao da criança branca.

No que se refere à trajetória escolar das crianças, segundo sua raça e etnia, a pesquisa de Rosemberg (1987b) observou que as crianças negras repetem o ano com maior frequência que as brancas; são excluídas mais cedo do sistema de ensino e apresentam menor índice de escolaridade; apresentam ritmo de transição no sistema escolar significativamente mais lento.

Esses dados estão associados a fatores intraescolares, como interações intensamente conflitivas e falta de instrumentalização do(a) professor(a) para lidar com problemas dessa natureza. A prática escolar, o discurso docente e a linguagem utilizada pelo(a) professor(a) alfabetizador(a) são os mediadores da socialização, sendo elementos constitutivos do processo de identificação para a criança que chega aos ciclos iniciais de formação.

Acreditamos que, já no primeiro ano de sua escolarização, a criança negra possui uma tarefa difícil: passar por uma socialização que desconsidera seu pertencimento étnico. Concordamos com Silva (1995) quando afirma que essa criança tem o seu grupo étnico constantemente representado por estereótipos. Também a discriminação racial está presente nas relações pedagógicas, em interações conflitivas que a criança negra experiencia, prejudicando a sua autoestima. Ela passa a se sentir insegura e desvalorizada. O despreparo do(a) professor(a) para intervir nas situações que surgem contribui para marcar a interação social dessa criança com um estigma.

Desde 1989, vimos percebendo, em nossa prática pedagógica em alfabetização, a necessidade de melhor compreender o processo de aprendizagem da leitura de crianças ditas "com dificuldades", analisando aspectos além da metodologia e da didática. Acreditamos que a compreensão e a fundamentação teórica requerem estudos interdisciplinares, e que a Psicologia Social muito tem a contribuir para a análise da discriminação da criança negra e pobre, submetida a uma "ideologia da impotência" presente nos rituais cotidianos, nas falas, nas representações, nas interações e nas práticas escolares.

Diante do exposto, a nossa preocupação voltou-se para a criança negra dos níveis iniciais de formação, quando se concentram os interesses e as atividades de alfabetização e, possivelmente, inicia-se o "fracasso escolar" das crianças negras, em especial dos meninos, pois as pesquisas vêm demonstrando o seu baixo rendimento quando comparado ao das meninas.

Acreditamos que a expectativa que o(a) professor(a) alfabetizador(a) cria em relação ao(à) aluno(a) negro(a) em fase de alfabetização inter-relaciona-se com a constituição de sua autoestima e com a sua identidade e, consequentemente, com a sua aprendizagem da leitura e da escrita. Uma baixa autoestima, identificada ao estigma, tanto quanto uma relação autoritária na escola, contribui para o "fracasso" e a evasão escolar da criança negra.

Na opinião de estudiosos como Skidmore (1991), as práticas discriminatórias ganham força à medida que prevalece a crença de que a discriminação pela raça acontece apenas em função da classe social. Na fala cotidiana - parte de um discurso social - o(a) professor(a) veicula para a criança uma representação de sua identidade étnica, de gênero e de classe social. A criança interioriza essas representações que vêm de pessoas tão significativas em sua vida: mestres e cuidadores. Assim, a experiência de ser estigmatizada manifesta-se já nos primeiros dias de aula, num processo lento que se vai graduando à medida que a criança permanece na escola, perpassando depois a sua vida adulta.

Capítulo 1

PROBLEMATIZAÇÃO

Para a articulação da teoria exposta e dos objetivos desta obra, tomamos como referência os dados do PNAD 1990, que mostram que, aos 10 anos de idade, uma em cada três pessoas pretas ou pardas não sabe ler e escrever. Na mesma faixa etária, crianças negras apresentam maiores índices de analfabetismo do que as crianças brancas. No Brasil, ao pretendermos trabalhar no sentido de questionar e transformar a realidade social, devemos considerar que etnia e classe social interagem permanentemente, produzindo desigualdades.

A preocupação com o desenvolvimento das crianças das classes desfavorecidas precisa acompanhar a evolução de seus direitos de cidadania. Na educação, percebemos que a preocupação com a aprendizagem das crianças do meio sociocultural desfavorecido tem-se voltado para explicações que contemplam as variáveis classe social, raça e gênero, porém ainda de maneira isolada. Dos trabalhos que buscam a inter-relação entre essas variáveis, podemos citar os de Rosemberg (1999) e de António (1999). Rosemberg parte do princípio de que raça e gênero são categorias que se inter-relacionam, produzindo desigualdades no campo social e que repercutem no campo educacional.

Segundo Joan Scoott (1995), as desigualdades de gênero e raça são produzidas historicamente nas relações sociais de poder e, para compreendê-las, precisamos pensar essas relações de forma organizada, como categorias de análise que, interagindo, produzem as diferenças sociais.

Aqui, o nosso interesse se volta para as desigualdades em educação, mais especificamente na alfabetização, cujos reflexos são percebidos no campo social. É importante considerar que poucos estudos abordam e tentam relacionar as variáveis etnia, gênero, nível socioeconômico e aproveitamento escolar.

Barcelos (1993), diante dos dados do PNAD-1982, analisou o sistema de ensino no contexto dos diferenciados desempenhos registrados pelos diferentes grupos raciais e fez uma abordagem das taxas de aprovação, reprovação e evasão da população estudantil, apontando alguns dados sobre a educação no país, entre os quais enfatizamos aqueles relativos à etnia, ao gênero e à alfabetização. Esse autor chama a atenção para a etapa de alfabetização como sendo o maior obstáculo para a carreira escolar de nossas crianças, o que para ele não é um dado novo, pois uma das características mais marcantes do nosso quadro educacional é o baixo índice de aproveitamento escolar de alguns sujeitos sociais quando comparado ao amplo acesso e ao elevado tempo de permanência de outros sujeitos no sistema de ensino. A repetência é um problema central e permanente, atingindo especialmente os mais pobres. Ora, no Brasil, por razões históricas, os negros se concentram nas classes mais baixas.

Na análise do autor, nos últimos 50 anos, a eficiência do nosso ensino consistiu em aumentar a população escolarizada de 65% para 93%. No entanto, a taxa de repetência na primeira série foi reduzida em apenas 6%. Barcelos (1993) afirma que o período mais crítico é o da alfabetização (conteúdo da primeira série), que conduz um elevado número de alunos à reprovação. Quanto à permanência, após uma longa estadia na primeira série, é comum os alunos evadirem logo após a primeira aprovação obtida nessa mesma série. O autor confirma que pretos e pardos representam o dobro de evasão dos brancos: até 16 anos praticamente a metade já abandonou os estudos.

O autor deduz a ineficiência da escola pela observação da taxa de frequência, que é sempre mais alta do que o desempenho escolar. Aos nove anos de idade, 92,5% dos brancos, 82,7% dos pretos, 79,3% dos pardos e 100% dos amarelos estão na escola, e nessa mesma idade os níveis de alfabetização são muito baixos. Considerando a faixa etária dos 10-14 anos de idade, as crianças brancas atingem 90% de alfabetização, enquanto as crianças pretas ficam no índice de 74,6% e as pardas, 70,8%. Para Barcelos, pretos e pardos estão longe da universalização da alfabetização.

A partir de nossa prática em alfabetização nas escolas municipais, cujo sistema é fundamentado nos ciclos de formação com duração de três anos, vimos percebendo que existe uma queixa generalizada dos docentes de que os alunos do segundo e do terceiro ciclos não sabem ler. Considerando que a função básica do primeiro ciclo é a de ensinar a ler, e que nossa preocupação é com a criança que se alfabetiza, tal queixa nos desafia a definir melhor quem são os alunos que não leem. Percebemos que, na prática, ao mesmo tempo que são avaliados como alunos não leitores, eles recebem rótulos negativos devido ao seu comportamento e formam as chamadas turmas-projeto,[2] "sala fraca", ou "sala especial". Esse tipo de agrupamento, mesmo não sendo oficializado, passa a existir no contexto da escola e na mentalidade dos professores. São turmas compostas por uma maioria de crianças negras e a presença, ali, de meninos é mais expressiva que a de meninas. A partir daí surgiu a nossa preocupação, enquanto mulher, negra e professora, de estudar a interação entre etnia, gênero e aproveitamento escolar, e seus efeitos na educação.

As diferenças observadas levaram-nos a questionar o percurso da criança negra desde que chega à escola. O que estaria acontecendo nesse

---

[2] A denominação turmas ou salas "projeto" é fruto de uma distorção da proposta do projeto "Turmas Aceleradas", implantado pela Rede Municipal de Ensino de Belo Horizonte para atender aos alunos a partir de 10 anos que, em 1996, estavam no segundo ciclo, não tendo o nível de conhecimento equivalente a esse ciclo (não alfabetizados) e que foram enturmados com seus pares de idade. Criou-se a proposta de trabalhar com projetos específicos para o atendimento desses alunos. Em 1998, o projeto foi extinto oficialmente, permanecendo, contudo, enquanto prática escolar, não oficializada, sob a organização das chamadas turmas ou salas "projeto", no segundo e no terceiro ciclos.

percurso, uma vez que, após três anos ou mais de escolarização, essa criança ainda não lê? Em minha prática, ouço os professores dizerem: "se a criança, depois desse tempo, não dá conta de ler, tem algo de errado com ela". Gostaria, então, de usar os mesmos dados para problematizar a questão por outro ângulo: "se a criança negra, depois desse tempo, não consegue ler, há algo errado com a instituição escola". Inicialmente, pretendíamos pesquisar a maior identificação das professoras com as crianças brancas e com as meninas, que constituem sempre o maior percentual nas ditas "salas boas", enquanto os meninos e negros vão ocupando as "piores" salas ao longo dos ciclos. Durante o percurso, dedicamo-nos a pesquisar como construir uma nova relação pedagógica com meninos e meninas, em contexto de respeito e valorização das diferenças étnicas.

Começamos a perceber que durante o primeiro ciclo a discriminação é bastante sutil e se expressa nas ações cotidianas: na falta de atenção, nos apelidos, na comunicação e nas interações. A prática nos fez indagar sobre os mecanismos que complicam o percurso escolar da criança negra. Porém, esse problema só ganha visibilidade ao final do ciclo, ou seja, no trânsito para o ciclo seguinte e, depois, no terceiro ciclo, por meio das estatísticas de evasão. Acreditamos que é o trânsito entre os ciclos que se torna complexo, porque nele se dá uma "passagem de nível": é quando acontece a discriminação em um grau maior e o problema se torna visível.

Até então, a desigualdade de desempenho que vinha sendo produzida na escola ficava dissimulada pela ausência, dentro do mesmo ciclo, de mecanismos institucionalizados de avaliação de desempenho e separação segundo resultados. Na passagem de nível, também não existem mecanismos de seleção oficiais, porém as escolas adotam práticas extraoficiais que lhes resolvam o dilema de como dar continuidade ao seu trabalho educativo dentro daquilo que acreditam ser funcional. Ou seja, nesse momento reaparecem os mecanismos de exclusão sustentados pela ideologia dominante: pobres e negros são maioria nas salas-projeto.

Nesta obra, buscamos compreender como o processo vivenciado pela criança no primeiro ciclo interfere na trajetória da criança negra até o segundo e o terceiro ciclos. A hipótese que nos orienta é a de que, com essa segregação acontecendo na entrada para o segundo ciclo, já se tenha operado um processo de discriminação sutil no primeiro ciclo: pequenas ações do dia a dia, rituais cotidianos que funcionam como preparatórios para a discriminação aberta que virá no trânsito para o segundo e o terceiro ciclos. Essa discriminação atrapalha a aprendizagem da criança negra, impõe a ela uma identidade social estigmatizada que, por sua vez, a destina a um processo contínuo de discriminação escolar, até que sobrevenha a evasão.

Suspeitando que problemas às vezes não encontrados no grupo doméstico podem ser encontrados no cotidiano escolar, e não sendo o referencial familiar e comunitário dessa criança suficientemente afirmativo para fortalecer a sua identidade diante das discriminações sociais, sugerimos que sua entrada na escola marca o começo de uma série de pequenas discriminações que se concretizam na linguagem, nas interações, no contato corporal, nas atividades cotidianas e nas falas dos(as) professores(as), de forma sutil, variando em função da idade e da fase de desenvolvimento da criança.

Na transição entre ciclos, a discriminação fica caracterizada, diferenciando a trajetória da criança negra da trajetória normal de alunos brancos. A criança negra fica confinada ao espaço segregado que lhe é reservado. Em outro nível diferente e mais elevado, após ter sido discriminada na passagem, ela reexperiencia outra série de discriminações sutis, veiculadas pela fala dos(as) professores(as) que lhe atribuem à baixa expectativa em relação à escolarização. Buscamos investigar como a discriminação pode se manifestar na linguagem e interação, com gradações de estigmatização, produzindo marcas nas crianças negras, impregnando-as cada vez mais, cristalizando e aprofundando o estigma de que são alvo à medida que aumenta o seu tempo de permanência, sem progressão, na escola.

A evasão, que não existia na passagem do primeiro para o segundo ciclo, passa a ser um fenômeno que se expressa tardiamente, após o segundo ciclo de ensino, quando da deserção do aluno no terceiro ciclo, em função da pretensa incapacidade que lhe foi imputada pela escola. Essa incapacidade foi denominada por Dias (1979, p. 89) como "ideologia da impotência" – *"o professor percebe seus alunos como não educáveis, expectativa que acaba se confirmando"*.

Pretendemos analisar como o estigma criado ao longo dos anos escolares está mediado pela linguagem no ambiente escolar. Nosso intuito é ajudar a construir intervenções que incrementem a prática pedagógica no sentido afirmativo da identidade da criança negra; uma prática que, voltada para a construção da autoestima dessa criança, invista em ações afirmativas que garantam a sua visibilidade e lhe proporcionem uma permanência mais humana e positiva durante a sua socialização, oportunizando-lhe usufruir direitos iguais quando do seu processo de aprendizagem.

Pretendemos compreender a discriminação pelas marcas da comunicação: as falas, o silêncio, as estratégias da linguagem, seu conteúdo, sua função estratégia, seu valor expressivo e seu valor na interação. Buscamos, a partir daí, facilitar e incentivar a mudança dessas práticas discriminatórias. E, nessa direção, algumas perguntas vão surgindo em nossa prática e nos orientam:

- Quais significados têm os enunciados que (o)a professor(a) alfabetizador(a), enquanto sujeito socializador, direciona aos alunos das diferentes etnias e sexos?
- Que sentidos atravessam as falas e os discursos dos(as) professores(as) que vão constituir um referencial de si para a criança negra?
- Que elementos estão presentes na comunicação professor(a) alfabetizador(a)-aluno(a) negro(a) que direcionam a prática pedagógica daquele(a) e influenciam a trajetória escolar deste(a)?

- Que elementos o(a) professor(a) alfabetizador(a) pode utilizar como intervenção pedagógica efetiva que garanta uma representação positiva do(a) aluno(a) negro(a)?
- Quais práticas a escola pode desenvolver para combater as discriminações étnica e de gênero e estimular a ação afirmativa?
- Que tipo de processo pode ser deslanchado para incentivar mudanças das práticas pedagógicas relativas à ação afirmativa?

Capítulo 2

A INTERAÇÃO DOCENTE COM A CRIANÇA DA EDUCAÇÃO INFANTIL E DOS ANOS INICIAIS DO ENSINO FUNDAMENTAL

Pesquiso para constatar, constatando intervenho, intervindo educo e me educo. Pesquiso para conhecer o que ainda não conheço e comunicar ou anunciar a novidade.
(Paulo Freire)

POR QUE A PESQUISA-AÇÃO?

Desde a vinda dos negros para o Brasil, a educação do povo negro tem se apresentado em extrema desvantagem. Inicialmente, na escravidão e, mesmo depois da liberdade, sem condições de acesso à moradia, aos serviços de saúde, ao trabalho e à educação, a população negra e os afrodescendentes viviam em condições subumanas. Desde então, dizer da educação da criança negra é afirmar que, até hoje, tudo está por ser feito. Na visão de alguns estudiosos, como Gonçalves (1985), no que se refere à educação dessa criança, há uma exigência de instituir-se o *novo*, porque a sua educação é, ainda hoje, uma realidade em conflito na escola pública de bairro e, acrescentamos, na escola pública das vilas e favelas.

Está colocado, portanto, para aqueles que estudam a temática étnico-racial e para professores de maior sensibilidade, o desafio de contemplar de maneira efetiva, no currículo escolar e na prática, a cultura do povo negro enquanto construtor de uma nação, bem como de encontrar formas de combater a discriminação presente nas ações, nos rituais do dia a dia e na linguagem. Esse desafio vai ao encontro da proposta de formação docente porque, segundo Oliveira (1992, p. 132), a formação do professor impede-o de questionar as normas brancas. Essa autora, numa pesquisa-ação realizada com professores de todos os níveis de ensino, na cidade de São Paulo, confirmou que muitos professores reconhecem a discriminação, mas na prática não mostram sinais de como alterar essa relação desigual.

Nossa pesquisa aborda a investigação da interação professor(a) alfabetizador(a)/aluno(a) negro(a) na educação infantil e no primeiro ciclo de formação, considerando, nessa interação, a linguagem, os estereótipos e os estigmas como sendo fatores que discriminam e produzem o fracasso escolar da criança negra alfabetizanda. Pensamos em buscar uma maneira de instrumentalizar a escola e os(as) professores(as) para, de alguma forma, intervirem no processo socializador dessa criança, minimizando as situações traumáticas e conflitivas. Como afirmam Gonçalves (1985), Oliveira (1992), Silva (1995) e Lopes (1997), os(as) professores(as) não sabem como lidar na prática com as questões étnicas. A norma vigente na escola e no currículo é imposta por uma visão europeia de educação que implica a discriminação de crianças de outras etnias, sobretudo de crianças negras, maioria frequentadora da escola pública. Consequentemente, essas crianças são aquelas que mais fracassam no ensino formal.

A opção pela proposta metodológica da pesquisa-ação representa, nesse sentido, uma possibilidade de se construir uma nova prática e exige uma postura de questionamento crítico diante dos desafios e riscos, por ser uma pesquisa de natureza social com base empírica, concebida e realizada associada a uma ação, na qual os pesquisadores e participantes da situação se envolvem de modo cooperativo e participativo. Dessa forma, o caminho é pesquisador e pesquisados cooperarem no sentido de construírem formas de ação para uma prática transformadora (THIOLLENT, 2000).

A DEMANDA: COMO, ONDE E PARA QUEM SURGIU A PESQUISA

O contato com a escola pesquisada e com as professoras sujeitos da pesquisa iniciou-se por ocasião de um curso – época em que trabalhávamos com a formação docente – promovido pela Secretaria Municipal de Educação, quando discutimos com todos os turnos a questão da disciplina na escola.

Ao terminar o curso, durante o acompanhamento, ficou claro para professoras e formadores que o problema da escola não se reduzia a uma ação e à compreensão das questões disciplinares. A escola estava envolvida numa rede de problemas que iam da ordem do individual ao social, ou seja, os problemas iam desde a autoestima dos alunos até a violência permanente no exterior e, mais especialmente, no interior da escola.

Nesse contexto, o grupo de professores demonstrou abertura para discutir e decidiu partir para a ação, chamando para o enfrentamento dos problemas outras secretarias do município (Cultura, Saúde, Esporte, Conselho Municipal) e, ainda, as associações de moradores do aglomerado de favelas e representantes de projetos sociais que ali existem. O objetivo dessa reunião era articular ações que visavam minimizar a violência dentro da escola e no seu entorno.

Propusemos, enquanto Secretaria de Educação, uma intervenção com a escola na forma de oficinas, em dois turnos considerados mais violentos e violentados pela ação de traficantes, usuários de drogas e membros de gangues. Essa intervenção tinha como objetivo a inclusão desses jovens marginalizados que invadiam constantemente o prédio e ameaçavam a comunidade escolar. A ideia era acolhê-los nas oficinas, dentro da escola, a fim de se diminuírem as agressões ao prédio, usuários e comunidade escolar.

Essa intervenção da Secretaria Municipal de Educação não atingiu a educação infantil e o primeiro ciclo de formação (alunos de 5 a 8 anos), por termos suposto que o turno não concentrava problemas, visto ser constituído de crianças menores.

Por sermos agentes ocupados com a formação de professores e interessados como estávamos na questão da identidade étnica da criança negra no início do processo de escolarização, percebemos a dimensão do problema, que atingia até mesmo as crianças menores. Fizemos a proposta de pesquisa-ação para o grupo de professoras alfabetizadoras que atuam diretamente com essas crianças logo na sua entrada para a escola, uma vez que o próprio grupo já considerava que muitos dos casos ditos difíceis dentro da escola denunciavam a baixa autoestima, a não aprendizagem, seguida da marginalidade dos alunos que não se saíam bem.

Os objetivos e a metodologia da pesquisa foram colocados para o grupo como uma proposta de pesquisa-ação, que tinha a preocupação de analisar a linguagem da professora alfabetizadora no momento em que ela interagisse com a criança, considerando-se nessa interação a etnia e o gênero. Verificaríamos, por meio das marcas da comunicação, como a professora descreve ou conceitua o aprendizado da criança e, a partir daí, nos valeríamos dessa linguagem como articuladora de uma prática pedagógica que contemplasse as diferenças étnicas; intervindo no cotidiano da escola, buscaríamos mudanças na prática pedagógica do grupo.

A proposta foi discutida, avaliada e aceita pelo grupo de professoras.

CARACTERIZAÇÃO DO AMBIENTE, DO CONTEXTO E DO GRUPO PESQUISADOR

A Escola Municipal Serra Verde (nome fictício) localiza-se em um aglomerado de favelas considerado, pelo índice de criminalidade, a região mais violenta do Município de Belo Horizonte, onde o índice de analfabetismo é muito alto e não existe fonte de renda para jovens, nem espaço de lazer para os moradores, de qualquer faixa etária (BEATO, 2002). Boa parte das famílias vive abaixo da linha da pobreza. De acordo com o anuário estatístico da Prefeitura de Belo Horizonte (2000), pelo mapa de exclusão social, o IQVU[3] (Índice de Qualidade de Vida Urbana) na região corresponde a 0,320 - 0,380; o IVS[4] (Índice de Vulnerabilidade Social) corresponde a 0,28. De acordo com o mesmo documento, a população ali é majoritariamente parda e negra, e, pelos critérios do IBGE no quesito cor, pardos e negros são considerados negros.

Na escola pesquisada, os turnos escolares funcionavam em quatro horários ininterruptos, atendendo desde crianças de três anos – educação infantil – até educação de jovens e adultos. O turno estudado contava dez salas – quatro de educação infantil e seis de primeiro ciclo –, em que atuavam as dezoito professoras, sendo que quatorze se dispuseram a participar como sujeitos da pesquisa.

Segundo Rosemberg (1998), no Brasil, nas escolas em que a população negra é maioria, o ensino é de baixa qualidade. Na rede pública, a escola da criança negra é a mais carente e mal aparelhada, a jornada diária é mais curta, o número de turnos diários é maior e a rotatividade de professores é contínua. Embora nossa investigação tenha encontrado professoras com permanência mínima de sete anos na escola pesquisada, todos os outros dados confirmam a denúncia de Rosemberg (1998).

O que mobilizou o grupo de alfabetizadoras, e, mais tarde, as professoras da educação infantil, foi o fato de estarem sofrendo com a violência externa e interna causada por gangues e traficantes, bem como de as crianças da educação infantil e do primeiro ciclo estarem em contato permanente com esses invasores desde que entram para a escola. Ao

[3] Para Nahas (2001), O IQVU busca mensurar a oferta e o acesso da população a serviços urbanos: produz, assim, uma qualificação do lugar.

[4] Para Nahas (2001), O IVS busca caracterizar o acesso a determinadas dimensões de cidadania: ambiental, cultural, econômica, jurídica e de sobrevivência. IQVU e IVS permitem identificar as regiões da cidade onde vive a população mais vulnerável e são utilizados como critério para disponibilização de verbas do orçamento participativo.

adolescerem, elas se tornam, muitas vezes, parte dessas gangues, entrando para a criminalidade e morrendo ainda jovens.

Cabe-nos, nesse momento, esclarecer que nosso desejo inicial era desenvolver a pesquisa com as professoras de crianças de 6, 7 e 8 anos do primeiro ciclo. No entanto, as professoras da educação infantil foram buscando contato com a pesquisa, fornecendo-nos elementos que não poderíamos desprezar. Os Indicadores Sociais de 2000 nos informaram que houve crescimento da frequência escolar para o grupo de crianças de cinco e seis anos em 1999. Sentimos, então, necessidade de ampliar o grupo pesquisado e vimos a importância da ação da Psicologia Social nesse momento de entrada da criança na escola. As pessoas ou grupos, amostra da pesquisa-ação, "são escolhidos em função de sua representatividade social dentro da situação considerada" (THIOLLENT, 2000, p. 62). A prática e os relatos das professoras da educação infantil mostraram-nos que o preconceito permeia *todos* os níveis educacionais e que a criança negra, já aos quatro anos de idade, sofre o preconceito de adultos e de crianças cuja pele é mais anuançada (mestiças).

Assim, confirmamos a mesma denúncia feita por Cavalleiro (2000), de que as crianças negras, desde os seus primeiros contatos com a escola, são atingidas pelo preconceito, o que gera nelas um sentimento de autorrejeição, um desgosto por esse ambiente tão hostil e injusto.

Durante a coleta de dados, a partir do acompanhamento diário dos relatos das professoras da educação infantil, percebemos que, para validar nossa pesquisa como pesquisa-ação, tínhamos que atuar junto às salas de aula dessas docentes e trabalhar intensamente com o grupo de crianças de três e cinco anos, porque ali também é o lugar do preconceito explícito e consideramos ser o momento de intervir para a formação de identidades positivas. Calar e negar intervenção, naquele momento, seria o mesmo que omitir, seria o mesmo que silenciar, gritar a inferioridade, o desrespeito e o desprezo (CAVALLEIRO, 2000).

As quatorze professoras que se interessaram em participar da pesquisa fizeram-no por entenderem que a escola já apresentava uma demanda de intervenção psicossocial e pelo fato de que as crianças por volta dos seis anos de idade já estão sendo seduzidas para servirem ao tráfico de drogas.

A pesquisa-ação encontra, segundo Thiollent (2000), um contexto favorável quando é desejo do pesquisador não delimitar a sua pesquisa ao convencional e burocrático, mas sim realizar uma investigação na qual as pessoas envolvidas tenham algo tanto a *dizer* como a *fazer* e que não se constitua em um simples levantamento de dados ou em relatórios a serem arquivados.

Na proposta de pesquisa-ação, o pesquisador pretende se envolver num papel ativo na própria realidade dos fatos observados. Conforme Maciel (1999), a pesquisa-ação parte da demanda do grupo de sujeitos e os remete, juntamente com o pesquisador, ao meio a ser investigado, devido à necessidade da construção do conhecimento, fundamental no processo de ação coletiva.

Na visão de Thiollent (2000), a pesquisa-ação é uma estratégia que agrega vários métodos ou técnicas de pesquisa social, com os quais estabelece uma estrutura coletiva, participativa e ativa na perspectiva da captação e tomadas de decisão.

Segundo o autor, o que deve ser considerado é que "a atitude dos pesquisadores é sempre uma atitude de escuta e de elucidação dos vários aspectos da situação, sem imposição unilateral de suas concepções próprias" (2000, p. 17). Além da importante atitude de escuta, o autor acrescenta que outro dado relevante e necessário consiste na elucidação dos objetivos, e em particular da relação entre eles, e que é preciso cuidado para manter equilíbrio entre o conhecimento e a ação.

> *a)* ***Objetivo prático:*** *contribuir para o melhor equacionamento possível do problema considerado como central na pesquisa, com levantamento de soluções e propostas de ações correspondentes*

> *às "soluções" para auxiliar o agente (ou ator) na sua atividade transformadora da situação. É claro que este tipo de objetivo deve ser visto com muito "realismo", isto é, sem exageros na definição das soluções alcançáveis. Nem todos os problemas têm solução a curto prazo.*
> *b)* ***Objetivo de conhecimento:*** *obter informações que seriam de difícil acesso por meio de outros procedimentos, aumentar o nosso conhecimento de determinadas situações (reivindicações, representações, capacidades de ação ou de mobilização, etc.)* (THIOLLENT, 2000, p. 18, grifo nosso).

Em nossa pesquisa, o objetivo principal esteve voltado para a produção de um conhecimento que, esperamos, seja útil não apenas para a comunidade pesquisada, mas também para outros estudos, sendo suscetível de parciais generalizações nos estudos de âmbito sociológico e educacional. Foi dada ênfase ao aspecto reflexão/conscientização e envolvimento e à "produção de conhecimento" (THIOLLENT, 2000, p. 19).

A ORIGEM DA PESQUISA-AÇÃO

De acordo com Maciel (1999), Kurt Lewin, na década de 1940, nos Estados Unidos, definiu um método que foi caracterizado por Allport como revolucionário e pioneiro, sendo fundamentado na necessidade de criação de ações organizadas e eficientes para enfrentamento de desafios e problemas sociais que existem nas relações de grupo.

Segundo Lewin, as pessoas implicadas em conflitos grupais e intergrupais, por não terem clareza das situações que as envolviam e do que fazer, não conseguiam pensar e planejar intervenções que transformassem a vida social do grupo. Pensando na discriminação social, no seu tratamento, em atitudes eficientes que levassem a ações mais permanentes, Lewin definiu e propôs um programa de pesquisa que pudesse fornecer critérios objetivos e precisos para cada situação dos problemas grupais e intergrupais.

Assim, decidimos pela pesquisa-ação, que teve as seguintes fases:

1) Fase de escuta da demanda e estabelecimento do contrato da relação de pesquisa, em que conversamos e negociamos com a escola como seria a nossa atuação e quais seriam as questões levantadas pela comunidade escolar. Nesse momento, a escola apresentou a demanda de diminuição da violência, dispondo-se a participar de estudos que levassem a essa diminuição.

2) Observação participante: a previsão para essa fase era de 12 meses, iniciando-se em novembro de 2000. Entretanto, devido à greve da categoria, que durou 59 dias, a pesquisa estendeu-se por 14 meses, com o término em janeiro de 2002. Observamos a dinâmica e o funcionamento, momento em que frequentamos a escola nos três turnos que atendem crianças e adolescentes, e, especialmente, a forma como a escola enfrenta o trabalho com as salas-projeto do segundo e terceiro ciclos, porque ali estão as crianças e adolescentes que, no entendimento da escola, têm "problemas", pois "não sabem ler". Centramos nossa atenção no segundo turno, no qual estavam as crianças de 3 a 9 anos, e em quatorze professoras que foram sujeitos de nossa pesquisa. Estivemos presentes na escola por 140 dias, durante quatro horas diárias, três dias da semana, participando das reuniões pedagógicas, dos horários de projeto, do recreio, das aulas, quando permitido, bem como à frente de outras atividades, o que passou a ser feito quatro ou cinco vezes por semana nos últimos meses da pesquisa (outubro, novembro e dezembro de 2001 e janeiro de 2002), devido à intensidade das intervenções e entrevistas.

Participamos solidária e ativamente de 33 reuniões pedagógicas, quando coordenamos o trabalho de grupo com 7 oficinas, que serão aqui detalhadas por sua importância na pesquisa. Estivemos junto com as professoras no grupo de trabalho, tratando especialmente da dimensão pedagógica.

Numa das fases, participamos de 6 encontros junto às Secretarias Municipais. Na Secretaria de Educação (6 reuniões e 2 seminários), participamos do projeto "Rede de Defesa Social do Aglomerado", cuja iniciativa partiu da própria escola, tendo como objetivo articular e planejar ações sociais que visavam minimizar a violência na região. É uma ação cuja participação iniciamos num momento anterior à pesquisa, mas que se articulou com ela em maior potencial. Participamos também de oito reuniões externas junto às Secretarias de Educação, Esporte, Cultura, Saúde e Secretaria dos Direitos da Cidadania e Polícia Militar, articulando o seminário "A Rede pela Paz no Aglomerado". Uma dessas reuniões foi em parceria com o Professor Paulo Roberto, membro da Secretaria de Educação. Juntos procurávamos captar parcerias para a escola, na rádio comunitária do aglomerado onde se localiza a Escola Serra Verde.

O projeto "Rede de Defesa Social do Aglomerado" levou para o interior da Secretaria Municipal de Educação a discussão sobre o problema da violência nas escolas municipais. Como desdobramento, vieram o curso "A Rede pela Paz" (que acompanhou nove escolas) e vários projetos de escolas que, motivadas pela iniciativa, pretendem desenvolver ações voltadas para o problema da violência.

3) Discussão com a escola sobre os dados observados: exposição dos dados coletados, desenvolvendo um processo de ação e reflexão, para gerar novas questões e análises dentro do grupo pesquisado. Essa discussão foi feita em reuniões, grupos operativos e conversas informais dentro da escola, em agenda combinada com ela.

4) Construção de novas proposições para a prática: nessa fase, buscamos a participação das professoras e do corpo administrativo para construirmos propostas de ações, visando modificar a prática pedagógica, e inserimos ações voltadas para a afirmação da criança negra dentro da escola. O trabalho de campo foi iniciado em novembro de 2000. Quando começamos, desenvolvemos a fase de observação participante.

É preciso ressaltar que essas "fases" da pesquisa não seguiram, na prática, uma sequência rígida; foram superpostas em alguns momentos. Segundo Maciel (1999), o método de pesquisa-ação vai-se definindo com o movimento interno do processo de pesquisa. As etapas da investigação são interdependentes de tal forma que a etapa seguinte só pode ser definida em função da anterior. O processo da pesquisa não pode ser separado em partes estanques, mas deve ter continuidade num único fluxo. Dessa forma, é na dinâmica da própria prática de investigação que as decisões, passos e ações serão definidos. À pesquisa-ação, Lewin (1978) acrescentou etapas vindas do estudo científico das relações grupais: a dimensão da ação e a da intervenção. Isto porque, sendo uma investigação no âmbito da ação, é por meio da avaliação dos resultados que os planejadores da pesquisa poderão apreender suas possibilidades e limites.

Estivemos atentos para respeitar a lógica da pesquisa-ação e, ao mesmo tempo, a forma particular como esta foi-se desenvolvendo na comunidade estudada. Os dados foram registrados no diário de campo à medida que a pesquisa se desenvolvia. Foram anotadas todas as observações a respeito da receptividade da escola, da professora, suas reações, silêncios, exclamações, comentários, formas de expressão, gestos, sinais não verbais e hesitações.

Após a greve, terminado o primeiro tempo de "desânimo e indignação", iniciamos a primeira série de entrevistas. Foram realizadas entrevistas estruturadas com as quatorze professoras alfabetizadoras, em dois turnos: 1º) quando o trabalho de campo alcançou em torno de 8 meses – supusemos que esse foi um tempo suficiente para a sensibilização dos sujeitos para a temática; e 2º) quando o trabalho de campo alcançou 13 meses, ou seja, supostamente ao final da pesquisa. As entrevistas mostraram de forma comparativa dois momentos de reflexão do processo da pesquisa-ação.

Com a longa greve da categoria dos professores – o que paralisou as atividades nos meses de agosto e setembro, sendo o ano letivo concluído somente em fevereiro de 2002, fator que limitou e dificultou o processo de pesquisa –, estudamos um ano letivo atípico. Entretanto, procuramos respeitar o tempo dos sujeitos pesquisados e as fases da pesquisa naquilo que se referia à investigação proposta. A pesquisa-ação nos possibilitou o que Maciel (1999) chama de "grau de estruturação", porque nos permitiu a observação da sala de aula, das reuniões pedagógicas, do funcionamento geral da escola, da sua relação escola/comunidade e da relação Secretaria Municipal de Educação/escola.

Para Maciel (1999), Lewin acreditava ser importante que os indivíduos percebessem e interpretassem a situação social, o que se tornaria mais viável nos grupos face a face. Para Lewin, compreender a situação leva os envolvidos à reeducação imparcial e objetiva, o que, certamente, redunda em tomadas de atitude em relação ao próprio grupo e a outros grupos. Por isso, o trabalho de Lewin deve ser considerado de abordagem psicossocial, ou, como considerou Barbier (1985), citado por Maciel (1999): "a pesquisa-ação de Lewin pode ser definida como uma pesquisa sociológica de campo, que tem como objetivo uma mudança de ordem psicológica" (p. 22).

Para Lewin, os problemas investigados e originados dos conflitos sociais requeriam análises para se entender o impacto que possuíam no âmbito da subjetividade. Na investigação, produzem-se conhecimentos voltados para a forma como os sujeitos investigados sentem a violência sexual, a discriminação, o preconceito, a questão das drogas, entre outros. Nesse sentido, as ações geradas a partir da participação, discussão e conhecimento dos conflitos levam à mudança de vida dos próprios sujeitos (*apud* MACIEL, 1999).

De acordo com Maciel (1999), para Lewin, na interação grupal, o grupo constitui a base dos sentimentos, ações e percepções. Também podemos esperar que as mudanças na percepção dos indivíduos e na representação do grupo levem-nos à capacidade de gerar informações no grupo e nas próprias vidas.

Na visão de Lewin, o conteúdo das discussões em grupo são as experiências do indivíduo. Essas experiências dizem respeito ao local em que vive, aos seus aspectos gerais, psicológicos, políticos, sociais, religiosos e culturais, sendo que há uma grande diversidade de problemas abordados pelo grupo, e não somente problemas de ordem política. Assim, Lewin buscava uma forma de ação que levasse em conta a dinâmica psicológica, mas sempre dentro do contexto sociocultural e histórico do grupo trabalhado.

A AÇÃO TRANSFORMADORA

Para Thiollent (2000), a pesquisa-ação pretende o alcance de realizações, ações efetivas, transformações ou mudanças na área social.

A noção de transformação se refere à transformação social, e, para isso, é necessário ter uma visão dinâmica sobre o desenvolvimento da pesquisa, na qual devem estar presentes considerações estratégicas e táticas sobre como alcançar os objetivos, ou superar ou contornar os obstáculos, neutralizar ações adversas etc.

Em nossa pesquisa, foi preciso que a questão da ação transformadora fosse colocada de forma realista, por se tratar de uma ação de caráter educacional e político. Os pesquisadores e os participantes devem estar em condições de fazer uma avaliação realista dos objetivos e dos efeitos a serem alcançados e não se contentar com declarações de intenção que costumam ocorrer.

Assim, nossos objetivos específicos implicam conhecimento e transformação da prática e se constituem, entre outros aspectos fundamentais, em:

1) identificar a compreensão que a professora alfabetizadora tem acerca dos(as) alunos(as) conforme sua etnia e classe social e, nesse exercício, apreender os sentidos que atravessam as falas das professoras e têm um impacto sobre a construção da identidade da criança negra;
2) problematizar a ação pedagógica cotidiana e intervir junto aos agentes pedagógicos, instrumentalizando-os e propondo mudanças em sua prática educativa; e

3) buscar práticas pedagógicas no sentido de implementar ações afirmativas que visem fortalecer a autoestima, fornecendo elementos que possibilitem às crianças negras construírem sua identidade com a valorização da negritude.

Para Thiollent (2000), no âmbito da conscientização e de comunicação, as transformações são difundidas por meio do discurso, da denúncia e do debate. O que é transformado são as representações acerca das situações em que atuam os interessados e os seus sentimentos de hostilidade ou solidariedade.

Nossa pesquisa foi realizada mediante uma prática, considerando seu real alcance e a forma final como foram alcançados os objetivos. Por ser uma pesquisa de natureza objetiva e subjetiva, fez-se necessário distinguir a construção de novos valores e a ressignificação de outros diante da consciência e do processo de conscientização que surgia. A conscientização implicou o envolvimento dos sujeitos do grupo, cujo vínculo é o trabalho, no sentido de executar as tarefas objetivas que surgiram ao longo dos encontros do grupo e das intervenções.

Segundo Maciel (1999, p. 24), Lewin foi criticado por ter partido de questões relativas aos sentimentos, valores e crenças dos indivíduos que interagiam nos diferentes grupos sociais, estando esses grupos submetidos a diversas formas de opressão, discriminação e desigualdade, e por suas intervenções no âmbito das relações humanas. Para a autora, essas críticas estão pautadas na questão da hierarquia entre razão e subjetividade. "A razão é vista como superior à subjetividade. Ela é o lugar da verdade, da ordem do útil e do eficiente", enquanto os aspectos subjetivos são considerados como ingênuos, dispersos, fragmentários e inúteis. Dessa forma, Kurt Lewin e seu método de pesquisa foram objeto de críticas entre os autores da pesquisa-ação, nas décadas de 1970 e 1980.

Thiollent (2000, p. 23) considera que a pesquisa-ação, para se manter dentro do conjunto das exigências científicas, tem de ser melhor explicitada. Ao mesmo tempo que ela não é compatível com a metodologia de experimentação em laboratório e não pretende a neutralidade ou a não interferência do observador, ela não deixa de ser uma forma de experimentação em situação real, em que pesquisadores intervêm conscientemente e os participantes desempenham um papel ativo.

Assim, coube-nos cuidar para que nossa pesquisa não perdesse de vista os objetivos e, principalmente, o questionamento proposto, cuidando também para que não assumíssemos, enquanto pesquisadores, o lugar do poder, pois representava o risco de cairmos na manipulação. O importante, nesse sentido, é que mantivemos continuamente a postura *dialógica* da pesquisa-ação.

Por constituir-se num dispositivo dialógico, a pesquisa-ação, quando comparada com as pesquisas convencionais, ***pode parecer*** menos precisa e objetiva. Thiollent usa a expressão "pode parecer" porque na sua opinião "o qualitativo e o diálogo não são anticientíficos".

Um dos fatos que se apresentou como um problema foi a necessidade de, estando em campo, nos despojarmos de tudo que pudesse sustentar e/ou simbolizar uma relação de dominação entre pesquisador e pesquisados. Desde as vestimentas ao meio de locomoção que usávamos para chegar até o aglomerado de favelas, onde se localiza a escola, fizemos um esforço de reflexão para a "entrada em campo".

Entre as quatorze professoras pesquisadas (da educação infantil e do primeiro ciclo), quatro usavam o carro próprio para chegar até a escola e onze iam a pé ou de ônibus. O carro, na escola, ocupa um lugar bastante simbólico, tanto que das queixas de agressão e violência registradas pelos(as) professores(as) grande parte era relativa a estragos nos seus carros no estacionamento.

Optamos por subir e descer os morros do aglomerado quando não de ônibus, a pé, o que fazíamos sozinhos ou na companhia das professoras vizinhas do aglomerado. Dessa forma, nos tornávamos pessoas do cotidiano local e como tais passamos a ser vistos pelos "olhares" e "olheiros" dos arredores escolares. Especialmente, porque não queríamos propor para o grupo de professoras nada que fosse impossível, ou seja, qualquer proposta que fizéssemos deveria passar pela viabilidade de ser efetivada por uma professora que andasse a pé ou de ônibus. Para tanto, abandonamos nosso carro próprio e passamos a nos vestir de modo que nos permitisse sentar no chão, nas escadas e, sobretudo, abraçar todas as crianças.

Para Maciel (1999), a teoria da ação comunicativa de Jürgen Habermas fundamenta com propriedade a proposta metodológica da pesquisa-ação. Ela vem abrir um caminho promissor de estudos para o campo da pesquisa-ação. A noção de ação comunicativa habermasiana é de grande utilidade para a superação da maior parte dos problemas e das críticas que são feitas à pesquisa-ação. Possibilita a crítica à sociedade capitalista fundamentada na ação instrumental e propõe uma nova racionalidade que se torna viável para a organização social a partir do agir comunicativo.

A atuação do pesquisador, na visão habermasiana, torna-se complexa porque, para formular uma teoria, é necessário considerar a dimensão da linguagem ou do discurso, que são os mediadores simbólicos entre falantes e ouvintes: a teoria estrutura-se na ação, que é mediada pela linguagem.

Maciel (1999) acredita que o debate sobre a pesquisa-ação fundamentado na contribuição de Habermas pode reativar o interesse de pesquisadores (esquecidos como estavam dessa proposta metodológica, desde a década de 1980), porque essa proposta vislumbra a construção de conhecimentos que estão ligados à forma de vida sociocultural da humanidade e se vinculam à prática social dos indivíduos. Para Maciel, a teoria da ação comunicativa de Habermas ajuda a compreender questões relativas ao modo como os sujeitos interagem e, nessa interação, vão significando a sua existência.

Podemos dizer que nossa pesquisa-ação, por não ter negado a necessidade de observar, medir, quantificar e principalmente por permitir um espaço para os processos de argumentação e interpretação, com base na discussão coletiva, transcendeu à contribuição de ordem prática, caminhando para a construção de conhecimentos. Demonstramos, nesse sentido, que a razão científica e a razão argumentativa se completaram e não se excluíram e que a intervenção não significou um retrocesso no desenvolvimento da ciência da investigação social.

A pesquisa-ação foi concebida principalmente como uma proposta metodológica na qual conhecer e agir se articularam. E, no caso de nossa pesquisa, acreditamos que o agir nos remeteu a uma transformação da prática pedagógica que poderá repercutir no contexto social, trazendo exemplos de uma nova prática pedagógica não discriminatória.

Nossa pesquisa pretendeu trazer uma abertura de possibilidades, a produção de conhecimento, experiência e a contribuição para a discussão da questão étnica. É bastante animador o fato de podermos produzir conhecimentos práticos aliados a conhecimentos teóricos, uma vez que, até então, a maior parte das pesquisas que enveredaram pela temática étnica se propôs a denunciar, criticar, analisar e interpretar, deixando todo um caminho a percorrer no sentido de se construírem conhecimentos de ordem prática e teórica. Em nossa pesquisa, dispusemo-nos aos riscos e desafios dessa empreitada.

RECURSOS METODOLÓGICOS

Utilizamos como recursos metodológicos de pesquisa o diário de campo (DC), a observação participante, as entrevistas, os projetos pedagógicos de intervenção, a produção de livros de literatura infantil e as imagens (fotografias e vídeos, expostos com autorização). E, para analisar os enunciados dos sujeitos entrevistados, valemo-nos da metodologia de Análise do Discurso, conforme Brandão (1998).

Para a Antropologia, as imagens e os meios visuais podem funcionar como instrumento etnográfico, com a vantagem de ampliarem as condições para se estabelecer um diálogo fecundo com outros universos culturais

(BITTENCOURT, 1998). Nesse sentido, utilizamos em nossa pesquisa a fotografia e o vídeo.

Durante os 140 dias de produção de dados e intervenção, tiramos 252 fotografias, sendo 228 dos alunos e alunas e 24 das professoras, sujeito-pesquisadoras. Acreditamos que, para nossa pesquisa, a fotografia contribuiu para explorar e esclarecer os significados, associados tanto à razão quanto à imaginação, dos sonhos e da fantasia. A utilização da fotografia propiciou romper a barreira do silêncio que envolvia as relações pedagógicas a partir do uso das imagens. Apostamos, num primeiro momento de intervenção, que se atribuíssemos um significado maior às imagens e não às palavras, como sugere Miranda (2000), criaríamos novas relações entre as pessoas envolvidas no cotidiano escolar. A imagem gesta a palavra, como desejo e reconhecimento. A imagem, segundo Alves (2000), além de provocar reações, tem o poder de intermediar conhecimentos e criar situações múltiplas que são geradoras de discussões e intervenções.

E, ainda, a fotografia possibilitou dar visibilidade à criança negra na escola. Por meio dela, retratamos a história de atividades reais da sala de aula, do pátio, da cantina etc. Procuramos com ela documentar situações e atividades, gestos, atores sociais e rituais. Outro objetivo da fotografia foi chamar a atenção dos espectadores (professoras/es) acerca do contexto cultural e humano com que lidam. A fotografia provoca o (re)pensar; provoca o espectador pelo olhar. A fotografia do estudante, no mural da escola, cria o espaço para sua individualidade e para sua subjetividade. Essa visibilidade garantiu-nos um lugar no espaço mais disputado da escola e recebeu de professores do outro turno o nome de "balcão de fotos".

Quanto ao vídeo, filmamos aproximadamente 3 horas de fita, localizando diversas atividades em momentos e dias variados, cujas imagens foram vistas na televisão por alunos, professoras e, especialmente, mães e pais dos alunos.

Acreditamos que a criança negra que vê sua imagem na TV se vê no mundo. Para Miranda (2000), a televisão, por meio do vídeo, traz para o espectador uma dimensão *alteritária*. Muitas vezes, o "outro" que está na TV é representado pela imagem, pelo discurso e vai dialogando com o sujeito, que pode ou não concordar com o que vê e escuta e, consequentemente, pode reconhecer-se ou não.

O vídeo e a fotografia, ao serem cotidianizados na escola pela pesquisa, deram a oportunidade aos alunos de se verem nos lugares mais visados da escola: o mural de vidro e a tela da TV. Além de serem uma novidade, essas ações tiraram essas crianças do anonimato. Elas passavam a ser tratadas como pessoas importantes da escola.

Para a análise da linguagem da professora sujeito-pesquisadora de nossa pesquisa, utilizamos a Análise do Discurso, porque se trata de uma metodologia que considera a fala como um fato social e não puramente individual. A fala é a forma de produção da comunicação que, sem dúvida, está ligada a outras estruturas sociais. Os estudiosos da Análise do Discurso concebem a palavra como sendo a "arena" onde se confrontam valores sociais contraditórios. Nesse sentido, na comunicação verbal, são veiculados os conflitos de classe, as relações de dominação, as relações de resistência e adaptação (YAGUELO *apud* BRANDÃO, 1998).

A Análise do Discurso nos permitiu identificar a presença da ideologia no discurso marcadamente institucionalizado da professora, quando pensa e age sem tematizá-lo, sem trazê-lo ao âmbito da consciência ou sem tentar superá- lo. Sendo a escola uma instituição, ela carrega em si discursos marcados pela razão dominante. Focault (1996, p. 7) mostra que o discurso é o espaço em que o saber e poder são articulados, pois quem fala, fala de um lugar, partindo de um direito que lhe é reconhecidamente institucionalizado. Trata-se de um discurso que reconhecidamente institucionalizado veicula um saber aceito institucionalmente. Esse discurso é gerador de poder. (FOCAULT, 1996, p. 7)

Na escola, qualquer enunciado produzido por um professor, por uma professora é colocado em um "contrato" que lhe credita o lugar de "detentor do saber". Logo, o que o(a) professor(a) diz à aluna ou ao aluno é "antecipadamente legitimado", considerando que, enquanto grupo de professores, eles pertencem a uma "comunidade discursiva" que possui um "referencial discursivo" contextualizado (MAINGUENEAU, 1997).

Por meio da Análise do Discurso, propusemo-nos a analisar o discurso dos sujeitos pesquisados, em função dos contextos histórico, social e político, naquilo que consideramos como essencial para a constituição do referencial de si mesma da criança negra que se alfabetiza. Definimos, para tal, algumas categorias: preconceito, representações, conscientização, nível de envolvimento e mudança, que serão melhor compreendidas durante a análise.

Capítulo 3

A INTERAÇÃO, A IDENTIDADE, OS ESTIGMAS, A LINGUAGEM E O DESENVOLVIMENTO DA CRIANÇA

A minha pele é memória, sonhos.
Desejos escondidos em cada povo.
A minha pele é manhã, tarde, mas sobretudo noite.
(Cuti)

IDENTIDADE E INTERAÇÃO SOCIAL

Os estudos sobre identidade ganharam novo ânimo, na Psicologia Social, diante dos movimentos sociais e das reivindicações de grupos marginalizados, como homossexuais, mulheres, negros e índios, que manifestam o desejo de participação social e autonomia. Nessa perspectiva, a identidade passa a ser articulada aos processos sociais, à interação e à autonomia.

Na visão sociointeracionista de Peter Berger e Thomas Luckman (1999), a criança identifica-se com aqueles a quem considera importantes – "outros significativos" – quando de seu processo de socialização. Para esses autores, estar em sociedade significa participar da sociedade de forma dialética. A apreensão do mundo pelo indivíduo origina-se no compartilhamento da realidade enquanto social, isto é, vivida e simbolizada pelos outros.

Cada indivíduo apreende o mundo de uma maneira subjetiva. A apreensão do mundo vai-se concretizando quando o indivíduo toma, como seu, o mundo de seus outros significativos. Por meio desses outros, na vida cotidiana, o indivíduo constrói e mantém a sua realidade subjetiva. De acordo com Berger e Luckman (1999), os "outros significativos" são o "eixo central" da subjetividade do indivíduo. Não são únicos nesse processo, contudo são muito importantes para a confirmação da autoestima e identidade do sujeito. No processo de interação social o indivíduo interioriza o mundo objetivo e se torna membro da sociedade. É quando ele compartilha com as pessoas que lhe são significativas a realidade em que vive. Essa realidade é simbolizada pelos outros significativos, mas somente o indivíduo pode transformá-la, modificando-a ou recriando-a. A partir daí, esses autores definem dois tipos de socialização: a primária e a secundária.

A socialização primária é a que o indivíduo vive na infância, no âmbito da família, por meio da qual se torna membro da sociedade, aprendendo a comunicar-se. Essa socialização adquire para o indivíduo um valor mais profundo e importante, porque se trata da sua primeira construção de mundo. Por intermédio dela acontece a estruturação para a socialização secundária.

No contexto dessa socialização a criança se percebe e se identifica como sendo parte de um determinado grupo social. Segundo António (1999), é em função da forma como é tratada pelas pessoas que lhe são significativas que a criança adquire uma imagem de si mesma, podendo esta ser positiva ou negativa.

A socialização secundária é marcada pela distribuição social do conhecimento, resultante da divisão de trabalho, cuja função é introduzir o indivíduo já socializado em novos setores do mundo social objetivo. Para Berger e Luckman (1999), essa socialização é a interiorização de mundos institucionalizados e, nesse sentido, a escola seria uma das instituições responsáveis pela socialização secundária, porque lida com um indivíduo formado, que já possui um mundo subjetivo interiorizado, entranhado na consciência como sendo "a realidade". O mundo socializador secundário, para ser reconhecido, requer manobras e reforços específicos. Podemos dizer que, na visão desses autores, as técnicas pedagógicas funcionam como tentativas de relacionar o mundo artificial da escola com o mundo já interiorizado no mundo doméstico – a família. Esses autores acreditam que os "outros significativos" que surgem no contexto dessas socializações são impostos ao indivíduo e são os responsáveis pela sua socialização, o que fazem a partir da história de vida de cada um, e guiados pelo peso e pelas contradições da realidade social. A identidade subjetiva resulta da identificação da criança com os "outros significativos", quando ela é capaz de identificá-los e de identificar a si mesma.

O antropólogo Roberto Cardoso de Oliveira (1976) considera que a identidade abrange duas dimensões: a pessoal (ou individual) e a social (ou coletiva). A identidade social se refere aos aspectos socioculturais, que englobam a maneira de ser e de interpretar o mundo, os valores, as crenças e a cultura, representando a ideia de grupo social. Não é possível a construção da identidade pessoal desvinculada da identidade social. As identidades pessoal e social inter-relacionam-se numa estrutura social ampla que oferece padrões de identidade construídos em função do papel que o indivíduo representa em seu grupo social, na sua interação com os outros, na vida cotidiana. Os caminhos e a trajetória do indivíduo no âmbito social vão definir a sua identidade social.

Para Oliveira (1976), é preciso reconhecer as duas dimensões da identidade, em abordagem interdisciplinar, sem cair no individualismo e relacionando as duas identidades. As duas dimensões da identidade se inter-relacionam e se interpenetram num processo constante de construção do indivíduo porque possuem um conteúdo marcadamente reflexivo e comunicativo. Também o psicólogo social Antônio da Costa Ciampa (1996) define a identidade como sendo algo dinâmico, em movimento, construída dialeticamente, num processo reflexivo, na relação do homem com o mundo social, a partir das diferenças e da igualdade. A identidade é uma "metamorfose e expressão da vida" que resulta do processo interativo, na ação que o indivíduo desempenha como membro da comunidade.

A formação dessa consciência reflexiva, de cada uma das pessoas, acontece em função da ação e do discurso social; advém dos significados partilhados socialmente que determinam, explicam e legitimam a identidade do sujeito. Portanto, a identidade é constituída pela história pessoal do indivíduo, sendo o fruto das interações que ele estabelece nos grupos de socialização.

IDENTIDADE ÉTNICA NA INTERAÇÃO ESCOLAR

Neste livro, definimos que nossa opção conceitual é pelos termos "grupo étnico" e "etnia", não desprezando, contudo, a importância da categoria "raça", presente em outros estudos e investigações. Dessa forma, recorremos ao *Dicionário de relações étnicas e raciais* (2000), buscando a compreensão dos termos "grupo étnico" e "etnia".

O grupo étnico é uma agregação consciente de pessoas unidas ou proximamente relacionadas por experiências compartilhadas. Reflete as tendências positivas de identificação de grupos de indivíduos. A construção do termo "grupo étnico" parte do conceito de etnia, que diz respeito às condições materiais de existência. A fronteira étnica refere-se às identidades e, por isso, é difícil de ser transposta. Sua força reside na importância subjetiva que ela tem para os membros do grupo. Este molda sua etnia diante das pressões e dos limites de oportunidades que lhes são impostos. O grupo étnico deve ser pensado em função da classe social e da etnia do sujeito, sendo importante considerar que quase sempre ele é proveniente de uma posição social de marginalidade (CASHMORE, 2000).

Para Teodoro (1987), a somatória das identidades individuais forma, dentro de um contexto específico, a identidade cultural de um grupo étnico ou de uma sociedade, e sua transmissão se dá pela cultura, pelo ensino e pela educação. Daí a necessidade de a educação considerar as diversidades que compõem a mesma cultura, a fim de proporcionar uma identidade positiva a todos os educandos, visto que as interações conflitivas tendem a gerar neles sentimento de rejeição, contribuindo para a sua marginalização dentro do contexto escolar e social.

A escola, nesse sentido, é um contexto em que as identidades se constituem à medida que diferentes grupos étnicos, diferentes gêneros e diferentes grupos sociais interagem, criando situações concretas que são constituidoras da identidade étnica, de gênero e de classe social.

Oliveira (1976) afirma que a identidade étnica é gerada dentro de um sistema interétnico, portanto possuindo natureza ideológica e envolvendo as relações de classe social e etnia. Essas relações se entrecruzam à medida que estão submetidas a diferentes processos de articulação social que, dependendo de sua natureza, podem ou não fazer com que essas relações percam a visibilidade em contextos sociais nos quais existem a discriminação e a desigualdade social, raça e classe social. Na análise dessa relação é preciso não perder de vista a complexidade da questão étnica. Assim, para esse autor, a identidade étnica pode ser compreendida mediante o conceito de identidade contrastiva.

Em estudo sobre a identidade da criança negra, Silva (1995) aborda a identidade contrastiva como aquela que ocorre no processo de identificação, de natureza parcialmente inconsciente, em que um indivíduo assume o papel e os valores do outro pela interação em sociedade. O olhar do outro faz surgirem as diferenças e, por meio delas, surge no indivíduo a consciência de sua identidade, como num jogo de espelhos: o processo de identificação reflete o olhar individual e, ao mesmo tempo, o "olhar crítico ou lisonjeiro" dos outros permitindo os ajustes sucessivos (ERICKSON *apud* D'ADESKY, 2001).

Oliveira (1976) afirma que a identificação de uma pessoa como membro de alguma categoria étnica é o seu posicionamento diante de um sistema de relações intergrupais culturalmente definido. Esse posicionamento formaliza um papel também definido. O autor considera a identidade étnica como semelhante a um papel, que se define em relação a um sistema interétnico, em contextos específicos e em situações particulares. A dinâmica dessas relações pode ser chamada de interação. Baseia-se, por um lado, no desempenho do papel de dominação e, por outro, no desempenho do papel de sujeição. A identidade étnica apresenta, para esse autor, um caráter contrastivo e implica a afirmação do "nós" diante do "outros".

Entendemos aqui o caráter contrastivo da identidade étnica como resultante da interação entre diferentes categorias que só vêm a se perceber particularizadas diante de sua diferença. Segundo Oliveira (1976), isso se dá a partir da autoafirmação de um grupo que, ao mesmo tempo, "nega" a identidade do outro que lhe é diferente: adulto e criança, empregado e patrão, homem e mulher, índios e brancos, negros e brancos; vem da consciência da própria identidade e da identidade do outro – alteridade – que surge nas interações, nos contatos, momentos em que se confirmam as diferenciações. Ele diz que a construção da identidade, nessa perspectiva, é resultante da interação do indivíduo com o outro. Surge por oposição e não de forma isolada. Um reflete-se no outro.

A identidade na interação escolar pressupõe a relação entre quatro termos: professor(a), aluno(a), instituição e família, que se apresentam sob a forma material e na linguagem ou ideologia. Os papéis sociais são institucionalizados e possuem significados sociais. O papel de professor existe somente em presença do papel de aluno, e ambos só existem dentro de um contexto que recebe o nome de escola, que forja, no cotidiano, relações com a família. Na relação professor(a) aluno(a), o(a) professor(a) relaciona-se consigo mesmo(a), com a criança e com o outro. O mesmo acontece com a criança, que já carrega consigo a formação recebida na primeira socialização, na família.

Oliveira (1976, p. 5), em sua teoria acerca da identidade étnica, busca os estudos da antropóloga Mary E. Goodman (1968), que desenvolveu um estudo com crianças norte-americanas sobre o surgimento da "consciência racial", chegando à surpreendente conclusão de que as crianças "aos quatro anos de idade podem demonstrar claros sinais de intolerância racial". Seguindo o raciocínio dessa antropóloga, a identidade étnica se constitui muito cedo na criança, desde que ela vivencie situações de tensão racial.

As manifestações de preconceito e discriminação estão presentes em todo ambiente socializador: na família, na escola, no trabalho etc. Nessa rede de relações, situa-se a importância do "reconhecimento das identidades" que acontece nas interações sociais. O "reconhecimento" advém da necessidade que um grupo étnico tem de se ver conferido na História positivamente. Ter sua História reconhecida representa para o indivíduo pertencente ao grupo étnico marginalizado o valor de sua dignidade enquanto ser humano. Dessa forma, a identidade torna-se um valor desejado que, para se efetivar, precisa ser reconhecido, autonomamente, pelos outros, "existindo por si mesmo, constituindo indivíduo livre, consciente de sua individualidade, de sua liberdade, de sua história e, por último, de sua historicidade" (D'ADESKY, 2001, p. 75).

A recusa desse "reconhecimento" pode causar prejuízo para aqueles que se sentem recusados; é a desvalorização da imagem. E a projeção de uma imagem inferior ou desvalorizada pode concretizar a deformação e a opressão com posterior interiorização da imagem inferiorizada. A aceitação ou a recusa da imagem de identidade que o indivíduo transmite se dá na interação, em que a recusa significa preconceito (D'ADESKY, 2001).

Munanga (2002) faz uma analogia e, a partir dela, compreendemos a importância de se situar este estudo sobre educação na Psicologia Social: o preconceito racial é um fenômeno tão complexo que pode ser comparado a um *iceberg*, em que a parte que pode ser vista seria o preconceito manifesto, preconceito que corresponde às práticas sociais e individuais que discriminam. Essas práticas podem ser exploradas e ter seus significados interpretados pelas Ciências Sociais: Antropologia e

Sociologia. Entretanto, na opinião do autor, restaria a parte submersa do *iceberg*, que ele compara, metaforicamente, aos preconceitos que não são manifestos e que, contudo, estão presentes invisivelmente na cabeça dos indivíduos. Nesse caso, as vítimas da discriminação racial mereceriam a atenção de uma ciência psicológica tanto clínica (com foco no indivíduo) como coletiva (com foco no social). Assim, a Psicologia Social é a disciplina mais qualificada para interpretar e dizer dos fenômenos relativos à subjetividade e à identificação do sujeito negro, individual e coletivo. Articulada aos estudos psicanalíticos, a Psicologia Social tem muito a nos dizer sobre a interação alfabetizador(a)/alfabetizando(a) negro(a), assim como os processos de construção de suas identidades.

IDENTIDADE E ESTIGMA

Erving Goffman (1988) estabelece uma relação entre identidade e estigma. Ele conceitua o estigma de acordo com a terminologia grega, referindo-se a sinais corporais feitos com cortes ou fogo naquele que carregava a marca de escravo, criminoso ou traidor, devendo ser evitado, especialmente em lugares públicos.

Aprofundando-nos nos estudos desse teórico, vemos que as informações sociais são aquelas referentes ao outro, que nos chegam por meio dos símbolos sociais: "símbolos de *status*" e "símbolos de estigma", segundo características que ele classifica como permanentes e não permanentes. Os "símbolos de *status*", que correspondem ao prestígio do indivíduo, referem-se à posição social bem organizada do sujeito e se contrapõem ao que o autor denomina "símbolos de estigma", símbolos que despertam a atenção de outros para um aspecto degradante ou discrepante da identidade, que rompem com o conceito global coerente, reduzindo a valorização que o outro atribui ao indivíduo.

Nas considerações de Goffman, um símbolo não permanente, uma insígnia da patente militar, por exemplo, pode ser usado apenas para transmitir uma informação social, dependendo ou não do desejo do informante. Em contraposição, a cor da pele é um símbolo permanente. Ele afirma que ela é um estigma visível. A identidade social é determinada pelos atributos visíveis, como a cor da pele e o sexo. Esses atributos são corporificados e podem ocasionar um olhar preconcebido, desencadeando o estigma.

Ao trabalhar o conceito de estigma, esse autor nos coloca diante do conceito de "normais", que ele define como sendo pessoas consideradas não portadoras de estigma, que fazem parte da maioria da sociedade, pessoas com as quais o estigmatizado é comparado. Portanto, a cor da pele, um atributo visível, funciona como indicador da raça, atributo esse considerado pelos ditos "normais" como estigma. As pessoas portadoras de estigma desde o início da interação são "desacreditadas".

Para Goffman (1988), na interação entre os ditos "normais" e "estigmatizados", os "normais" constroem a teoria do estigma baseados na ideologia da inferioridade e tendem a acreditar que alguém com um estigma não seja completamente um ser humano. O estigma que o indivíduo possui leva as outras pessoas a tratá-lo diferentemente dos "normais", discriminando-o e, inconscientemente, reduzindo as chances de participação desse indivíduo na sociedade. Essa teoria pode ser complementada por outras diferenças, como as de classe social. Na visão de Oliveira (1976, p. 13), Goffman conclui "que a estigmatização é um meio de remover as minorias dos caminhos da competição".

Ao nos referirmos a "normais" e "estigmatizados", tomamos como referência o conceito de papéis na visão goffmaniana. Essa visão nos diz que os indivíduos que interagem são "atores sociais", pois ao interagirem representam papéis sociais. O papel social é definido em função da representação e do lugar ocupado numa estrutura determinada. Portanto, o papel resulta do relacionamento do indivíduo (ator social) e da posição social que ele ocupa, em que a representação do ator é assistida pelo mesmo tipo de público, ou cenário e público são formados pelas mesmas pessoas. Diante disso, Goffman compara as relações sociais a cenários, onde se desenvolvem as cenas cotidianas cujos significados inauguram e transformam, na sociedade, a ideia de pessoa, que é uma categoria universal resultante dos rituais cotidianos, dos conflitos, dos contrastes e das diferenças.

Ao classificar a cor da pele como um estigma permanente, um estigma visível, o autor nos leva a relacionar o estigma com o papel social a ser desempenhado pelo indivíduo e a considerar a questão de se saber até que ponto a cor da pele interfere no significado da interação social.

IDENTIDADE ÉTNICA E ESTIGMA

Na opinião de Ianni (1991), a diversidade étnico-racial e cultural na nossa sociedade se manifesta em todos os espaços sociais: no grupo doméstico (família), no escritório, na igreja, no quartel, na fazenda, no seringal, nas estradas, nas ruas, nas praças, nos campos, na construção, nas escolas etc. A relação e o confronto interétnicos configuram a identidade de cada um dos membros de um grupo. É então que se coloca a questão da diferença, convertida em desigualdade social e concretizada pelas condições de vida.

Na interação entre os diferentes grupos étnicos – negros e brancos –, tem lugar a discriminação, que trata do comportamento hostil de brancos para com negros e de uma visão negativa e preconceituosa em relação ao povo negro. As pessoas negras, sob o peso dos estereótipos, não são reconhecidas como iguais enquanto seres humanos e, portanto, são objeto de discriminação. Em contrapartida, a identificação positiva do branco atribui ao negro um lugar de inferioridade na estrutura social. Essa discriminação dos negros brasileiros e o estigma que lhes é imposto são historicamente construídos, podendo, por isso mesmo, ser historicamente transformados.

Desde 1881, as constituições vigentes estabeleciam que todos os maiores alfabetizados nascidos no país eram cidadãos brasileiros, independentemente das diversidades raciais e outras. Entretanto, considerando a pobreza e a ausência de educação que acompanhou a escravatura, ficou determinada a situação social do(a) negro(a) brasileiro(a) como sendo historicamente desvantajosa.

O negro é, segundo D'Adesky (2001), considerado cidadão de segunda categoria, e uma das formas que ele encontra de sair da marginalidade é tornar-se consciente dela e, a partir daí, valorizar sua identidade reivindicando seu *reconhecimento* econômico e social. O "reconhecimento" de sua identidade étnica é a via da sua afirmação como verdadeiro ator sociopolítico. No Brasil do início do século XX, várias tentativas foram feitas pelo poder para fragmentar a identidade negra que se constituía no país, fase em que se desenvolveu uma idealização do europeu em contraponto com o negro brasileiro, vindo do continente africano. As muitas tentativas de eugenizar, europeizar e embranquecer a população brasileira contribuíram para a estigmatização já sofrida pelo povo negro. Considerando fatores como a não alfabetização e a exclusão do mercado de trabalho, dizemos que foram impostas marcas profundas ao longo da história que contribuíram e continuam a contribuir, ainda hoje, intensamente, para a discriminação e a fragmentação da identidade da população negra, levando à constituição de uma identidade negativa.

Erikson (1987), no livro *Identidade juventude e crise*, desenvolveu o capítulo "Raça e identidade mais ampla", em que nos fornece fundamentos importantes para pensar a identidade negra. Ele começa citando Robert Penn Warren (1965):

> Entendi a palavra identidade. É uma palavra chave, ouvimo-la repetidamente. Nessa palavra se concentra, em torno dessa palavra coagula uma dúzia de questões movediças que se ocultam parcialmente umas nas outras. Alienado do mundo em que nasceu e do país de que é um cidadão, mas cercado pelos valores vitoriosos desse novo mundo e país, como poderá o Negro definir-se a si próprio? (p. 296).

Aqui, o autor define a identidade como o desejo da afirmação de si mesmo vivido pelo povo negro norte-americano que, durante muito tempo, viveu sob o poder do colonizador numa situação de escravidão e opressão. O exemplo dessa busca foi manifestado pela ação de jovens da revolução negra que, na década de 1960, lutaram contra a dominação imposta ao seu povo e pela emancipação dos padrões coloniais de pensamento que prevaleciam. Esses jovens resistiram à herança deixada ao negro, pela colonização, de exercerem o papel social de "joão ninguém" para conquistarem o direito à expressão e participação na história e a valorização de sua cultura. Demonstraram, por sua ação, o desejo de participar dos processos sociais. Perderam-se na intensidade da luta contra a dominação e a opressão, libertando-se da culpa que lhes foi imputada historicamente. Na luta pela correção da evolução da História, ganharam a consciência de si, de sua própria identidade, comprovando a teoria de Erikson (1987, p. 302) de que a identidade possui duas espécies de tempo: "uma fase de desenvolvimento na vida do indivíduo e um período na história"; confirmando, assim, a sua expressão, "a consciência da identidade só é superada, evidentemente, por um sentimento de identidade conquistado em ação".

Para auxiliar nossa compreensão acerca da identidade negra, o mesmo autor recorre a Van Woodward, que utiliza o conceito de *identidade resgatada* para referir-se à identidade de "homens de cor" que procuravam trazer de volta a sua identidade latente porque tinham consciência de que podiam convertê-la em uma realidade concreta, viva. Esses homens, marcados pelo estigma visível de sua cor, defendiam-na por saber que sobre ela foram depositados estereótipos que a ocultaram e a tornaram invisível. Nesse sentido, buscaram ter sua identidade reconhecida e viva, sendo, como na afirmação de Erikson, "uma ponte do passado para o futuro" à medida que liga "a realidade de um passado vivo à de um futuro promissor" (p. 311).

Essa ação do povo negro constitui o movimento de resgate de sua identidade enquanto povo, consiste na preocupação desse povo com a correção de sua evolução histórica, o que reflete sobre a construção da identidade do sujeito negro. Erikson (1987) considera que

> há ainda o fato de que o opressor tem interesses estabelecidos na identidade negativa do oprimido porque esta identidade negativa é uma projeção de sua própria identidade negativa inconsciente – uma projeção que, até certo ponto, faz com que o opressor sinta-se superior, mas também de modo instável como um todo (p. 305).

A opressão e a discriminação estão sempre vinculadas a interesses sociais, e uma "maioria compacta branca" nega e rejeita a intensidade de sentimentos do negro, em parte, em função de seu próprio problema de identidade negativa. Buscam diferentes estratégias, incluindo as mais sofisticadas, como as "provas objetivas" que comprovam a "superioridade racional" do branco em relação ao negro, demarcando assim a imagem "integrada" do branco que se superpõe à imagem "desintegrada" do negro. Essas estratégias podem ser estudadas em um sistema de linguagem que alimenta o imaginário social sobre o negro como sendo um ser inferior e menos inteligente. Não seriam essas, exatamente, estratégias discriminatórias para afastar o negro da "competição social"?

LINGUAGEM E IDENTIDADE

Para Mead (1993), o ponto essencial da teoria da linguagem é o fato de que quem fala e quem escuta são a mesma pessoa. A pessoa que fala, fala para si mesma e no mesmo instante fala para outras pessoas. A linguagem, portanto, é uma forma de comportamento específico da espécie e é responsável pela natureza reflexiva do homem. O pensar, para Mead, é uma atividade social mediada pela linguagem.

Na concepção de Berger e Luckman (1999), a linguagem é definida como o mais importante sistema de sinais da sociedade humana e tem a qualidade de ser objetiva. A vida cotidiana é mantida, sobretudo, por meio da linguagem, permitindo a compreensão dos fatos e das relações. Ela pode acontecer na situação face a face ou fora dela. Acumula em si significações e experiências que são transmitidas de geração a geração e preservadas no tempo. A linguagem torna "mais real" a subjetividade dos indivíduos envolvidos na comunicação. Por meio dela é possível transcender o tempo presente e estabelecer pontes entre os diferentes tempos da vida cotidiana, integrando-os num todo significativo. Essa transcendência tem dimensão temporal, espacial e social. Esses autores chamam de linguagem simbólica a maneira linguística pela qual é realizada a transcendência de temas significativos da realidade, definidos como símbolos, e que funcionam como elementos objetivos reais da vida cotidiana. Na visão deles, a linguagem simbólica é um elemento constitutivo da vida cotidiana e da apreensão pelo senso comum, porque ela constrói campos semânticos e significados linguísticos. Pela linguagem, classificamos, diferenciamos e categorizamos os objetos, os fatos e as pessoas. Portanto, a linguagem define o processo de identificação do indivíduo desde criança, que por intermédio dela constrói a sua identidade étnica, a sua identidade de gênero e de classe social.

DESENVOLVIMENTO DA CRIANÇA

Vigotsky (1998), autor interacionista, pesquisador de áreas como Psicologia, Pedagogia, Filosofia, Literatura e doenças físicas e mentais, tendo atuado em diversas instituições de ensino e pesquisa, considera em seus estudos o ser humano como sendo essencialmente histórico pelo fato de estar sujeito a determinações de seu contexto cultural, no qual a interação constitui o ponto essencial do desenvolvimento humano.

Para esse autor, o aprendizado[5] possibilita o despertar de processos internos do indivíduo, o seu desenvolvimento enquanto pessoa e a sua relação com o ambiente sociocultural ao interagir com indivíduos

[5] Utilizaremos, como Marta Khol de Oliveira (1997), a palavra *aprendizado* e não *aprendizagem*, pelo fato de considerarmos aquela menos comum e para lembrar que o conceito, em Vigotsky, tem um significado mais amplo, que envolve sempre a interação social.

da sua espécie. Daí a importância que Vigotsky atribui ao outro social no desenvolvimento do indivíduo; a interação é a ideia que fundamenta o estudo do aprendizado. Ele considera que a interação face a face entre indivíduos particulares tem uma função fundamental na construção do ser humano. Nas relações interpessoais com outros homens, o indivíduo interioriza as formas que sua cultura estabelece no processo de construção das funções psicológicas; o desenvolvimento do indivíduo provém de um ambiente social determinado. Daí o peso da relação desse indivíduo com o outro, nos diferentes níveis da atividade humana. Essa relação define o seu processo de construção enquanto ser psicológico e social.

Vigotsky (1989) refutou a ideia de que as crianças começam a aprender somente a partir do momento em que vão para a escola. Ele considera que, antes do momento de sua entrada para a escola, as crianças já passaram por uma vasta experiência de linguagem oral, na qual tiveram que elaborar perguntas, arriscaram-se a dizer palavras ainda não ditas, cantaram, imitaram pessoas adultas falando etc. Elas demonstram, nessa fase, um nível avançado de aprendizado. No período em que as crianças elaboram suas primeiras perguntas, elas assimilam nomes de objetos de seu ambiente imediato. São ações que desenvolvem um repertório completo de habilidades, e, por isso, podemos considerar o aprendizado e o desenvolvimento inter-relacionados desde o princípio da vida da criança.

Se todas essas ações acima elencadas são aprendidas pelas crianças com os outros adultos e com pessoas com as quais convivem, presentes na socialização primária, reforçamos a afirmação de Vigotsky e concluímos que, para que a criança aprenda a ler e a escrever, estando em ambiente organizado para tal, ela precisa interagir com o modelo adulto considerado possuidor dessas aptidões.

Em nosso estudo, entendemos o aprender como um processo que envolve, sobretudo, o aprendizado da leitura e da escrita, pois pertencemos a uma cultura na qual, embora predomine a oralidade, valoriza-se muito mais o saber letrado.

Vigotsky considera que, para a criança que está na escola, o aprendizado é um resultado esperado e um elemento central do seu desenvolvimento. E acrescentamos, aqui, que ele passa a ter importância ainda maior para as crianças negras, pobres e faveladas que veem na escola o seu principal meio de ascensão social. A escola ainda representa para elas um meio de acesso a uma vida mais digna e humana.

Capítulo 4

POR QUE PROFESSORAS, MULHERES E ALFABETIZADORAS?

A busca de si passa pela busca da consciência.
Somente pela consciência do que eu sou posso ser livre,
construtora do meu destino e somente tenho consciência
de minha identidade se mergulhar em mim mesma.
(Consuelo Dores Silva)

DA MENINA FAVELADA À PROFESSORA, ALFABETIZADORA, NEGRA E PESQUISADORA

Inicialmente tratarei da minha subjetividade e, utilizando a primeira pessoa do singular, estarei expondo sentimentos e emoções vividas na construção da minha identidade de professora, alfabetizadora, negra e mulher. Penso que precisamos ser imensamente fortes para falarmos sobre os fatos que nos incomodam, e precisamos ser ainda mais fortes para escrever sobre eles. Penso assim, pois os fatos que marcaram a minha vida escolar de menina pobre de favela tiveram início em 1971, quando ingressei no chamado jardim da infância. Lá mesmo comecei a sentir que a escola não era o lugar feliz que, até então, eu imaginava ser.

Em 1972, quando iniciei a primeira série numa escola de bairro popular, senti o preconceito ainda mais forte. Após os chamados testes de sondagem, fui remanejada para uma sala considerada a "melhor" da escola. E foi lá que a alegria de aprender a ler se misturou com a dor de ser tratada com desprezo pelos colegas. Para minha professora branca, daquela época, eu representava o "animalzinho raro", que, mesmo andando de chinelos de dedo, carregando o pouco material que possuía num saco plástico, lia, com fluência e boa dicção, a cartilha que ela me emprestava. A professora sempre mandava: "Denise, leia pra mim". Após a leitura, concluía: "estão vendo? Ela já aprendeu a ler e ainda nem comprou a cartilha! Dá um jeito de comprar rápido!" Para ela, eu lia bem... contudo nunca fui convidada para participar das leituras e jograis nas comemorações que a escola realizava. Sempre fiquei de lado, ou melhor, atrás. Na minha frente, até mesmo na tradicional fila, estavam os colegas "loiros de olhos azuis". Esses, sim, participavam das quadrilhas, vestiam-se de anjos, eram os verdadeiros reis e rainhas das ocasiões festivas.

Eu gostava de ler, gostava ainda mais de escrever. Mas não gostava de ir para a aula com o uniforme da minha irmã mais velha que estudava na mesma escola no turno da manhã. Por causa do uniforme comprido e do cabelo sempre espetado, meu apelido era "foguete".

Em 1976, tendo passado na seleção do Colégio Polivalente, ganhei de minha mãe minha primeira pasta, com a palavra ESTUDANTE estampada na parte de fora. Nessa escola, comecei a sentir que o meu valor se resumia às notas e, mais tarde, fui valorizada por ser boa em educação física. Jogava no time de handebol e representava a sala nas pistas de corrida. Eu pensava que as pessoas começavam a me entender: eu queria apenas "me formar". Ali mesmo, concluí a oitava série e abandonei meus tempos de esportista. Mas o esporte serviu-me de incentivo para concluir o Ensino Fundamental.

Em 1979, prestei concurso em três escolas públicas, numa tentativa de continuar estudando. Numa das escolas, em que não passei, havia a formação de professores. Fiquei muito infeliz porque o sistema havia me deixado de fora da competição. Acabei sendo encaminhada para o curso científico, que não me deu passagem para a sobrevivência: o mundo do trabalho.

Cheguei ao magistério em 1984, pela via do curso de complementação, na mesma escola em que antes eu havia sido reprovada. Ainda nesse ano, quase abandonei o curso de Magistério, por não ter como pagar a passagem. A situação financeira de minha família não permitia: podíamos contar somente com minha mãe. Ela trabalhava como faxineira, tinha seu salário, a pensão deixada pelo meu pai e algum recurso vindo dos outros irmãos e, assim, sustentávamos nossa família de nove pessoas. Como não encontrava emprego, a solução que encontrei foi vender doces na escola para sustentar as necessidades que o curso me colocava: passagem e material didático.

Mais tarde, depois de formada, passei pelo trabalho de operária de uma grande indústria internacional, de onde acabei saindo por ter sido ameaçada, vigiada e punida pelo poder do capital. Acabei tornando-me funcionária publica, quando conciliava o trabalho e o estudo com livros e apostilas que pedia emprestados.

Passar no vestibular foi resultado de muito esforço individual e persistência. A mudança veio em 1987, no curso de Pedagogia, logo nas primeiras aulas. Eu me sentia fora daquele ambiente. Eu tinha muito medo de participar. Gostava mesmo era das aulas e dos trabalhos propostos. Eles me faziam pensar e foi por meio das minhas reflexões e ações de graduanda que comecei a sentir que mudava minha autoestima: eu, Denise, vim da periferia, de família discriminada devido à pobreza e, contudo, chegara até ali, no terceiro grau. Até então, eu era a primeira de oito irmãos que conseguia chegar a um curso superior.

Em 1988, participei de um projeto na matéria eletiva denominada Alfabetização de Adultos, escolhida pela minha turma do curso de Pedagogia. A parte prática do projeto ficou por minha conta. Fiz um trabalho, durante três meses, com uma adulta negra e analfabeta de cinquenta anos. Era minha vizinha desde criança e ela sempre me discriminava por me considerar uma menina pobre e preta que tinha o "luxo de estudar". Mesmo ciente desse seu preconceito, empenhei-me na tarefa proposta.

Ela também esforçou-se. Partimos da palavra geradora "VIDA", usamos a metodologia de Paulo Freire e, ao final de três meses, ela lia textos pequenos e pequenas passagens bíblicas, sendo que o desejo dessa minha primeira aluna era ler a *Bíblia*. Descobri, então, a paixão de alfabetizar. Senti um desejo enorme de continuar professora.

Fui trabalhar como voluntária no Centro de Apoio ao Menor, integrado à FEBEM, onde passei a reconstruir conceitos como: plano de aula, manejo de classe, disciplina, marginalidade, violência social, entre outros.

Em 1990, fui nomeada professora primária da rede Estadual de Ensino. Cheguei como novata na escola e, como novata, peguei o que as professoras veteranas nunca querem. O que, para elas, era "sobra", para mim tinha um "gostinho especial": uma classe de alfabetização na qual os alunos tinham "problemas de comportamento" e, consequentemente, apresentavam "dificuldades de leitura". Por três anos permaneci nessa escola, lecionando para classes assim denominadas. Isso me fez sentir *professora alfabetizadora*.

Passando por outras escolas, ao me identificar como uma apaixonada pela alfabetização, a escola sempre tendia a me colocar como professora daqueles alunos com "problemas de leitura". Comecei a perceber, a partir da constituição das turmas para as quais me designavam, que as salas consideradas "fracas", "piores" e com "problemas de comportamento e leitura" eram as que concentravam aqueles alunos, que, entre os pobres, eram considerados miseráveis. Passei a me dar conta de que eu me identificava com esses alunos, justamente devido à sua situação de pobreza e exclusão.

Mais tarde, numa escola do Estado, a professora e supervisora Consuelo Dores Silva me fez enxergar, a partir das leituras que me indicava, que a minha identificação com aquelas crianças não era só por serem pobres, era também pelo fato de serem crianças negras. Encontrei um outro ponto de identificação entre nós. Pude, então, perceber que meus colegas de infância, meninas e meninos brancos do primário que me apelidavam, e minhas professoras que me tratavam diferentemente dos outros, não o faziam simplesmente porque eu era a menina "feia do cabelo duro", que não tinha material escolar, mas que, além disso, outros fatores pesavam: a pobreza e a cor da pele.

Comecei, a partir daí, a voltar-me para mim mesma e, na lida com meus alunos negros e favelados, acabei assumindo a minha negritude, pois, até então, eu me reconhecia negra apenas dentro do meu casamento inter-racial. No envolvimento diário com alunos e alunas pobres e negros, considerados pela escola como "difíceis", fui-me sentindo professora, alfabetizadora e negra. A partir de 1995, nas duas escolas em que trabalhava, passei a vivenciar com meus alunos projetos que se preocupavam com a questão étnico-racial. Passei a constatar o quanto as diferenças sociais e historicamente produzidas invadem o imaginário escolar. Percebi o quanto os agentes pedagógicos escudam-se no argumento de que o preconceito só existe em função da classe social e não do pertencimento étnico-racial.

Na luta contra as atitudes racistas que permeiam as ações escolares, deu-se o meu envolvimento com o Movimento Negro de Belo Horizonte, que, por ser um segmento extremamente aberto e democrático, passou a me olhar como uma militante, tendo em vista a minha preocupação, discussão e trabalho, dentro da escola, com a questão étnica.

Junto a outros militantes do Movimento Negro, do Grupo de Educadoras Negras que prestava assessoria à extinta Secretaria da Comunidade Negra, fiz várias intervenções em escolas, encontros e seminários, dentro e fora de Minas Gerais, levando, a quem nos convidava, relatos de trabalhos bem-sucedidos com a autoestima de crianças e adolescentes negros, moradores das favelas. Construir a escola como um espaço sociocultural passou a ser um desafio em minha prática pedagógica. Como professora, alfabetizadora e negra, passei a desenvolver um trabalho que considero possível: a alfabetização com atenção à questão étnico-racial. Partindo daí, realizava um trabalho de alfabetização não fragmentado, tentando ir além da realidade imediata do aluno. Essa concepção e minha participação no movimento social deram-me credibilidade, e fui admitida no Centro de Capacitação dos Profissionais da Educação da Rede Municipal de Ensino de Belo Horizonte, no qual, num outro ângulo, pude constatar, junto aos grupos de formação de professores, que muitos dos problemas que os educadores enfrentam estão relacionados às questões da alfabetização e da discriminação. A primeira sofre interferência da segunda, uma vez que a discriminação que o aluno sofre tem base em sua classe social e grupo étnico.

Ao entrar para o mestrado em Psicologia Social, a questão étnica estava bem clara para mim e, durante os seminários, percebi ainda que a questão do gênero está inter-relacionada à problemática da etnia. Nas discussões, foi-se definindo, em mim, a professora, alfabetizadora, negra e mulher que sou hoje. Comecei a ver, na relação de campo pesquisado, o quanto estão imbricadas, na prática, as relações de gênero e as relações étnico-raciais e como essas relações são, por sua vez, definidoras do desenvolvimento e da aprendizagem da criança.

A minha imersão nos níveis iniciais de formação escolar foi-me fazendo voltar os olhos para os problemas na alfabetização. E a pesquisa que originou este livro pretendeu envolver-se com essa reflexão, a partir de dados de natureza psicossocial, visando contribuir para o trabalho em classes de alfabetização. A preocupação central foi a interação professora/aluno-aluna nas fases iniciais de alfabetização,[6] educação infantil e primeiro ciclo, bem como a articulação de ações pedagógicas que contemplem as relações étnicas na escola.

---

[6] Entendemos, aqui, o alfabetizar como um processo mais amplo, abrangendo o trabalho de desenvolvimento da linguagem oral.

A MULHER COMO MAIORIA ABSOLUTA NAS CLASSES DE ALFABETIZAÇÃO

É da minha esquina que eu vejo e explico o mundo.
(Ditado popular)

Volto-me agora para a linguagem acadêmica, buscando compreender o lugar da mulher na educação e, especialmente, nas classes de alfabetização. O fato de sermos mulher, professora e alfabetizadora fez-nos interessar pelas mulheres, professoras e alfabetizadoras.

Optamos por utilizar o termo professora alfabetizadora, dada a presença majoritária das mulheres no magistério, inclusive nas classes iniciais de alfabetização, o que segundo Bruschini e Amado (1988) fica oculto sob a utilização do termo genérico (professores).

Ficamos surpresos com o fato de que a Secretaria Municipal de Educação, na vanguarda da proposta dos ciclos de formação, no molde da Escola Plural, não tem a informação sobre o número de mulheres e homens que atuam na educação infantil e no primeiro ciclo de formação. Fornece-nos apenas a quantidade geral. O fato nos sugere um desinteresse do órgão em pensar nas causas do fracasso ou insucesso dos alunos no primeiro ciclo de formação. Num total de 1.780 docentes atuando no primeiro ciclo e de 321 professoras atuando na educação infantil, essa rede conta visivelmente um número maior de mulheres nesses níveis de ensino, o que não está ainda mensurado.

O censo de 1991 registra que as mulheres representam 80% da força de trabalho no magistério, concentrando-se, sobretudo, no ensino pré-escolar e no primeiro grau (primeira a quarta séries). Os homens estão sub-representados nos níveis iniciais de educação, que lidam com crianças e adolescentes, em que os salários são inferiores; e estão super-representados no ensino superior, demonstrando-nos a força da discriminação de gênero (ROSEMBERG, 2001). Da nossa pesquisa, quatorze professoras participaram como sujeito-pesquisadoras, das quais nove se classificaram como brancas, uma como morena e quatro como negras. Desse grupo, nove professoras possuíam de 10 a 30 anos de experiência em alfabetização e duas com experiência na educação infantil; quanto à formação escolar, nove eram formadas em Pedagogia, duas em História, uma em Biologia e duas no Nível Médio.

Acreditamos que a presença de uma maioria de mulheres nos ciclos iniciais de formação (educação infantil e primeiro ciclo) ajuda a marcar o ensino ali ministrado. E, como observou Erikson (1987), em seu estudo sobre identidade, esse fato pode influenciar a socialização escolar de meninos:

> O fato de a maioria dos professores, em nossas escolas primárias, ser constituída de mulheres deve ser aqui brevemente considerado, visto que pode redundar num conflito com a identificação masculina do rapaz não-intelectual como se o conhecimento fosse feminino e a ação masculina (p. 125).

A socialização é um processo no qual a criança, menina ou menino, se identifica com o adulto que lhe é significativo e constrói sua identidade étnica e sua identidade de gênero. São mulheres que, como profissionais e muitas vezes mães e provedoras, fazem uma jornada de trabalho dupla e, às vezes, tripla. Essas profissionais, cujo oficio é ensinar, apesar da carga da exploração social, procuram corresponder a essa tarefa, nos níveis iniciais de ensino, e são consideradas dentro da escola e na sociedade como responsáveis por "fazer a criança falar, ler e escrever".

O processo de proletarização do magistério é característico na história do Brasil, sendo o trabalho docente cada vez mais feminino que masculino. Para as mulheres, o magistério representou as possibilidades de estender, para a escola – um espaço público – as funções maternais e domésticas. Daí o fato de que as professoras dos níveis iniciais de ensino passaram a ser chamadas de "tia", confundindo o seu papel de ensinar e ser professora. Isso reduz o papel de professora a uma representação familiar e, longe de simbolizar uma relação de afeto entre a professora e a criança, banaliza as possibilidades de afeto próprias ao espaço escolar e possíveis na relação adulto-criança nesse contexto, o que proletariza ainda mais o trabalho docente, à medida que trava relações não profissionais, e sim de pretenso parentesco (NOVAES, 1985 *apud* BRUSCHINI; AMADO, 1988).

Elas vão fazendo como "dão conta", o que nos mostra que falta uma política educacional comprometida com o acompanhamento de sujeitos capazes de pensar e agir com autonomia, inclusive dificultando a autopercepção da professora, mulher e alfabetizadora como profissional:

> ai eu comecei a misturar tudo... sabe? fiz uma miscelânea com os meninos e... aquela história né? "eu acredito em você" eram meninos de doze... treze... catorze anos... tudo assim... cê... conclusão... to-dos le-ram Denise... to-dos leram lá na minha sala... foi uma misce/ aí quiseram saber o quê que eu tinha feito com os MENINOS.... que era pra mim falar o quê que era... que se eu fiquei só naquilo... ai eu falei ... "ó eu não sei nem o quê que eu fiz... se ocê quer saber"... "mas ESCREVE então pra nós"... a diretora era a Diva... o nome é Diva... "mas esses meninos NUNCA LERAM"... eu falei... mas acontece que EU... fiz uma misturança... não sei o quê que eu fiz não... eu fiz o que cês mandaram fazer aqui... mas eu fiz... eu tenho toda uma... UMA VIDA DE ALFABETIZAÇÃO... mas tem muitos anos que eu alfabetizo... eu tenho as TÉCNICAS ANTERIORES, né? (professora Helena, 1ª entrevista).

A professora constrói uma concepção de aprendizagem que lhe possibilita uma prática eficaz junto a alunos ditos "com dificuldade de leitura e escrita". Entretanto, não legitima o conhecimento que produziu em um longo trabalho com classes de alfabetização.

A forma como a escola se organiza desencoraja a produção de um conhecimento compartilhado pelo coletivo de professores, o que dificulta ações no ambiente escolar como a valorização das experiências práticas significativas vivenciadas pelos docentes e as possibilidades de estabelecer com tais práticas um diálogo profícuo. O investimento nas experiências significativas, como aquelas que a professora Helena traz, seria um processo pelo qual docentes em serviço produziriam saberes reflexivos e pertinentes mobilizadores da mudança.

Muitas vezes, a mulher alfabetizadora sente-se diminuída diante da humilhação e provocação dos professores dos outros níveis de ensino, especialmente dos professores homens:

> e outra coisa que me incomoda DEMAIS... é a gente tá aqui no segundo ciclo... cê tá vendo o trabalho que a gente faz... a gente vê comentários (...) quando chega no segundo ciclo... os P dois ó na gente ((bateu o indicador, indicando couro)) METE A RIPA... METE A RIPA... mais cê vê cada fala aqui de manhã do primeiro turno... que ocê fica boba... e: o que a gente tem visto é que... chega... tem meninos né? que não conseguem ser alfabetizados... chega lá no final do segundo ciclo né? sem alfabete/ NÓ: mais fala mesmo da gente... mais também não dá um PASSO (coordenadora Sirlene, 2ª entrevista).

Ao mesmo tempo que denuncia, indicando que, como alfabetizadora, sente-se diminuída, tem a consciência de que o colega, do nível acima, a critica sem que ao mesmo tempo aponte, sugira ou implemente ações. O que nos faz crer, com Bordieu (1975), que, para a escola, ensinar a ler é tarefa exclusiva das mulheres envolvidas nos níveis iniciais do ensino.

Nossa investigação mostrou-nos que, mesmo convivendo com a desvalorização profissional, mesmo aceitando a crise por que passa a educação, e, especialmente, a alfabetização, as alfabetizadoras valorizam o lugar que ocupam e valorizam o lugar de quem alfabetiza. Entretanto, sua reflexão pode ser prejudicada pela necessidade de posturas imediatistas no cotidiano (SILVA; LOMÔNACO, 1990). Vejamos:

> mas a vida INTEIRA... eu gostava muito de dar aula na segunda série eu achava a segunda série muito boa... sabe? a série que eu MAIS GOSTAVA... porque ALFABETIZAR É MUITO difícil... inclusive A GENTE PENSA que professora alfabetizadora... ela tem que ganhar MAIS QUE AS OUTRAS... porque é um trabalho

> MUITO PENOSO... é... ela tem que ser uma pessoa muito dedicada... tá sempre atualizada... pesquisando... entendeu? porque É realmente a BASE de tudo... então eu valorizo muito a professora que alfabetiza... cada ano que eu entro nessa de alfabetizar eu tô APRENDENDO MAIS... entendeu? eu não tô pronta não... então... cada turma que você pega... em cada ano... é DIFERENTE... elas são DISTINTAS... são almas DIFERENTES... então cê tá sempre aprendendo ali... com aqueles meninos... esse MÉTODO NÃO DEU CERTO... então eu vou apelar pra outro... e a gente tem que ser ECLÉTICA MESMO... igual falaram ontem na sua reunião... "nó: eu tento todos os métodos até adequar o que vai dar certo"... é por aí MESMO... (professora Lílian, 1ª entrevista).

Para essas professoras, os métodos passam a ser a preocupação central no processo de ensinar. O investimento passa a ser na técnica. Não demonstram receber informação nem procurar compreender o sujeito que aprende a ler. Nosso interesse recai sobre a postura da professora dos ciclos iniciais de formação pensando, com Bettelheim e Zelan (1992), que o encontro da criança com a sua professora é definidor:

> Nas escolas maternais e nos jardins-de-infância, especialmente se os estudos acadêmicos não forem exigidos demasiadamente cedo ou com demasiada energia, a criança aprende mais ou menos a brincar com as outras crianças e a tornar-se familiarizada com os materiais que a preparam para a aprendizagem formal. Possivelmente, o que mais influencia nessas experiências primordiais na futura carreira acadêmica da criança é o encontro com sua professora. É através dela que a criança se encontra com o sistema educacional. Caso as coisas decorram bem, a criança aprende a defrontar-se adequadamente com as exigências escolares e encontra satisfação com o fato de proceder dessa forma. Mas, se as coisas não se desenvolvem a contento, a criança se torna desconfiada com a professora e com os objetivos do sistema escolar. A criança fecha, então, a sua mente perante os esforços da professora e até mesmo aprende a combater o sistema: isola-se para dentro dela ou torna-se um pequeno rebelde (p. 16).

Goffman (1988; 1996) ressalta, em seus estudos sobre interação, a importância, na vida cotidiana, das primeiras impressões entre pessoas que interagem face a face e que podem iniciar ou reforçar os estigmas sociais. A reação positiva da criança pequena tem a ver com seu sucesso em seus primeiros contatos em sua segunda socialização, isto é, tem a ver com seus encontros e desencontros com a mediadora dessa socialização, a sua professora. A interação dessa criança com esse adulto, tão significativo, influencia todo o seu desenvolvimento: cognitivo, psicológico e emocional. Na educação infantil, esse desenvolvimento pode ser observado por meio da socialização e da linguagem oral, enquanto que, no primeiro ciclo, o investimento da professora passa a ser necessariamente voltado para as metodologias e técnicas do "ensinar a ler e a escrever". As séries ou ciclos iniciais de formação requerem um investimento na criança enquanto ser humano, que vem expresso sob a forma de postura, de linguagem e na interação, pois a professora é a mediadora de dois mundos: o mundo da criança, povoado do lúdico, das fantasias, dos medos; e o mundo racional que ela apresenta à criança.

Nessa fase, a criança precisa encontrar segurança em sua professora. Como aqui estamos considerando a alfabetização em conceito mais amplo, englobamos também a educação infantil, desde seu início, quando a professora trabalha no sentido de preparar a linguagem, a expressão, a coordenação e uma série de atividades que dão base à criança para ser alfabetizada. Vivemos em uma sociedade oral que, contraditoriamente, atribui o valor do indivíduo à sua capacidade de ler e escrever e na qual esse valor é passado dos adultos para as crianças, que se veem diante da difícil tarefa de fazer-se valer para a família e para os outros com os quais convivem. Como comprovam Bettelheim e Zelan (1992),

> A capacidade de ler é de importância tão singular para a vida de uma criança na escola, que sua experiência na aprendizagem

> da leitura mais do que freqüentemente sela seu destino, uma vez para sempre, em relação à sua vida acadêmica. Aquilo que a criança experienciou na escola, na fase em que se ensina a ler, constitui somente preparação para a aprendizagem mais séria; esta preparação se torna uma facilidade ou uma dificuldade quanto ao fato de se sair bem nessa tarefa crucial da aprendizagem. Caso as experiências pretéritas no lar e na escola tenham se equipado pobremente, aquilo que ocorre no momento em que se ensina a ler pode desfazer o dano, embora não seja tão fácil como se possa pensar. Caso a criança ache o ler recompensador, tudo andará bem. Entretanto, quando a criança fracassa na habilidade de ler adequadamente, as conseqüências geralmente são irremediáveis (p. 17).

As experiências dessa fase são bastante definidoras de uma carreira escolar que será de sucesso ou fracasso, dependendo das vivências da criança que, quando não tem um grupo familiar que a apoie e lhe subsidie o mundo da leitura, passa a ter como preparação para a leitura apenas os níveis iniciais de ensino, um "tempo escolar". Esse tempo é importante especialmente para um grande número de crianças pobres e negras, distanciadas de condições que facilitam o desenvolvimento da leitura e da escrita. Isto coloca a professora como a sua referência principal do aprendizado. Portanto, como construir uma interação que garanta o sucesso do processo de leitura dessa criança?

A AUTOESTIMA DA PROFESSORA, ALFABETIZADORA E MULHER

> *Troca-se uma mulher*
> *pelo pó de uma estrela,*
> *brilho de besouro,*
> *gnose de gnomo,*
> *silvo de sílfide*
> *e volta-se o troco.*
> *Troca-se*
> *uma mulher,*

sua identidade,
seu nome, seu canto,
seu medo e liberdade.
Uma mulher se troca.
(Lucia Afonso)

Para Habermas (1990), numa sociedade moderna, a identidade do eu tem como um importante suporte o papel profissional (*apud* SILVA; LOMÔNACO, 1990). Por meio do contato profissional, a subjetividade e a identidade da professora, mulher e alfabetizadora vão sendo construídas no seu contato com o "outro", nesse caso, a série de "outros" papéis e sujeitos com quem interage no cotidiano. Ressaltamos, aqui, os profissionais adultos, os professores e professoras dos outros níveis de ensino com os quais a professora convive diariamente. Em nossa investigação, ouvimos queixas dessas professoras acerca do tratamento que professores dos outros níveis de formação lhes dão: "esses P2 humilham a gente que é P1" (professora Lílian, DC: 02.04.2002).

O fato de as crianças chegarem ao segundo e terceiro ciclos com defasagem na leitura e na escrita, conforme parâmetros adotados, contribui para que os profissionais desses níveis de ensino menosprezem o trabalho da alfabetizadora. Por outro lado, a ausência de um projeto pedagógico global da escola deixa essas professoras e mulheres numa situação ainda mais vulnerável. Uma das confirmações feitas por Baptista (1996), ao estudar a (de)formação da professora alfabetizadora em escolas da Rede Municipal de Ensino, é que a formação dessa profissional somente se concretiza se estiver articulada à efetiva participação dos profissionais a projetos que impliquem mudanças do contexto no qual estão envolvidos. No entanto, as críticas são constantes e a alfabetizadora tem consciência de que fica a crítica pela crítica, não apresentando, o profissional que critica, ideias ou soluções:

> (...) tem hora que dá raiva na gente DEMAIS... Denise... cê vê eles falando... e me dá mais raiva ainda... é de ver eles falando e

> não fazer NADA... porque todo ano a gente tem aqui... fica uma turma que VAI AJUNTANDO... porque vai AFUNILANDO... né? vai acabando... chega lá no final do segundo ciclo... e princípio o do terceiro ciclo... porque esses POUCOS... que começam aqui o primeiro ciclo... eles TÃO TODOS NUMA SALA SÓ ((pausa)) ai... NÓ:... mais eles falam mesmo... e dá mais raiva... que eles não fazem NADA... também pra sanar o problema... eles falam... "JÁ CHEGOU DESSE JEITO... AGORA VAI" por isso é que tá chegando gente lá na oitava ((pausa)) SEM SABER LER (coordenadora Sirlene, 2ª entrevista).

O discurso da professora traz a certeza de que há entre as profissionais alfabetizadoras e seus pares, professores dos outros ciclos de formação, uma falta de identificação, em outras palavras, falta-lhes um ponto comum que os identifique enquanto profissionais do ensino, falta-lhes um agir prático e educativo.

Falta, ainda, na escola, uma proposta de projetos específicos que tratem, com competência pedagógica e política, o direito das crianças de se alfabetizarem. Falta uma proposta que garanta o aprendizado das crianças que passam por três anos no primeiro ciclo e não se alfabetizam, sendo reenturmadas em uma sala de segundo ciclo que recebe o nome de turma-projeto. Ali, continuam por mais três anos sem a garantia de aprenderem e, finalmente, são encaminhadas para o terceiro ciclo, *sem saber ler*, cumprindo as normas da Escola Plural, que visa garantir a socialização, a não reprovação e a não retenção. Daí alunos como os da professora Helena, como veremos no Capítulo 8, permanecerem na escola até, aproximadamente, 14 anos, sem sucesso na alfabetização. Ou seja, eles ficam "por ali" dentro da escola, marginalizados pelos ciclos de formação.

Na realidade, não se garante o aprendizado dessas crianças que, por não poderem ser legalmente retidas ou reprovadas pelo programa da Escola Plural, poderiam na sua saída do primeiro ciclo ser envolvidas em projetos que garantissem a sua alfabetização, ou que garantissem pelo menos uma continuidade a partir do nível em que operam com a leitura e a escrita.

A fala da coordenadora Sirlene revela-nos um dado importantíssimo, que é o efeito perverso da Escola Plural, na escola pesquisada: os alunos das chamadas turmas-projeto, em sua maioria negros, vão sendo funcionalmente agrupados, "todos numa sala só", por não saberem ler e, assim, chegam ao terceiro ciclo. Daí os profissionais dos ciclos posteriores acusarem a professora alfabetizadora de não ter sido capaz de alfabetizar esses alunos, que têm, então, sua sorte "lançada ao vento", ou seja, se até então não aprenderam, "agora vai", ninguém mais assume sua alfabetização e, portanto, saem da escola "sem saber ler".

Essa (des)funcionalidade da escola fica, então, marcada e redunda em preconceito e discriminação, que incidem, sobretudo, sobre os alunos negros e cuja culpa recai sobre as profissionais dos níveis iniciais. Se o preconceito de gênero pesa sobre a profissional, professora, mulher e alfabetizadora, pesa, ainda mais, quando essa professora é negra.

Segundo Santos (2001), as mulheres não brancas passaram a ter presença mais representativa no magistério nas últimas décadas do século XX, especialmente a partir de 1960. Nesse período, iniciou-se a discussão, em âmbito nacional, sobre o magistério primário enquanto profissão. Foi apontada uma descaracterização do magistério e sua consequente desvalorização, coincidindo com a entrada das mulheres não brancas para o magistério. A população que buscou o curso de Magistério, nas referidas décadas, o fez em função da ascensão social, e ali estava uma quantidade expressiva de mulheres que, muitas vezes, haviam sido empregadas domésticas.

A pesquisa não teve como foco essa questão. Contudo, percebemos que, num universo de quatorze professoras, no qual, no início, duas diziam da sua negritude e, ao final do processo de pesquisa, quatro manifestaram-se negras, todas verbalizaram terem sofrido um tipo qualquer de discriminação e desvalorização dentro do circuito educacional. Isso nos leva a tecer algumas indagações que aqui nos interessam por interferirem diretamente no processo de autoestima da profissional pesquisada.

No decorrer da pesquisa, acompanhamos as profissionais pesquisadas num processo de campanha salarial, em abril de 2001, que prosseguiu em paralisações e assembleias. Cinquenta e nove dias de greve, quando o professorado conseguiu fazer um movimento forte e expressivo e, ainda assim, ao voltar para a sala de aula, não obteve ganhos reais, nem sequer a equiparação, dentro do município, do piso do magistério graduado ao piso salarial de outras categorias que possuem o curso superior e têm um salário referência superior ao do profissional graduado do magistério.

Nesse sentido, ficam nossos protestos e indagações: a desvalorização crescente do magistério municipal tem a ver somente com a questão do gênero? Ou, imbricada com a questão do gênero, está a questão da cor? Porém, essas são perguntas que suscitam uma outra investigação e que aqui deixamos registradas pelo fato de acreditarmos na necessidade de uma política de valorização da(o) profissional do magistério, cuja maioria é mulher.

Comprovadamente, as professoras têm problemas que são comuns, como a luta por sua valorização profissional. Entretanto, a professora negra tem problemas que não são comuns a outras professoras, brancas. Podemos exemplificar como a percepção de si construída por uma de nossas entrevistadas, negra, marca o efeito que a aparência e os atributos físicos, já estudados por Goffman (1988), exercem sobre a construção da própria identidade:

> eu queria ser mais... eu tenho assim... não é inveja não... eu acho que você gostar de uma coisa BOA... gostar de SER... é: não é inveja é inveja? eu tinha vontade de ser mais CULTA... disciplinada... ser mais delicada... ser mais meiga... assim de ter uma voz... eu queria... é tanto que eu pensei que você fosse me filmar... eu não aceitaria NUNCA... eu não tenho vergonha de mim não... eu so/ pés/ eu sou MUI:TO antifotogênica... eu vou te mostrar as fotos... CO:MO que eu saio FEIA nas fotos... ( ) essa veia minha aqui... eu falo demais... mui:to... eu falo muito ((mostrou o pescoço)) (professora Paixão, 1ª entrevista).

Quando os outros negros são seus alunos, ela expressa a sua dificuldade de reconhecê-los, valorizando as suas características fenotípicas:

> o Heberton da cabeça rapadinha... ele tá até... não sei se... é eu que tô começando a trabalhar comigo mesmo pra num ver... ver o lado bonito deles... nada o lado feio... tá andando rapadinho... tá bonitinho... tá sendo um dos MELHORES da sala (professora Paixão, 1ª entrevista)

A professora nos fala de aspectos subjetivos, rejeita a sua própria imagem, considerando-se "antifotogênica". Fala de aspectos que dão acesso à sua subjetividade e nos revela a sua dificuldade de aceitação de si mesma e dos seus outros que são negros. Revela-nos que não vê beleza no seu aluno negro!

Para Munanga (1990), a busca da identidade negra não é entendida como uma divisão da luta dos oprimidos. Os negros, e aqui acrescentamos as negras, têm problemas específicos, cuja resolução é cabível só a eles, a elas, embora possam receber a solidariedade ativa, traduzida em ações, de pessoas conscientes do racismo nas relações sociais. Entre os seus problemas, está sua alienação, seu complexo de inferioridade, sua falta de conscientização histórica e política. O autor acrescenta que:

> Graças à busca de sua identidade, que funcionaria como uma espécie de terapia do grupo, o negro poderá despojar-se do seu complexo de inferioridade e colocar-se em pé de igualdade com outros oprimidos, o que é uma condição preliminar para uma luta coletiva (MUNANGA, 1990, p. 116).

A busca da identidade negra passa pelo reconhecimento de sua imagem refletida nos sujeitos de seu grupo, é uma forma de o negro se reconstituir, condição necessária para que se empenhe em uma luta coletiva. Porém, a aceitação de si mesmo passa pela busca de si e pela busca da própria consciência. Então, partindo da consciência daquilo que é, o sujeito pode ser livre, pode construir o seu próprio destino. O sujeito só adquire a consciência de si, de sua identidade, se imergir nele mesmo (SILVA, 1995, p. 20).

É importante dizer que a professora Paixão passou a buscar ajuda na terapia, dado que nos revelou na segunda série de entrevistas e, por outros caminhos que não o do discurso direto, começou a nos dizer da sua consciência fenotípica, por meio de elementos introduzidos em campo durante a intervenção.

Outra das nossas sujeito-pesquisadoras, a professora Paula, mostrou-nos que sua consciência de ser profissional e negra ia sendo (re)construída ao longo do processo de pesquisa. Inicialmente, dizia-se negra, mas não percebia o preconceito contra os alunos e, principalmente, a discriminação e o preconceito que recaía sobre a sua pessoa. Acompanhamos essa mudança a partir da evolução do discurso da professora Paula, o que demonstrou-nos, em três tempos, o surgimento de uma nova consciência de si, porque, ao mesmo tempo que nos propusemos a intervir por intermédio de uma pesquisa-ação, nos dispusemos, também, a uma escuta de fatores emocionais e subjetivos, nos trabalhos com o grupo de professoras e na constante escuta individual. Esse processo surgiu no início da intervenção, enquanto conversávamos com a professora Paula e com o auxiliar de biblioteca sobre a existência da discriminação na escola:

> A discriminação fechada aqui na escola não tem não (...) a discriminação entre nós não existe... cê acha que aqui tem preconceito? (perguntou para o auxiliar de biblioteca, homem e branco) (professora Paula, DC: 15.12.2000).

Na fase inicial do processo de pesquisa, a professora Paula reconhecia a cor de sua pele. Contudo, ela não via a possibilidade de criticar os fatos do ponto de vista sócio-histórico e político. Após vários encontros de grupos e várias intervenções em campo, sugerimos a ela que lesse o artigo[7] da *Revista Raça*, da autora Eliane Cavalleiro:

> eu li o artigo, fiquei pensando em tudo que você disse. Lembrei-me de você dizendo de suas dificuldades na pesquisa. Me

---

[7] Entrevista com Eliane Cavalleiro: *Preconceito Racial Diz Presente na Sala de Aula.* Revista Raça Brasil, Ano 4, n. 41 p. 11-14.

> vieram lembranças do meu tempo de colégio interno. Eu não cheguei a passar por aquilo tudo, mas eu não sabia porque todo o serviço pesado de limpeza *eu* é que tinha que fazer. As outras meninas mais claras não, elas ficavam com as tarefas mais leves. Aquilo não era dito, porque com o mesmo dinheiro que elas pagavam a escola meu pai também pagava a minha. Eu pagava o colégio. Eu vivi aquilo tudo *à flor da pele*. Me deu um tristeza ao ler a entrevista dela, parecia que eu voltava à minha época de colégio (professora Paula, DC: 06.12.2001)

Nesse mesmo dia, sugerimos à professora Paula que lesse o livro de Eliane Cavalleiro (2000), *Do silêncio do lar ao silêncio escolar*. Quando da nossa entrevista final, ao responder sobre a contribuição da pesquisa, a mesma professora expressou as mudanças que a atingiram psicológica e profissionalmente. Foram mudanças na sua autoestima, consequentemente, de identidade:

> com certeza... até mesmo na forma... depois que eu li aquele livro ((*Do silêncio do lar ao silêncio escolar*, de Eliane Cavalleiro)) a minha forma de trabalho POSSIVELMENTE com relação à criança vai ser feita diferente ((pausa)) porque mesmo eu SENDO DE COR e sabendo todos esses processos e já tendo passado por eles... eu já ENFOCAVA isso de uma OUTRA FORMA... agora eu... EU NÃO SOU MAIS... somente o aluno... agora eu sou professor quer dizer agora existia em cima de mim um certo poder... mais em cima desse poder eu ainda CAMUFLAVA a questão do preconceito... agora dá pra trabalhar legal (...) é a FOR:MA como você traz a coisa... eu acho que eu também me... me proporciono esse tipo de trabalho... porque eu também sou negra... e eu valorizo a minha cor antes de qualquer outra... não que eu desvalorize o branco mas... eu a-pren-di A ME VALORIZAR... porque também já fui pisada... muito massacrada... muito: discriminada... intelectualmente inclusive "ah: não vai passar no vestibular não porque ela é isso"... falei "num vou né? eu vou mostrar que não"... e a questão do meu trabalho também Denise ter modificado MUITO... aqui na escola foi essa questão mesmo... "ela é preta ela não sabe" ((pausa)) falei "não sei nã::o?" pois eu não sabia mesmo... eu passei madrugadas e madrugadas estudando pra mostrar que eu sabia... até um dia que o pessoal

> abriu a boca e fez: "ó:: ela sabe"... mas eu não sabia nã:o é uma questão de desafi::o... sabe? porque que eu fico muito magoada às vezes com escola... quan:do ela te coloca de lado... aí eu vou e mostro pra essa ESCOLA que eu sou tão profissional como qualquer outro que tem aqui... os meus alunos da noite... eles me adoram será que eles me adoram por que eu chego na sala e fico batendo papo? (professora Paula, 2ª entrevista: 09.01.2002).

A professora Paula precisou "(re)viver sua história" de vida e, por intermédio das denúncias que Cavalleiro (2000) faz em seu livro, "começa a se ver melhor". Revela-nos a evolução de uma consciência profissional, da sua autovalorização e ainda o surgimento da consciência de sua própria negritude, como encontramos em Souza:

> Saber-se negra é viver a experiência de ter sido massacrada em sua identidade, confundida em suas perspectivas, submetida a exigências, compelidas a expectativas alienadas. Mas é também, sobretudo, a experiência de comprometer-se a resgatar sua história e recriar-se em suas potencialidades (1983, p. 18).

O discurso da professora Paula confirma a existência do preconceito contra a profissional negra. Confirma-nos a hostilidade que sofre e o esforço feito para comprovar o contrário. Para a professora negra, a escola continua sendo um terreno hostil, devido ao padrão branco estabelecido para professoras na história brasileira. Para que a mulher "não branca" assumisse o papel de professora, foi necessário que sua imagem fosse duplamente "limpa", por ser mulher e não branca, adequando-se ao ideal asséptico. Ainda hoje a professora negra sofre a desconfiança das colegas de trabalho (SANTOS, 2001). Comprovadamente, a vida acadêmica de homens e mulheres não brancos é marcada pela negação, pela omissão e pelo preconceito.

Gomes (1995) analisou a história de vida de professoras negras e discutiu como é difícil o processo de se reconhecerem enquanto negras. Para a autora, essa dificuldade se deve a práticas racistas e discriminatórias que começam na infância e vão até a idade adulta e estão presentes nos diferentes espaços sociais, como a escola.

A professora Paula, sujeito-pesquisadora, diz do seu esforço para mostrar a sua capacidade, para desmistificar o preconceito e o estereótipo do negro como o preguiçoso e incapaz, assim como as mulheres pesquisadas por Santos (2001). No entanto, a mesma professora, ao contrário das mulheres negras pesquisadas por Gomes (1995) e Santos (2001), "tornou-se negra", teve a chance de perceber-se discriminada, localizando o preconceito e reagindo a ele, ainda no processo de pesquisa. Ela vive, no processo, a transformação da própria autoestima, da sua identidade pessoal e, especialmente, a resignificação da sua identidade profissional.

O sentimento de humilhação que é imputado às alfabetizadoras pelos outros profissionais, o fato de ocupar o lugar predominantemente "feminino", vai criando a representação do lugar da mulher, mesmo dentro do espaço público, como sendo o lugar de cuidadora, ou seja, a responsabilidade de envolver-se com a criança pequena passa a ser da professora mulher.

Além disso, outros fatos pesam sobre essas profissionais: trabalhar numa escola mal aparelhada, num prédio exposto à violência externa e interna, devido à sua localização. Pesa sobre elas, e sobre a escola, o preconceito. Pesa, ainda mais, no autoconceito dessas mulheres, o fato de terem uma baixa expectativa em relação às crianças com quem trabalham, o que redunda em descrédito com o próprio trabalho, o que pudemos confirmar pelos discursos e, principalmente, pelas resistências que fomos encontrando ao longo da pesquisa. Elas resistiam em socializar o trabalho que iam construindo em sala de aula e que a pesquisa via como "não estigma". Mesmo que insistíssemos continuadamente para que participassem do evento "experiência em debate", promovido pelo Lab Grupo – FAFICH/UFMG, elas não aceitaram o convite, justificando a recusa em função da insegurança, e resistiram até o final em serem filmadas, e, quando isso acontecia, iam se afastando do foco lentamente.

Esses fatores, adicionados ao contexto, confirmam-nos que lidamos com profissionais cuja autoestima estava muito maltratada:

> porque muitas vezes a gente faz coisas boas ou más... sem perceber que tá fazendo AQUILO... então eu cheguei em momentos na minha vida que eu achava que... ih:: eu sou tão FRAQUINHA... tão... uma profissional tão medíocre... tão razoável... tão MEDIANA (professora Lílian, 2ª entrevista).

Entretanto, essa situação sob a intervenção da pesquisa-ação pode ser transformada, humanizada, porque as professoras sujeito-pesquisadoras admitiram, aos poucos, que, mesmo se vendo no lugar de mestras, sentem-se inseguras, têm dúvidas, requerem orientação, parceria e formação:

> eu fiz terapia um tempo... e uma das coisas que eu batalhei... fiquei meses conversando com ela foi isso... esse lado profissional do professor... ai ela fala assim... "que o serviço (...) de psicologia de apoio... os meninos... os estudantes... as crianças com dificuldades... tinha um certo bloqueio como o professor... que o professor tinha mania de se sentir é: onipotente... onisciente... onipresente... pelo fato de ele ter a chance de manipular mentes (...) porque foi tudo que a gente tava precisando... uma pessoa que NOS AJUDASSE... que...que... TORNASSE MAIS CONSCIENTE... que a gente tava trabalhando INCONSCIENTE... CLAREASSE isso pra gente... que a gente VIA que tava fazendo alguma coisa... indo no caminho certo... sabe? e era EXPLORADO ia embora e tal... e ninguém nunca clareava pra gente... se a gente tava fazendo isso certo mesmo... se... não tinha RETORNO né? cê chegou aqui e BANCOU isso na ((batendo o dorso de uma mão na palma da outra mão)) COM A GENTE... e... e ... FOI NA SALA... e clareou e a gente viu... eu me senti TÃO MAIS SEGURA... depois da sua presença aqui na escola... porque eu não me sentia segura... não me sentia uma pessoa plural... eu acho que eu até já falei isso com cê... em outras vezes atrás... eu não me sentia uma pessoa plural: eu não achava que eu era... PLURAL: NEM CONSTRUTIVISTA... eu achava que eu tava assim... agindo com INSTINTO... era do jeito que eu achava que tava dando certo...

> aí depois eu comecei a perceber que é... que é isso que é ser plural... isso que eu tava FAZENDO na sala de aula... essa PRÁTICA que eu tava... tentando colocar NOVA... dentro da sala... junto com... e observando uma professora a fazer um negócio legal ALI... a outra fazia aqui... um palpite da Adélia ali... uma coisa da outra ALI... a gente ia juntando e pondo na sala de aula... POR INSTINTO... e tava dando certo... e era aquilo que tava... era A VANGUARDA DA ESCOLA MODERNA... que tá acontecendo hoje... e isso cê deixou claro pra gente... pra mim pelo menos... ficou muito mais claro e eu me tornei mais segura (professora Elaine, 2ª entrevista).

O nosso contato interativo com as professoras evidenciou-nos a importância da intervenção quando se propõe a construir, junto aos agentes pedagógicos, práticas que as incentivam a assumirem a sua própria formação.

Ao dar a devida importância a essa interação na formação de professores, trabalhamos ao mesmo tempo a responsabilidade e o sentido tanto da vida particular como da vida profissional dessas professoras, assim como damos sentido ao trabalho que desenvolvem junto às comunidade. Dessa forma, concordamos com Gomes e Silva (2002, p. 24) que toda e qualquer oportunidade de constituição do "ser professor/a" tem que necessariamente passar pelos aspectos "subjetivos, relações étnicas, raciais e de gênero, geracionais e de classe".

Capítulo 5

OS ESTIGMAS: DA CRIANÇA, DA FAMÍLIA E DA ESCOLA

O gênero e a raça pesam, e mais do que a pedagogia supõe, nos processos educativos (...). A menina e o menino brancos vivenciam, normalmente, os percursos sociais e escolares como conquista, formação cercada de formaturas. A menina e o menino negros freqüentemente os vivenciam como fracassos, bombas, rupturas sem formaturas. Sonhos de formatura sempre adiados.
(Miguel Arroyo)

A DESVALORIZAÇÃO DA ETNIA DA CRIANÇA

Como o nosso contato com o campo pesquisado é anterior à nossa entrada para a produção de dados, vamos começar trazendo uma parte dessa nossa história de escuta da demanda, o que, comprovadamente, indica-nos que a desvalorização da etnia da criança pela escola é algo anterior à nossa parceria e que vem expresso na fala da docente:

> Nós somos diferentes desses alunos daqui. Porque nós vestimos diferente deles, nós moramos diferente deles, nós falamos diferente deles. A gente anda de carro. Pros alunos, nós somos uns brancos mitidinhos (...) (professora de 2º ciclo, caderno de formadora do CAPE: 05.11.1999).

O discurso da docente, diante de um grupo de dezesseis pessoas, foi partilhado pelos professores colegas de trabalho e, na ocasião, não foi contestado, demonstrando o forte preconceito que permeava a relação daquele grupo com seus outros, os alunos a quem consideravam pobres e negros.

Por ocasião do aumento da invasão de traficantes na escola, em 2000, momento em que esta registrava o maior número de ocorrências policiais, houve a intervenção do Conselho Municipal de Defesa Social, que convocou também outras Secretarias do Município (Educação, Saúde, Esportes, Cultura), além da polícia e de vários representantes de associações locais, posto de saúde da região e a comunidade escolar, representada por um número expressivo de professores e professoras dos quatro turnos, responsáveis por alunos e representantes de associações.

O representante da Secretaria da Cultura e militante do Movimento Negro, ao ganhar direito à fala, manifestou-se com contundência diante do grupo:

> A escola está preocupada com a violência? Com qual violência? Antes da escola se preocupar com a violência externa, com as invasões de gangues, ela devia se haver com a violência interna. Porque pelo que eu estou observando aqui nesses cartazes [sala de grandes reuniões e vídeo] a parede está cheia de gravuras, fotos de pessoas brancas. Num lugar que a gente sabe que tem mais alunos negros, onde as crianças negras daqui da escola se vêem representadas? Isso pra mim é uma violência maior do que a violência das gangues, porque isso pra mim é violência cotidiana. Essa é uma violência que atinge a um número muito maior de pessoas, os alunos da escola (Hamilton Borges Walê, Secretaria de Cultura, caderno de formadora do CAPE: 29.09.2000).

Nenhum professor replicou. O silêncio docente comprovava a desvalorização da população negra naquela escola.

Resgatamos esses dois momentos na história da nossa escuta da demanda, para dar sentido ao que vamos expor. Estávamos presentes nesses momentos na escola e, ao propormos a pesquisa, sendo nós pesquisadoras negras, estávamos certas de que a dificuldade estava colocada.

Logo no início da nossa entrada em campo, em novembro de 2000 e, mesmo depois, no período de dezembro a março de 2001, não ouvimos nenhuma alusão a qualquer assunto voltado para a questão étnica. Foram dias de silêncio absoluto. Era um silêncio que causava um incômodo barulhento na nossa cabeça de pesquisadora e militante do Movimento Negro. Silêncio que passamos a compreender com Orlandi (1995): o silêncio, para além de sua dimensão política, ajuda-nos a compreender a linguagem que o homem está "condenado" a significar, com ou sem palavras, porque o silêncio é constituído pela sua relação com o simbólico, ou seja, com ou sem palavras o homem significa. Tudo tem que fazer sentido. O silêncio possui um sentido cultural. Tem, portanto, duas características: o silêncio está ligado à história e à ideologia, e ele tem um sentido tanto positivo quanto negativo.

No caso pesquisado, o silenciamento concretizado a partir do não elogio à criança negra, do desafeto, da negação das imagens do povo negro e a não menção à questão da cor revestiam o silêncio de um aspecto negativo. O silêncio de professoras já havia sido interpretado por Silva (1995) como o despreparo das educadoras para lidar com a heterogeneidade de raça, de classe e, aqui acrescentamos, de gênero. O fato de as professoras não serem da mesma classe social e pertencerem a etnia diferente da maioria de seus alunos redunda em um pacto inconsciente com a opressão vivida pelos alunos. Estava então confirmado o desvalor, o sentido da representação negativa da população negra local, e que os dias em campo constataram nos discursos que ouvíamos. Até mesmo a cor das crianças era camuflada pelas professoras:

> *Professora Diana*: Sabe aquele meu aluno que eu te contei que tem o preconceito dentro dele? O Natan. Eu trabalhei com eles sobre o índio, fizemos cocar e tudo. Daí eu mostrei a fotografia de um índio bonito, ele me disse: "eu queria ser índio". Eu fiquei sem entender. Trabalhar assim é muito difícil.

Pesquisadora: Ele é negro, Diana?
Professora Diana: Não! quer dizer, mais ou menos. É moreno. Ele tem *até* uma cor bonita. Cabelo crespo (DC: 20.04.2001).

Segundo a classificação das professoras, os alunos da escola eram brancos ou morenos, tendendo à procura de um branqueamento. Aqui, entendemos o moreno, segundo Guimarães (1999), como uma "denominação socialmente positiva para os mestiços". No caso, os alunos eram denominados de "*morenos*" *em* nossa presença, como a se atribuir uma denominação positiva à cor negra. Para a professora negra, a cor, as características fenotípicas das crianças da escola e ainda a cor da pesquisadora eram dados relevantes e visíveis:

> porque nós temos uma população de ALUNOS NEGROS muito MAIOR do que a população de ALUNOS BRANCOS né? os nossos alunos brancos... é... tem uma coisa interessante que cê não aprendeu ainda no PROCAPE[8]... ou brancos... negros... ou quase negros brancos...(...) na fita a facilitadora coloca... "existem os negros, ou quase negros... os brancos e os quase brancos né?" mas eu não vou usar isso, não é? pra conceituar ((risos)) as raças daqui não... porque me irritou bastante (...) é: as nossas alunas... os nossos alunos que não tem a pele negra... eles têm OUTROS ADJETIVOS... né? que favorecem né? a leitura da raça... né? o CABELO CRESPO... OS LÁBIOS GROSSOS... então esse aluno... ele tá... parece que ele sente-se no contexto né? da negrada que nem a gente mesmo... né? (professora Maria, 1ª entrevista).

As palavras utilizadas pela pbrofessora negra para nomear a cor dos alunos e alunas da escola dizem-nos de um lugar social e político. Para Rosemberg e Piza (2002), as palavras com as quais nomeamos a cor das pessoas não são "meros veículos informadores de matizes", mas carregam uma dimensão de preconceito/discriminação que pode ser percebida pelo distanciamento, ou pela superação, ao se dizer a cor das

[8] Programa de formação docente da Secretaria de Estado da Educação.

pessoas. A professora reconhece como sendo também seu o grupo étnico da aluna, do aluno e da pesquisadora. E ela o contextualiza. Do contrário, quando ela "não vê" ou não quer ver, existe uma complicação – aí está o racismo!

Foi o que ocorreu no primeiro semestre letivo de 2001, na última semana de maio, quando a cor foi percebida, sentida e negada, consequentemente, ocorrendo o racismo que foi denunciado ao final da pesquisa:

> então cê tem que camuflar... porque isso é uma CAMUFLAGEM... por que a pessoa por exemplo... vamo supor... eu sei de casos de professora que CHAMOU O ALUNO DE MACACO... em CONTRAPARTIDA ela fala que o problema não existe? ... por que então ela chamou esse aluno de MACACO? Sendo que ele era um aluno de melanina escura... tô certa ou tô errada? tem a ver? e não foi só uma vez... só não ((pausa)) é: mais de uma vez... essa pessoa já foi chamada na direção ((pausa)) quer dizer... defende que o problema não existe... MAIS CRIA UM ATRITO COM ALUNO... nessa circunstância onde o aluno tem a melanina negra... escura... e se sente agredida e em CONTRAPARTIDA ela chama o MENINO DE MACACO? ((pausa)) o que é isso? ele não é louro (professora Tereza, 2ª entrevista).

Durante o processo de pesquisa, a percepção dessa sujeito-pesquisadora modifica-se: acaba denunciando o tratamento desumano e legitimando o seu papel de professora envolvida com a autoimagem positiva da criança negra. A configuração da criança negra como animal surge como denúncia, ao final da pesquisa, momento em que a confiança já fazia parte do vínculo estabelecido pela pesquisadora com os sujeitos pesquisados.

A marginalidade cultural também pôde ser constatada nos estudos de Cavalleiro (2000) com crianças pequenas, comprovando que o preconceito e a discriminação são problemas enfrentados muito mais pela criança negra, que sofre direta e cotidianamente maus tratos, agressões e injustiça que prejudicam a sua infância, comprometendo o seu desenvolvimento. A mesma autora acrescenta que

> No espaço escolar há toda uma linguagem não verbal expressa por meio de comportamentos sociais e disposições – formas de tratamento, atitudes, gestos, tons de voz e outras –, que transmite valores marcadamente preconceituosos e discriminatórios, comprometendo assim, o conhecimento a respeito do grupo negro. Como ao negro estão reservados, na sociedade, papel e lugar inferiores, pode-se afirmar que essa linguagem condiciona ao fracasso, à submissão e ao medo, visto que parte das experiências vividas na escola é marcada por humilhação (CAVALLEIRO, 2000, p. 98).

As discriminações dissimuladas na linguagem sob a forma de piadas, ironias, apelidos, e outras, encobrem um preconceito latente e prejudicam a formação da identidade da criança negra cuja linguagem é desqualificada também porque o currículo escolar está impregnado da cultura europeizada e eurocêntrica.

A animalização da criança negra, a sua denominação como feia, ou o uso de atributo pejorativo apareceu ao longo do processo de pesquisa em diversos momentos, como no conselho de classe, quando a professora referiu-se a Cristiane, aluna negra de 6 anos, cabelo crespo: "O Pedro Ricardo é irmão da Cristiane, é um porco. Ela também é toda porca" (coordenadora Sirlene, DC: 05.12.2000).

No ano seguinte, em 2001, após o recreio, a mesma aluna Cristiane apareceu na escola com um lencinho verde, "da moda", que algumas meninas usavam, para enfeitar o cabelo solto. O lenço caía-lhe da cabeça, devido ao amarrado já frouxo, pela correria do recreio. A professora Paula pediu às crianças que fizessem fila. Cristiane que acabara de ser denunciada como quem havia "mexido" com uma outra aluna, veio à frente. A professora já chamava sua atenção e replicou com voz ríspida: "Olha o lenço da *outra*. Cristiane, amarra esse lenço direito" (a menina amarrou o lenço sobre a testa). "*Pronto.* Agora você tá *igualzinho* Dona Maria". Cristiane sorriu desengraçada e pôs as mãos no vazio (DC: 16.04.2001). A aluna Cristiane definitivamente não correspondia ao ideal de aluna: bonita, asseada e "de família". Cristiane foi apenas um dos nossos exemplos de criança sofrendo uma discriminação que ia desde as expressões orais da professora até os momentos lúdicos na convivência entre alunos. É no processo de pesquisa que a professora Paula vai aos poucos mudando a linguagem que utiliza com a aluna.

A professora Maria identifica a discriminação que a aluna Cristiane sofre, quando vinda dos alunos:

> acho a Cristiane muito discriminada... por um universo MUITO GRANDE de alunos... não só da sala... sabe? alunos de outra sala também (professora Maria, 1ª entrevista).

Quanto à discriminação direcionada às crianças, vinda do corpo docente, na primeira série de entrevistas, as quatorze professoras foram unânimes em negar a sua existência na escola. No entanto, o branco nos apareceu como o modelo de beleza padronizado pela escola:

> olha pro cê vê... nós temos MENINAS BONITAS... BONITAS ((raspou a garganta)) na minha sala principalmente... não vou falar não... mas tem umas brancas do oi azul... Rafaela... meninas bonitas... elas não aceitam muito... isso (...) ah: elas não falam mui:to assim: mais REJEITAM na rodinha... na... no... grupinho... na hora de assentar (professora Paixão, 1ª entrevista).

A postura das professoras informou-nos a presença do preconceito, demonstrando como a ideologia do branqueamento tem o objetivo de exterminar, destruir o componente negro da instituição social "escola" e, consequentemente, da sociedade. Essa destruição é feita a partir da interiorização da estética dos ideais de beleza branca. Daí surgem os estereótipos, que destroçam a autorrepresentação do sujeito negro.

Os estereótipos, a ausência de uma representação positiva de si, a negação da sua história, enfim, a sua desvalorização conduz a maior parte dos educandos negros à construção de uma baixa autoestima e à rejeição do seu assemelhado. A partir da própria rejeição, o estudante negro passa a ter outros valores que não os seus, valores que são padronizados, na ilusão de tornar-se o outro, libertando-se, assim, da dominação e inferiorização (SILVA, 1999).

A escola passa a ser o lugar onde ao estudante negro não é permitido ser negro(a). Daí o fato de numa escola em que a maioria do alunado é negra existir o preconceito, e a discriminação recair mais pesadamente sobre o aluno e a aluna de pele mais escura ou de traços fenotípicos marcadamente negroides. E, nos casos em que a maioria do alunado da escola possui essas características negroides, "coincide" serem casos em que a escola é mal aparelhada, e, devido ao despreparo docente, a expectativa em relação à escola e ao alunado é negativa.

BAIXA EXPECTATIVA EM RELAÇÃO À ESCOLA E EM RELAÇÃO AO APRENDIZADO DA CRIANÇA

Dias (1979), investigando o fracasso escolar na série inicial, estudou o momento do ingresso de alunos das diferentes classes sociais e constatou que é nesse momento que se define o encaminhamento dos diferentes grupos sociais pelas redes de ensino. Os indivíduos tendem a encontrar vagas nas escolas destinadas ao seu grupo social. Dessa forma, indivíduos de classes populares são "encaminhados e mantidos segregados" em escolas típicas de seu grupo social; os indivíduos de classes não populares têm acesso às escolas de nível melhor. Aqui se dá a repartição entre brancos e não brancos.

Para a autora, as escolas típicas de classes populares tendem a gerar um padrão particular de desempenho que se opõe radicalmente ao padrão de desempenho das escolas típicas de classes não populares. Em decorrência, as relações que normalmente são observadas entre a origem social e o desempenho do estudante não são relações diretas e mecânicas: são relações que se definem essencialmente por meio das características do grupo social que frequenta a escola.

Quanto à ação pedagógica, no que se refere às suas possibilidades e objetivos alcançáveis, se o alunado é da classe popular, os professores tendem a incorporar e a explicitar, no discurso, uma "ideologia de inércia e impotência", verificando-se o contrário quando o alunado é de classe não popular, quando as representações ideológicas que os professores associam a este grupo social viabilizam uma ação pedagógica "tida em princípio como eficazmente realizável" (DIAS, 1979, p. 23). Em outras palavras, a origem social do alunado explica o processo de apropriação da cultura escolar; a raça vai introduzir novos padrões de desigualdades, e indivíduos de classes populares são alijados do processo de escolarização.

Na produção de dados, essa baixa expectativa foi percebida no decorrer dos meses de fevereiro e março de 2001. Na falta de alunos para formar as turmas de terceiro ciclo, os professores desse ciclo passaram a assumir salas de segundo ciclo. Consequentemente, as professoras de segundo ciclo estariam sendo deslocadas para os níveis iniciais do ensino (educação infantil e primeiro ciclo). Nesse momento, o Departamento de Educação Regional e a Escola optaram por abrir vagas para crianças de 4 anos. Coube às professoras o deslocamento para os níveis iniciais do ensino (educação infantil e primeiro ciclo).

Shélida, professora branca, com 11 anos de atuação na antiga segunda série, trabalhava nos últimos anos da Escola Plural, com segundo ciclo e com a educação infantil. Enquanto conversava conosco na sala de professores, disse-nos da sua dificuldade de lidar com crianças menores e, principalmente, da sua dificuldade de alfabetizar, devido à sua rigidez. Dissemos-lhe que, exatamente por ser assim, ela, com certeza, faria um trabalho pedagógico com metas e acompanhamento, trabalho que consideramos ser necessário no primeiro ciclo, ao que a professora replicou:

> Eu só sou rígida. Como que eu vou estabelecer metas? Aqui eu só vou estabelecer metas depois que eu olhar pra cara dos alunos (professora Shélida, DC: 05.02.2001).

É o famoso teste da "cara". Se o estudante convence a professora pela sua aparência, ele ganha algum tempo, até que outros dados sejam observados e outras percepções surjam.

Oliveira (1992) afirma que a escola antecipa o desempenho escolar da criança negra como sendo ineficiente. Aí estão a baixa expectativa docente em relação à escola e a baixa expectativa do lugar social da escola e da criança preparando a entrada desta no espaço escolar, de maneira negativa.

> Eu sei o que acontece aqui. Esses meninos daqui são assim: se você convive com uma criança de três anos e compara com uma criança daqui da mesma idade, cê vê que a criança que convive com você, sabe cem vezes mais do que um de três anos daqui. Os daqui não sabem nem falar, porque em casa, eles não conversam com ninguém. Como é que vai aprender? A gente tem que fazer milagre, por isso que eles não aprendem (professora Shélida, DC: 05.02.2001).

Nessa fala subjaz uma ideologia que aniquila a ação pedagógica, tornando-a ineficaz ou inválida. As palavras dessa professora marcam o conceito do aprendizado das crianças ainda bem pequenas. Para Orlandi (1995), a formação discursiva do sujeito determina o sujeito que fala, isto é, "o que pode e deve ser dito". Os processos discursivos se realizam no sujeito, mas eles não têm origem no sujeito. Ou seja, ao falar, a professora toma como referência algo que outros disseram e que ela introjetou, algo que vem articulado com os conceitos e a pré-avaliação que faz dos seus alunos.

Bourdieu e Passeron (1975) afirmam que, onde o sistema de ensino avalia que existem as desigualdades individuais, existem as desigualdades sociais. A professora antecipa um fato. Manifesta uma expectativa do aprendizado da criança de um aglomerado pobre, aos três anos, marcando-a com um estigma. Ou seja, os alunos pequenos "não sabem nem falar" e é "por isso que eles não aprendem", nem por "milagre"!

O ensino formal, estando fundamentado pela visão de educação das classes dominantes da Europa, nega a contribuição oral que recebemos do povo africano, o que se traduz na negação do referencial de conhecimento da história. É a negação da própria história da criança negra, que deriva da falta de informação e do despreparo da escola e dos agentes pedagógicos para lidar com a diversidade cultural.

Considerando-se, aqui, o fato de que, na escola pesquisada, a maioria das crianças é negra, e atrelando-se a esse dado o valor que Santos (1995) atribui à palavra falada, à oralidade, para o grupo afro-brasileiro e sua consequente influência em seu processo de alfabetização, nós podemos pensar que a criança negra, na escola pesquisada, na ausência de uma intervenção, encontraria grandes chances de fracassar no desenvolvimento de sua linguagem oral e, assim, na alfabetização. Entendemos dessa forma porque concordamos que a educação infantil é o local da oralidade manifesta, tempo em que trabalhamos para o desenvolvimento da habilidade de falar, o que, na nossa concepção, constitui-se em um pré-requisito para a leitura.

Num desses momentos de conversa informal sobre a expectativa da comunidade em relação à escola, ouvimos daquela mesma professora:

> Não é só a expectativa da comunidade que é baixa em relação à escola, a expectativa das outras escolas também é muito baixa em relação à escola. Os meninos que vieram do *lixo, não sabem nada*, vieram da Escola Nelson Lane.[9] De lá eles mandam prá cá só *os restos*, os alunos que não estão indo bem, são aqueles que estão na sala da Helena (professora Shélida, DC: 01.03.2001).

A baixa expectativa em relação ao aprendizado dos alunos e em relação à escola revelou-nos a descrença na capacidade do educando, ao chamá-lo de "resto". A interpretação que fazemos da palavra "resto" tem

---

[9] Os nomes das escolas que aparecem no texto são todos fictícios. Nesse caso, essa é uma escola municipal localizada no mesmo aglomerado de favelas da Escola Municipal Serra Verde.

como base as condições em que a palavra e o discurso foram produzidos: diante de colegas de trabalho, enquanto falávamos das crianças da escola que são pobres, negras e faveladas.

Pinto (1987, p. 12) cita Eduardo Oliveira, que nos lembra que "o negro, dada a sua exclusão ao processo educacional, não tem condições de satisfazer às expectativas que a sociedade mantém em relação a ele".

O discurso que diz da baixa expectativa da comunidade local e das outras escolas em relação à escola pesquisada, que é tida pela comunidade como "escola fraca", é um discurso adulto que se transforma no discurso infantil, pois passa a ser incorporado pelas crianças. Quem confirma é o aluno Ronaldo, negro, de dez anos:

> eu estudava lá no Nelson Lane, e ia estudar no Afonso Sena. Eu não fui porque a professora do Nelson Lane disse que lá é muito forte e eu sou fraco. Aí eu vim pra cá (aluno do segundo ciclo, DC: 22.02.2001).

A partir daí, um elemento se apoia no outro. A escola é tida como fraca, consequentemente, os alunos que fazem parte dela são fracos. Entre os fracos existem aqueles que são mais fracos ainda? Nesse caso quem são eles? A professora entrevistada nos responde, referindo-se ao comportamento de alunos brancos em relação às colegas negras:

> ah: elas não falam MUI:TO assim não... mais rejeitam na rodinha... no... no grupinho na hora de assentar... SÓ ELAS... elas falam muito elas é que levantam... elas é que aparecem... então a Rafaela do oi azul (...) ela tem MAIS facilidade... TEM MUITO CONHECIMENTO assim... em relação... MUITO MAIOR... bem mais desenvolvida do que os outros... mais ai... cê sabe né? (professora Paixão, 1ª entrevista).

A professora traz elementos que nos confirmam que, dentro da escola, o aluno branco é considerado como quem sabe mais, como o de melhor rendimento e também aquele(a) a quem é permitido maltratar a aluna e o aluno negros.

Oliveira (1992) comprovou a existência de agentes discriminadores na escola. O aluno branco é apontado e se assume como quem mais discrimina o negro na escola, e o professor, como o segundo agente discriminador.

Coube-nos, nesse momento, repensar profundamente as nossas ações de intervenção no campo pesquisado. As ações pedagógicas se direcionaram também a criar situações em que a criança branca pudesse livrar-se de seus complexos, sentimentos de superioridade, fazendo-a sentir que tais sentimentos inviabilizam a vida em grupo. Acreditamos que, na medida em que permitimos que a criança branca insista nos privilégios que a sociedade lhe reservou, advindos de um passado escravocrata, estaremos insistindo em privilégios que só se mantêm em função da discriminação e, estando numa escola de maioria negra, ocasionam nada mais que a promoção de conflitos, pois é um lugar onde a tendência é que toda discriminação se contextualize por meio da desvalorização da criança negra, da escola, do grupo familiar e do local de moradia.

Vale aqui ressaltar, e veremos mais adiante, que tivemos durante a pesquisa casos na educação infantil de meninas brancas que mudaram sua forma de interagir em função da mudança de postura das professoras diante dos conflitos que surgiram entre crianças brancas e negras.

A DESVALORIZAÇÃO DA FAMÍLIA DA CRIANÇA

Para pensarmos a relação da família da criança negra com a instituição escola, recorreremos a autores que estudaram a família negra em relação à educação dentro de um contexto histórico e social. Entendemos, como Oliveira (1992), que a população negra, em virtude da escravidão e da sua situação pós-escravidão, sofreu um desajuste psicossocial, um processo de descolonização cultural e psicológica com consequências para o povo negro, a família negra.

O historiador Slenes (1999) estudou casos de famílias escravas da região Sudeste, no século XIX, descreveu as dificuldades daquela população, vivendo oprimida pelo regime colonialista, de se constituir enquanto família. A população negra enfrentava a instabilidade e problemas psicológicos o que, historicamente, impôs a essa população uma organização fragilizada de família, quando pensada em função do modelo de família burguês.

Pinto (1987) reviu a situação educacional do negro em São Paulo a partir de elementos sobre a postura da família negra em relação à educação dos filhos. Afirmou que os dados e observações contidos no estudo sobre a família negra não nos permitem generalizar tais atitudes nas famílias negras brasileiras porque os estudos nessa área são esporádicos, podendo variar em função do momento histórico, do tipo de família e do enfoque que o autor dá à organização familiar.

A autora cita Florestan Fernandes (1964), que estudou a integração social do negro e destacou dois momentos importantes em relação à família negra e à educação dos filhos. Logo após a abolição, a família negra não tinha condições para valorizar a educação porque passava por um processo de pauperismo intenso e enfrentava uma série de problemas, o que tampouco permitia a valorização da educação: "os pais ignoravam a existência e utilidade das escolas". Somando-se a isso, havia o fato de que, para frequentar a escola, eram necessárias condições, recursos de uma vida organizada dos quais a família negra não dispunha. Havia também o fato de que a família negra exercia o trabalho manual, o que não favorecia sua consciência da importância e necessidade da escolarização. Esse autor considera que a inserção do negro na sociedade era desestabilizada, sobretudo, pelo fato de a família negra não buscar o direito à escolarização dos filhos, devido ao temor do preconceito racial vivido pelas crianças durante o processo (*apud* PINTO, 1987).

Num segundo momento, iniciado no final da década de 1930, o negro estava relativamente integrado à estrutura educacional e surgiram alterações na visão da família negra a respeito da educação: "já pode pensar em educar o filho", o futuro da família podia ser pensado (FERNANDES *apud* PINTO, 1987, p. 8). Nesse contexto, sob as desvantagens, a instabilidade e a baixa renda, a família negra já se esforçava para enviar e manter os filhos na escola. Essa nova mentalidade acompanhou uma consolidação da família negra, fazendo sentir os seus efeitos positivos e abrindo "possibilidades de ascensão das novas gerações". Os estudos demonstram que, na medida em que a família ascende socialmente, aumenta a preocupação com a educação. Quando na família negra os pais tinham um nível educacional baixo, surgia o desânimo diante da educação dos filhos, devido à discriminação racial que podia ser sentida em afirmações como: "qualquer esforço será em vão" ou "serviço de negro não precisa de estudo" (IANNI; CARDOSO *apud* PINTO, 1987, p. 8).

Alguns autores demarcam dois movimentos da família negra em relação à educação dos filhos: 1º) de um lado, a consciência e o valor da educação; nesse caso, os recursos da família eram centrados no filho que julgavam possuir mais condições de continuar os estudos; e 2º) de outro lado, a consciência do enfrentamento das dificuldades que o filho negro encontraria para ter sucesso. Bastide (1952) afirma que algumas famílias adotavam uma postura contrária, limitando a ambição do filho ou sendo desfavoráveis à educação, pois eram levadas pela certeza de que, com o diploma na mão, a vida do filho seria mais dura, "preferindo optar pelas ocupações menos qualificadas" (*apud* PINTO, 1987, p. 8).

Trouxemos esses dados sobre a educação da família negra com o objetivo de expor o difícil processo que foi, inicialmente, para ela investir na escola e, depois, a dificuldade de incorporar a educação às suas condições materiais de existência. A transformação dessa situação é um processo que, até hoje, vem sendo construído e se concretizando após a luta pela democratização da escola pública. Essa luta vem sendo travada no cotidiano da família e da escola, marcadamente sofrida, sobretudo em função da desvalorização e da baixa expectativa docente em relação à família do educando. A história mostra-nos que, durante a escravidão, as crianças filhas de escravos eram excluídas da escola e, no decorrer do tempo, isso não mudou muito: entre a população negra e a escola não tem havido diálogo e aproximação.

Tondim (2001), ao analisar os processos psicossociais da relação família/escola, cita dois aspectos que constituem a expectativa docente em relação à família: a responsabilidade das famílias na educação dos filhos e a participação das famílias no cotidiano da escola. No que diz respeito às responsabilidades da família, as expectativas docentes são construídas a partir de elementos fundamentais ao rendimento pedagógico do aluno e da resposta da família ao investimento feito pela escola, implicando-se no processo educativo dos seus filhos. Em consequência dessas expectativas, os professores respondem com três visões sobre a família: a visão pessimista, a visão idealista e a visão cooperativa. A visão pessimista tende a prevalecer porque a escola não tem interpretado apropriadamente o interesse dos pais de baixa renda pela educação dos filhos.

Na fase de produção de dados, nossa pesquisa evidenciou uma predominância junto ao grupo de professoras da visão pessimista e desmoralizante do grupo familiar, sendo que algumas professoras assim representavam os membros do grupo familiar de seus alunos:

> "o pai é traficante, e o filho, o João não sabe nada".
> "A Sinara é irmã da Samanta, a mãe é uma piranha" (professora Lílian, DC: "Conselho de classe" em 05.12.2000).
> "Eu tenho um aluno, ele é enjoado, mais eu já conheço ele. Conheço a primeira geração dele. A mãe dele estudou aqui. Ele é o cão chupando manga de cabeça pra baixo. Ela é muito complicada" (professora Shélida, DC: 15.02.2001).

A família é representada na escola, com maior frequência, pela figura materna. O papel da mãe seria o de articuladora entre a família e a escola, sendo que o pai aparece em menor proporção.

Pacheco (1983; 1984) citado por Pinto (1987), ao analisar os arranjos familiares de brancos e negros, a partir do censo de 1980, relativizou a existência de um modelo de famílias negras, comparando-as com as famílias brancas ou de baixa renda. A autora constatou que, embora as famílias de "chefe sozinho" estejam um pouco mais presentes entre os negros, esse tipo de família não é representativo para o total de famílias negras, famílias que reproduzem os projetos de organização familiar da sociedade em que o papel de pai, de marido, o casamento e a ascensão social são valorizados pela educação. Para Pacheco, "se a mulher negra aparece no contexto como articuladora das estratégias adotadas", isso não significa precisamente uma desorganização da família negra, mas, sim, uma organização adotada pela família, que está ao seu alcance, organização do grupo familiar que a autora denomina de "família possível". E, para essas mulheres, a educação dos filhos é um ideal, visto como "elemento-chave" no processo de ascensão social. Esse ideal é transmitido às novas gerações como tendo a função de realizar a tão almejada ascensão social ainda não alcançada pela família (PACHECO *apud* PINTO, 1987, p. 18).

Como, dentro da sociedade capitalista, a família burguesa tornou-se sinônimo de família, criou-se um preconceito, na medida em que se passa a exigir das crianças pobres, segundo Giffoni (1993), que mostrem os mesmos padrões de socialização da família nuclear burguesa.

Os pais – aqui ressalto serem as mães representantes da família junto à escola – sentem-se culpados pelas dificuldades de comportamento e aprendizagem de seus filhos, muitas vezes expostos publicamente por meio da desqualificação que os docentes fazem dos alunos, quando os pais procuram a escola. São exigências que extrapolam suas capacidades, tais como acompanhamento de para-casa dos filhos, em um nível de escolaridade mais avançado do que o alcançado pelos pais (AMAS, 1995). A família acaba sempre como a responsável pelo fracasso escolar da criança na escola pública. Esse fracasso é incorporado pela família: "é a velha história da vítima ser a culpada" (GIFFONI, 1993).

A Associação Municipal de Assistência Social (AMAS, 1995) num estudo sobre as famílias de crianças e adolescentes em Belo Horizonte, mostrou que a educação da criança é vista como responsabilidade da mãe, que é a figura central para estabelecer dentro da família os "vínculos de sangue" e os "vínculos de convivência". A mãe é a responsável pela organização da vida cotidiana das crianças. Ela representa a autoridade "natural" de cuidadora e sustentadora. O esforço da família em fazer o possível diante do que a escola pede é ignorado ou menosprezado pela escola, e o que chama a atenção dos docentes é muito mais "o que falta, não o que se consegue".

Gomes (1994) considera a criança como centro da família, que se constitui na principal responsável pela sua socialização. Esta responsabilidade recai, sobretudo, na figura da mulher, mesmo com seu envolvimento crescente com o mercado de trabalho. A autora ressalta que é demasiado o esforço necessário, para homens e mulheres, para garantir a sobrevivência mínima. Esse esforço somente pode ser reconhecido por aqueles que têm sensibilidade e, mais que isso, "desarmamento valorativo". Onde muitos pensam existir o descaso, o abandono, podemos ver o contrário, uma luta incessante para manter a união, a coesão do grupo doméstico, mesmo com toda a adversidade. Por piores que possam parecer, aos olhares de fora, os valores e as condições materiais de existência desses grupos, na maior parte deles há uma decisão, uma vontade de estarem juntos, de manterem os laços afetivos que ligam pais e filhos, irmãos, avós e netos, tios e sobrinhos, porque desses laços dependem a possibilidade de resistência e a solidariedade entre os familiares, vizinhos e amigos (GOMES, 1994, p. 58).

Entretanto, a professora sugere-nos que lhes falta a compreensão de conceitos como historicidade, ambiente social e família. Ela desvaloriza o contexto social do aluno, incluindo-se aí a família, os amigos e vizinhos, colocando a escola como "a salvadora".

> eu acho assim... eles vão e voltam... eu acho que é meio difícil ter uma escola... até que tem... nesse sentido assim... eu acho que a Escola Serra Verde é muito MATERNA... não todo

> mundo... nossos meninos precisam de muito aconchego... a gente levantar a auto-estima deles... eu acho que a auto- estima deles tá muito baixa... o mei deles ... É TUDO COISA RUIM... (professora Paixão,1ª entrevista).

Na realidade, a "salvação" de que a escola pretende ser autora é parte de sua função ou papel. Segundo o estudo da AMAS (1995), para 47% das famílias de baixa renda, a escola aparece como um lugar onde se busca ajuda quando a criança ou adolescente "vai mal", quando a ajuda é de natureza pedagógica. Não é, entretanto, o lugar mais cotado pelas famílias para buscar ajuda no caso de problema psicológico, o que é feito dentro da própria família. Aqui, acrescentamos que, na nossa concepção, a escola é o lugar do acolhimento emocional e afetivo dos sujeitos sociais que nela convivem. As falas das professoras pesquisadoras expressavam uma desvalorização da figura materna, por meio das reclamações constantes de que "a família não participa", "não procura a escola". Mas, por outro lado, na Escola Serra Verde, quando acontecia um contato com algum membro do grupo familiar, esse era referido, às vezes, com ironia e agressividade:

> A mãe da piolhenta da minha sala veio à escola reclamar. Ela disse que na casa dela tem leite, banana pra dar pra ela. Ela achou ruim, que a escola esteja dando leite pra filha dela (professora Isabel, DC: 08.06.2001).

Estava colocada a desvalorização da família que, por não ser efetivamente um modelo de família burguesa, representava, na visão da escola, uma família "desintegrada". Em função dessa representação de família desintegrada, o grupo familiar tem sua cultura negada pela professora cuja fala aponta para uma acusação e desvalorização da mãe enquanto representante do grupo familiar.

> falei com eles assim..."ó amanhã cês vem... que eu vou trazer uma medalhinha benta"... mostrei a minha pra eles (...) eu já falei pra eles..."pode vim amanhã que é meu último dia (...) eu trago a

> medalhinha pro cês... já olhei os alfinetinhos para poder pendurar na camisa... eu NÃO QUERO NEM SABER SE A MÃE DELES são evangélica... não quero nem saber uai (professora Paixão, 2ª entrevista).

A família funciona como refúgio contra as ações de outras pessoas e instituições que resultam em violência para a criança, além de ser mediadora dos serviços e bens sociais para os filhos. Sobretudo para a camada desfavorecida economicamente, ela "é o lugar de proteção, quando as crianças se vêem excluídas de uma série de serviços ou bens sociais ou ainda ameaçadas por mecanismos autoritários das instituições" (AMAS, 1995, p. 129).

Certo dia, a diretora estava preocupada, não queria atender uma reivindicação das professoras para liberarem as crianças mais cedo, para que as professoras pudessem se reunir. A professora Isabel interveio, descrevendo o que acontece na relação escola X família:

> Não sei pra que essa preocupação. Os pais daqui estão acostumados a engolir tudo que oferecemos pra eles, é só dizer que os meninos vão sair mais cedo porque as professoras vão fazer curso e pronto. Eles não vão nem perguntar nada. Coitados. Eles são igual a gente mesmo. A prefeitura obriga a gente a engolir goela abaixo uma porção de coisas e nós fazemos o mesmo com os pais. (DC: 27.10.2001).

Para que a família seja um refúgio para seus filhos e legitime seus direitos de fato, há ainda muito a caminhar, e o primeiro passo poderia ser a desmistificação do modelo de família que os docentes possuem.

Diante do exposto, resta-nos muito mais a questionar do que a afirmar: historicamente, a população descendente de escravos tem conseguido constituir-se enquanto modelo de família nuclear? As dificuldades que a população negra encontra, desde sua chegada ao Brasil, permitiram-lhe condições econômicas e psicológicas, afetivas e contextuais de se constituírem enquanto famílias? Ainda vivemos em uma cultura que sustenta o modelo de família nuclear burguesa cujo valor ideológico leva à reprovação ou desvalorização de outras formas familiares. Não seria este o modo de vida e organização familiar ancestral dos negros? A realidade é que das famílias pobres, e especialmente das famílias negras, o que se constrói são representações preconceituosas.

MENINA DÓCIL x MENINO VIOLENTO: AS RELAÇÕES DE GÊNERO

O menino acaba constituindo a maioria nas salas-projeto da escola pesquisada, dado que nossa pesquisa conferiu no primeiro turno da escola, ao acompanhar, por duas semanas, o trabalho de alfabetização do segundo e do terceiro ciclos. A proporção de meninos e meninas nessas salas é expressa nas falas das professoras:

> "tem cinco meninas... praticamente não tem meninas... tá na faixa de uns DEZOITO meninos... elas são poucas... POUCAS MAS UNIDAS" (professora Paixão, 1ª entrevista).
> "na minha sala do terceiro ciclo... eu tenho mais meninos do que meninas" (professora Helena, 1ª entrevista).

A implantação dos ciclos de formação nas escolas da Rede Municipal de Belo Horizonte deixa-nos questões: a escola pesquisada apresenta, nas turmas-projeto, uma maioria de meninos-homens negros. Existiria diferenciação na atitude das professoras em avaliá-los?

Carvalho (2001), ao pesquisar como as professoras avaliam meninos e meninas, salienta que alguns pesquisadores têm relatado que, num primeiro contato, ao serem indagados, professores e professoras afirmam desconhecer qualquer diferença de desempenho escolar entre meninos e meninas.

Quando pedimos às professoras entrevistadas para falarem sobre a sua relação com meninos e meninas, no universo de quatorze professoras, onze afirmaram sua facilidade em lidar com as meninas, a quem atribuíam docilidade, praticidade etc. Em contrapartida, marcaram como mais difícil lidar com o menino, por pensarem que ele é mais violento e agressivo. As professoras, nas entrevistas, definiram a sua relação com a menina e com o menino:

> "cê sabe que eu relaciono IGUALMENTE com os dois... eu não faço distinção... olha que INTERESSANTE... ah: porque é menina e tal... a única coisa que eu entro... às vezes... se o menino bate muito na coleguinha... eu falo...'meu filho... mas a menina é FRACA... cê é UM HOMEM... cê é um menino... cê tem muito mais força do que ela... cê não pode bater na menina... a gente não bate NUNCA numa menina (...)' eu acho que os dois têm o mesmo direito (...) os meninos são mais AGRESSIVOS... já é próprio mesmo... né? dessa... acho que dessa cultura NOSSA... eles querem se mais FORTES... querem mostrar PODER... entendeu?" (professora Lílian, 1ª entrevista).
> "as meninas elas são assim: mais... elas NORMALMENTE elas dão menos problemas né? mais engraçado... eu tenho mais... por elas serem assim mais DÓCEIS... eu convivo com elas normalmente" (professora Shélida, 1ª entrevista).
> "mas a menina a gente acha que... MENINA É MELHOR... menina tem mais QUEDA pra dança... menina tem tudo pra tudo... cê DOMINA mais a menina... cê DOMINA mais as meninas... porque menina CÊ CONVENCE ELAS MUITO MAIS FÁCIL" (professora Paixão, 1ª entrevista).
> "eu acho que os meninos são mais AUTORITÁRIOS (...) eles ficam mais à vontade do que as meninas (...) é: elas são mais LIMITADAS... elas são mais SOFREDORAS" (professora Tereza, 1ª entrevista).
> "vamos deixar as MENINAS entrarem primeiro?" aí os meninos... "tudo é MENINA" (...) agora cê tem que olhar que o menino é mais BRUTO MESMO... o menino tem umas reações diferente... entendeu? eu também como professora não olho... pra mim não tem preto... não tem branco... não tem pobre... não tem rico... eu consigo diferen/... eu consigo o quê? é: IGUALAR entendeu? (professora Willita, 1ª entrevista).

As professoras revelam uma tendência em considerar as meninas como "dóceis" ou "sofredoras". A menina, enquanto incorpora o papel social de mulher, o faz de forma "passiva", o que nos leva a pensar na sua relação com a professora a partir da relação de proteção/identificação.

Entretanto, não podemos pensar nessa relação de uma maneira ingênua. Precisamos contextualizá-la social e historicamente: em nossa sociedade, na formação inicial da mulher, desde suas primeiras experiências escolares, ela vive um processo constante de desigualdade social. Basta, por exemplo, lembrarmos que o acesso à escola se deu primeiramente para os homens e que toda a linguagem presente na educação é direcionada pelo sexo masculino, sendo que a situação das mulheres na escola é a de conviver com um currículo impregnado de estereótipos ligados à condição de gênero, daí a menina, a jovem ficar relegada aos cursos que a preparavam para o mundo doméstico. Consequentemente, quando ela ingressa no mundo do trabalho, ela é novamente relegada a ocupar as profissões "desvalorizadas". É necessário considerar que na relação da professora, mulher e alfabetizadora, com o aluno ou com a aluna existe toda uma carga de significação que atravessa a sua linguagem e que vai constituir na criança um referencial de si, de sua identidade de gênero e de sua identidade étnica.

As professoras afirmam serem as meninas mais dóceis e que, em contrapartida, os meninos são mais violentos. São as representações de gênero que elas expressam na linguagem enquanto socializam meninas e meninos. As crianças, quando do seu processo de identificação, incorporam uma identidade de ser mulher ou de ser homem, porque, para Scott (1995), "a linguagem é o lugar de análise do gênero".

Logo, se a criança, em seu processo de socialização, se identifica com o adulto que considera importante, cabe-nos, nesse instante, considerar que as mulheres constituem a maioria nas escolas da Rede Municipal de Ensino, o que levanta um outro aspecto da questão do aluno negro nos ciclos iniciais de formação: a identificação com as professoras.

Afonso (1995) estudou as relações de gênero, de etnia e de classe social em creches comunitárias e constatou que, dentro da instituição, tanto a diferença do gênero quanto a diferença étnica são percebidas, embora não sejam reconhecidas pelas educadoras como discriminação explícita. Essas diferenças são presentes na socialização das instituições e, para compreendê-las, precisamos, antes de tudo, contextualizá-las, porque elas estão inseridas em um universo simbólico, enquanto "cultura de mundo", do qual a creche e a escola fazem parte sob a forma de conhecimento cotidiano, e se organizam hierarquicamente apresentando "contradições, tensões e ambivalências".

Essas relações são complexas e, segundo Afonso (1995), existe entre as educadoras uma dificuldade para tratar da sexualidade infantil, mesmo quando consideram importante a educação sexual, fato que se torna problema à medida que a criança passa a ter a sua curiosidade sexual ignorada, quando não reprimida, impedida ou desqualificada. As educadoras compreendem a existência da diferença na socialização de meninos e meninas e associam tais diferenças à sexualidade da criança. Esses dados remetem-nos a um questionamento pertinente: como a alfabetizadora lida com a própria sexualidade? Pois é a partir da própria relação que ela constrói a sua relação com o menino e com a menina (AFONSO, 1995, p. 16).

Barrie Thorne, antropóloga americana, pesquisou meninas de até nove anos com desenvolvimento físico quase completo e constatou que estas são tratadas por seus professores como "desviantes", "corrompidas" ou "viciosas". Partindo de suas constatações, a antropóloga alerta para a dificuldade que a nossa cultura e, particularmente, o sistema escolar, fundamentado na classificação etária, tem de "lidar com a sexualidade infantil" e com as diferenças individuais nos diferentes ritmos de desenvolvimento (*apud* CARVALHO, 2001, p. 564).

Doze das professoras que pesquisamos demonstraram ser mais ríspidas com os meninos, com quem gritavam mais, com quem utilizavam um vocabulário menos polido, com quem pareceu-nos terem uma menor tolerância. Numa situação, na aula de educação física, quando as meninas brincavam fora da quadra, enquanto os meninos jogavam dentro da quadra, Mariana pediu à professora para beber água. Foi permitido. Ela saiu correndo para o bebedouro. A coleguinha disse: "Professora Maria, a Mariana caiu". A professora Maria voltou-se para a menina: "Machucou, minha *linda*?" (tom afetuoso). A professora Paula confortou a menina: "Também você fica pulando igual *cabritinha*" (tom afetuoso). Segundos depois, um menino grita de dentro da quadra: "Professora, o Robson correu atrás da bola e caiu". A professora Paula, que estava fora da quadra, chegou ao portão que dava acesso àquela área e replicou: "Também fica correndo. Seu *anta*" (tom ríspido) (DC: 02.04.2001).

Em relação ao Fábio, garoto negro de seis anos, a linguagem da professora demonstra impaciência pelo fato de ele apresentar "problemas de fala e de socialização", chegando até a ser comprometida a sua permanência na sala, de onde era retirado para que fosse assegurada a permanência tranquila de uma das meninas, a Poliana, menina que havia sido agredida por ele anteriormente. Tirar o Fábio da sala de aula, toda vez que a Poliana estivesse, foi o acordo firmado entre as duas professoras e a mãe da menina. Uma das professoras referia-se ao Fábio com ironia: "Esse menino é uma *benção*" (professora Willita, DC: primeiro semestre letivo).

Fábio permaneceu na Escola Serra Verde até novembro de 2001, quando foi acusado, pelas professoras às quais ele "incomodava", de ter destruído o mural de 20 de novembro. A mãe dele apareceu apenas duas vezes na escola naquela ocasião. Da segunda vez, para pegar os encaminhamentos dados ao menino pela coordenação da escola: neurologista e escola especializada.

A linguagem das professoras traduz o contínuo reconfigurar de expressões e formas de dizer do aluno "bom", do aluno "problema", do indisciplinado etc. A professora Lílian referia-se ao Gabriel, menino negro de seis anos: "Esse Gabriel *batedor*" (tom de reprovação) (DC: mar. 2001). Na realidade, mesmo reconfigurada a linguagem, estando dentro da escola, ela é compreendida pela comunidade discursiva da qual pertence o sujeito que fala (MAINGUENEAU, 1997).

Quando nos propusemos a pensar a relação da professora com meninas e meninos, especialmente no primeiro ciclo, nossa primeira impressão foi a de que a menina era privilegiada por uma relação de proteção, ao passo que o menino, por ser considerado violento, não gozava dos mesmos direitos. Entretanto, na relação da professora com meninos e meninas estão imbricadas contradições e ambiguidades. Por exemplo, embora, a menina faça o papel de "boa aluna" e caprichosa, haverá momentos em que esse modelo não corresponde, na avaliação da professora, ao "bom aluno". Um outro aspecto contraditório é quando encontramos, por exemplo, uma menina que se impõe mais e que acaba sendo reconhecida pelas professoras como "brigona", "violenta", "complicada":

> as meninas são MAIS DÓCEIS... né? apesar de eu ter uma que é a mais complicada... que é a Cleidiane, né? ela é mais complicada... ela quer brigar com os meninos... e isso costuma ter de vez em quando (professora Helena, 1ª entrevista).

Por outro lado, como as professoras consideram que meninos são violentos, quando um menino é educado, atencioso e meigo, passa a ser controlado e censurado pela professora, como mostra o diálogo num dos "conselhos de classe":

> *Professora Helena*: e o Thiago?
> *Professora Elaine*: será que ele vai virar *gay*?
> *Professora Helena*: acho que não ((responde vagamente)).
> *Professora Elaine*: muitas vezes ele tava chorando e falava com vozinha fina e eu falava com ele: *fala grosso menino*. Eu tava querendo salvar ele. Já tem tanto *gay*. Na hora da queimada, eu falo com ele: *joga bola direito*. Ele leva um jeito. Os meninos ficam todos rindo dele. Ele já *melhorou muito*. Eu tô querendo salvar ele. *Porque esse povo sofre tanto*.

Então o menino só será homem, no olhar da professora, se for grosseiro e violento? Dados os estereótipos sobre o "menino violento" e a "menina dócil", as professoras, pela linguagem que direcionam às crianças, vão normatizando os gestos, os comportamentos de meninas, de meninos dentro do espaço escolar. Para Almeida (1998), são as leituras sociais do corpo que acabam por constituir as relações sociais de poder. Aqui, diríamos que são leituras que dentro da escola constituem a subjetividade e interferem no aprendizado.

Ao pesquisarem o fracasso de crianças da primeira à quarta séries primárias, Carvalho (2001) e Silva (1999) comprovaram que meninos negros são mais reprovados, seguidos das meninas negras.

Carvalho (2001) aponta até onde as opiniões das professoras sobre masculinidade e feminilidade interferem nos seus julgamentos e o que elas valorizam mais no comportamento de meninos e meninas. Para a autora, existe uma urgência em promover uma reflexão gênero *x* aproveitamento escolar pelo fato de essas variáveis já terem sido marcantes no sistema formal de avaliação, em que os testes, as atribuições de notas, a seriação marcavam a hierarquização de gênero. E hoje essa hierarquia tornou-se mais poderosa, porque está em curso na maioria das escolas brasileiras, com a implantação dos ciclos de formação, a avaliação processual, avaliação marcada pela subjetividade e indefinição de critérios.

O fato é que a menina acaba se adaptando às situações em que está submetida à autoridade. E pelo fato de ela estar mais preocupada com o falar e o escrever bem, isto é, apresenta melhor desempenho em fluência verbal, memória e vocabulário, segundo Mello (1975), acreditamos que ela poderá estar mais propensa a ser beneficiada no processo de alfabetização, no qual o menino poderá encontrar maiores obstáculos e apresentar um processo mais lento.

Carvalho (2001) ressalta o importante papel das pesquisas em discutir sobre as razões do fracasso escolar e a forma como o tema vem se tornando complexo e indica que as dimensões que afetam o rendimento escolar são múltiplas, o que torna necessário considerar não só as condições socioeconômicas e culturais da criança como também as condições de funcionamento da escola, o preparo docente e as formas de avaliação.

A autora sugere que as pesquisas considerem mais profundamente o fato de que os meninos constituem maioria entre os que a escola fracassa em ensinar.

As pesquisas de Silva (1999) e Carvalho (2001) apontam que os meninos negros apresentam uma história de reprovação e fracasso. Podemos, aqui, observar também os estigmas que recaem sobre as meninas, como sendo "dóceis", "fracas" e "sofredoras". São estigmas que as vão modelando para que continuem no lugar de mulheres negras e submissas. A professora Tereza descreve parte desse processo:

> as meninas SOFREM MAIS... os meninos... as meninas tem um carinho maior por eles... então eles sofrem menos do que as meninas... as meninas são sempre mais fei:as... tem os defeitos mais salientados... e os meninos não... os meninos são até vamos dizer assim... OBJETO até de mais assédio... enquanto as meninas não... as meninas são mais é: SUBJUGADAS MESMO... elas se SUBMETEM mais a um patamar menor do que os meninos (professora Tereza, 1ª entrevista).

As meninas são consideradas mais tolerantes e submissas... e acabam sendo excluídas do processo educativo pela via da passividade. Quanto ao menino negro, os estigmas, a representação que se constrói em torno dele colocam-no em desvantagem já no primeiro ciclo. E, considerando o contexto de pobreza, marginalidade e violência no qual estão inseridos, as professoras revelam uma tendência em considerarem os meninos violentos, como se o único destino possível para os meninos negros, pobres e favelados fosse ligado à marginalidade. Daí o fato de excluí-los, supondo que terminarão por ser "aviõezinhos", traficantes, assaltantes etc., representação que não seria encontrada em meio social diferente da favela. Na classe média, por exemplo, o menino será formado para a cidadania. Tudo isso refletirá num aprendizado da leitura, para a criança negra e pobre, significativamente mais lento que dos demais alunos.

A BAIXA AUTOESTIMA DA CRIANÇA RELACIONADA AO NÃO APRENDIZADO

Erikson, em seu livro *Identidade, juventude e crise* (1987), localiza na figura do professor a responsabilidade de se formar e trabalhar, oferecendo melhores oportunidades à criança e impedindo a sua confusão de identidade, traduzida na incapacidade ou na falta de oportunidade para aprender. Aqui, cabe-nos lembrar os artigos de Pinto (1992), relacionados à identidade da criança negra. Para essa autora, o sentimento de insegurança e de inferioridade prejudica o desenvolvimento pleno da criança negra. É fruto dos valores e das imagens negativas que se forjaram, no Brasil, durante quatro séculos de escravidão.

Nesse sentido é que Kurt Lewin (1917-1947) afirmava que o grupo social ao qual pertence o indivíduo poderia ser comparado ao terreno onde ele se mantém, à medida que lhe dá ou lhe nega segurança, segundo seu *status* social. Esse autor sugeria, com muita insistência, que a criança pertencente aos grupos minoritários – judeus e negros – se beneficiaria ao tomar conhecimento, desde pequena, de sua condição enquanto pertencente a um grupo discriminado socialmente. Essa consciência, segundo esse autor, é importante para que a criança compreenda a sua situação social, ao mesmo tempo que recebe, dentro de seu grupo, valores positivos sobre sua identidade. Para ele, esse conhecimento é o esteio para sua socialização e adaptação à vida social. O papel de pais, professores e educadores é dar condições à criança para que compreenda a sua história, fortalecendo-a, para que ela saiba agir e reagir diante dos conflitos, e sensibilizando-a, para perceber a discriminação antes de tudo como uma questão social (LEWIN *apud* MAILHIOT, 1976).

O ambiente em que a criança negra cresce precisa necessariamente ser fundamentado no acolhimento e na aceitação, na verdade histórica, no prazer de se reconhecer na história, componentes indispensáveis para a construção de uma identidade positiva.

Oliveira (1976), referindo-se à identificação de grupos indígenas, afirma que, entre as "compulsões desagregadoras", aquelas que mais alcançam esses grupos quando em contato com outro grupo étnico são aquelas que atingem diretamente as crianças. Na visão desse autor:

> A permanência contínua em situações de discriminação desperta desde cedo nas crianças uma consciência negativa de si ou, em termos de ERIKSON, uma "identidade negativa" que se prolongará na juventude e maturidade, raramente transformável numa identidade positiva capaz de auxiliar o indivíduo ou o grupo a enfrentar situações críticas (OLIVEIRA, 1976, p. 18).

A afirmação de que raramente a identidade negativa se reverterá numa identidade positiva diz-nos da dificuldade de reversão da identidade, mas não da sua impossibilidade. Erikson (1987) cita que um grande número de literatura norte-americana aborda como o negro encontrou sua identidade no mundo espiritual e da música. Existe a capacidade de a identidade negativa ser superada, podendo ser reelaborada, o que é possível à medida que o sujeito se envolve com outras possibilidades de elaboração de sua situação na sociedade e cultura, tais como a militância política (SOUZA, 1983); quando, segundo Reis Filho (1995), faz psicoterapia, ou psicanálise, ou quando se envolve com atividades artísticas ou grupos de reflexão e práticas afins que lhe facilitem lidar com processos de subjetivação e que constituem um "canal" para que assuma a sua negritude.

Hoje, as ações afirmativas marcam uma outra possibilidade de um processo positivo de subjetivação da identidade negra, indicando uma ênfase maior na resistência negra e, sobretudo, no "reconhecimento" social da História do povo negro.

Praticamente todos os autores que se dedicaram ao estudo da questão étnica chamam a atenção para as imagens e representações negativas que a nossa sociedade produz e reproduz acerca do povo negro. Para Oliveira (1994), no processo de construção de sua identidade, na sua relação com os agentes educativos e com o conhecimento, a imagem que o aluno negro faz de si mesmo é negativa. Encontramos o reflexo dessa imagem na representação que as quatorze professoras alfabetizadoras, em nossa primeira série de entrevistas, explicitaram. Para elas, a autoestima das crianças da escola é baixa. E apontam como origem dessa baixa autoestima o ambiente social, o psicológico e a aparência física (corpo):

> "ele não tem o que comer em casa... a FOME É UM FATOR... a DESESTRUTURA familiar... não tendo pai perto... ou a mãe ser uma alcoólatra que foi expulsa de casa... isso TUDO torna esses meninos... com uma au/... uma baixa auto-estima assim... eu não sou NINGUÉM... eu não tenho família direito... eu não tenho o que comer" (professora Lílian, 1ª entrevista).
> "eu acho que muita coisa deles já vem de casa... já vem de casa... eu acho... eu acho... que a própria vida empurra também, né? pra ser discriminado... né? eles acham que não têm direito a nada" (coodenadora Sirlene, 1ª entrevista).
> "a auto-estima do aluno é baixa... né? a gente VÊ... são alunos que eles não tem assim: eles não sonham muito alto... o sonho deles... eles voam muito baixo ainda... né? então é preciso tá INCENTIVANDO... mostrando pra eles que futuramente... né? se eles tiverem um BOA BASE... né? de educação... eles também vão conseguir chegar lá... num topo mais alto... né? é BAIXA porque eles se acomodam DEMAIS... né? eles são muito ACOMODADOS... né? eles não pensam em SER DOUTORES... né? eles não pensam por exemplo... né? numa firma gran:de sendo CHEFES... né? então eles parecem que aceitam BEM esse nível de vida que eles são submetidos aqui" (professora Tereza, 1ª entrevista).

"eu... acho que... eles já chegam aqui com baixa auto-estima... então NÃO É AQUI... que eles tem... NÃO É AQUI que eles... tem isso... eles já VEM com isso... então eu acho que é: da casa... da casa deles... da família da onde eles tão CONVIVENDO... né? por exemplo... uma criança que é DEIXADA... por exemplo... igual eu vou dar o exemplo da Rariane... sem tomar BANHO... sem ajudar no para casa... sem encapar o caderno... deixada meio de lado assim: ela vai se sentir UM NADA... 'ninguém penteia o meu cabelo... ninguém... VÊ que o meu cabelo TÁ SECO... que meu cabelo

TÁ FEIO... tá crescendo assim pra cima... ninguém vem fazer uma TRANCINHA pra eu ficar bonitinha', sabe? eu fico achando assim... é meio JOGADA de lado a pessoa deve ficar: eu acho que começa por aí... sentir é: eu acho que começa por aí... sentindo MAL... pra baixo... pra BAIXO... assim... eu acho que por aí também" (professora Diana, 1ª entrevista).

A professora Diana, com uma visão naturalista, passiva, não se posiciona criticamente diante da representação da sua aluna negra. Ela poderia, por exemplo, considerar que uma criança como Rariane, se é, segundo Cavalleiro (2001), "ignorada, maltratada e descuidada", *pode perder o referencial de si mesma reconhecendo o seu fracasso* e que, como todo ser humano nessa situação, ela necessita, sobretudo, de afeto. Para a autora, a afetividade é o componente indispensável no processo de ensino/aprendizagem (CAVALLEIRO, 2001, p. 155).

O discurso das professoras nos sugere que, em sua longa e cotidiana convivência com os educandos, houve a apreensão de elementos que favorecem a leitura de uma baixa autoestima das crianças, o que é associado ao não aprendizado. A partir dessas representações que as professoras têm da identidade social de seus alunos e alunas, elas desenvolvem toda uma estratégia de ação pedagógica e adotam uma linguagem que é transmitida e que acaba sendo incorporada à identidade pessoal da criança. Para Bourdieu (1975), toda a ação pedagógica define e transmite uma autoridade pedagógica. Essa autoridade é reconhecida, legitimada e interiorizada pelos receptores, no caso, os alunos que a recebem. Em outras palavras, as crianças tomam para si a representação que a professora tem delas, porque reconhecem a professora como pessoa legítima para dizer-lhes quem elas são.

Os sujeitos pesquisados por Silva (1995), alunos negros de escola pública de bairro popular, tiveram sua representação descrita pela autora: "a pele áspera" e negra "metaforicamente" remete-os à imagem de um "indivíduo grosseiro" (p. 90) e, por meio de suas redações, eles confirmam a introjeção do estereótipo social do negro como de pouca inteligência. A autora salienta que as crianças pesquisadas haviam introjetado tudo aquilo que lhes pertencia material, física e mentalmente como "imprestável."

Erikson (1987) marca o momento em que a criança começa a identificar os papéis para os quais deve se preparar para a vida na sociedade maior, como o momento em que a sociedade se torna significativa para ela. No entanto, quando a criança descobre que a cor de sua pele ou a história de seus antecedentes familiares determinam o seu valor como aluno/aprendiz, muito mais do que sua própria vontade e seu desejo de aprender, ela tende a sentir-se "imprestável", o que pode agravar o seu desenvolvimento.

Nas falas das alfabetizadoras que entrevistamos, encontramos elementos que, interpretados na mesma ótica de Silva (1995), vão corroborar nosso entendimento acerca da imagem que a criança negra constrói de si, de seu corpo e de sua capacidade, a partir daquilo que vê ou escuta de sua professora (o "seu outro significativo"), e que vai influenciar no seu aprendizado:

Via linguagem

> *Professora*: eu ainda acho, tem muito pra ser trabalhado na questão da auto-estima... eu acho que tem gente... que... que... tem falas com relação a eles... porque não é só a reprovação... tem as falas... tem o JEITO QUE TRATA... e o jeito que PENSA... que é... que reverte através dos gestos... né?
> *Entrevistadora*: então cê pensa que a fala pesa?
> *Professora*: e até os GESTOS também... então cê ainda escuta gente falando... "CÊ NÃO APRENDE NADA... É BURRO".... ainda... cê vê gente falando... é a minoria mais cê vê (1ª entrevista, professora Cláudia e entrevistadora).

Via postura/ações

> a gente vê professor que DISCRIMINA MESMO aluno... entendeu? (...) que o menino é SUJO... é mais não sei o quê... né? tem

> gente que NEM CHEGA PERTO... a gente ouve os comentários... de não chegar perto... nós tivemos uma professora aqui... que ela entrava na sala... quando ela ia MEXER NO ARMÁRIO... por exemplo... e que ela botava luva... máscara no nariz... e ficava dentro da sala com os meninos... os meninos achavam assim... um ET... a hora que ela aparecia... (...) e vivia falando de menino com MAU CHEIRO... não chegava PERTO... não era de ABRAÇAR os meninos... e não é só um caso não (coordenadora Sirlene, 1ª entrevista).

Os discursos e atitudes que vêm da autoridade pedagógica são os pilares que a criança, estando na socialização secundária, toma para si, para construir sua autoimagem, muitas vezes, passando a ter um não enfrentamento diante das situações de sala de aula, durante a relação com o conhecimento. A prática vem mostrando, segundo Oliveira, "que a avaliação que o aluno faz de si próprio interfere sensivelmente no seu desempenho escolar" (1994, p. 50). O não enfrentamento traduz quão fragmentada está a imagem que a criança possui de si. E a imagem que o aluno possui de si é constituída a partir do olhar e da linguagem docente, interferências imediatas no seu aprendizado.

Na visão de Teodoro (1987), os grupos étnicos marginalizados, ao encontrarem dificuldades em articular um espaço que torne visível a sua identidade étnica, acabam por negá-la, negando, assim, os seus próprios valores e incorporando os valores do grupo dominante. As crianças desses grupos étnicos, não possuindo referencial psicológico para adaptarse, tendem a "abandonar o campo de repressão de sua imagem (física e simbólica) – a escola". Daí a frequência de sua representação negativa como sendo "alunos especiais" ou "alunos problema". A partir da negação dos valores culturais desse grupo étnico, a escola perde o seu sentido primeiro de "formar cidadãos plenos", desviando sua função para a "formação de identidades desequilibradas" (TEODORO, 1987, p. 47).

Diante desse quadro, surge por parte do Movimento Negro a luta para que a escola, enquanto instituição, reconheça a cultura negra, integrando-a efetivamente no currículo escolar. Surge também o reconhecimento dos estudiosos da questão étnico-racial e o interesse em estudar as diferenças étnicas que formaram o povo brasileiro. Nesse sentido, vem ao encontro a proposta de Teodoro de "transformar no âmbito da instituição escolar o pacto semântico, a fim de incluírem os valores das diversas etnias" (1987, p. 49). A autora propõe que essa transformação aconteça nos níveis docente, administrativo e didático-pedagógico, a fim de oferecer oportunidade a todas as crianças, de qualquer origem, de se reconhecerem positivamente, buscando uma identificação positiva diante de sua própria história.

Professoras da educação infantil, dos ciclos iniciais de formação, são formadoras de identidade e, nesse sentido, a sociedade e a família esperam que preparem a criança. Aqui ressaltamos a importância da preparação da criança para aceitação do seu grupo étnico para a construção de seu autoconceito, por intermédio da visibilidade, da história e de uma prática que promova a autoestima e a preparação para a cidadania.

Capítulo 6

LINGUAGEM, IDENTIDADE E ETNIA NO ESPAÇO ESCOLAR E NOS PROCESSOS DE ALFABETIZAÇÃO

LINGUAGEM QUE DESACREDITA NA CAPACIDADE DA CRIANÇA NEGRA, ESTIGMATIZANDO-A

Vygotsky (1995), assim como Mead (1993), ambos interacionistas, analisam que as trocas sociais ocorrem por meio da linguagem e argumentam que a palavra tem um significado social.

Na concepção de linguagem vygotskyana, a palavra representa uma "amálgama" entre o pensamento e a linguagem. A palavra possui em si um significado, não sendo um som vazio. Vygotsky, portanto, considera o significado como uma condição da palavra. Ele acrescenta que a Psicologia trata o significado de cada palavra como uma generalização ou, mais especificamente, como um conceito. E como generalizações e conceitos são, na opinião desse autor, "atos do pensamento", ele afirma que podemos considerar o significado como um fenômeno do pensamento. Convém ressaltar que o mesmo autor acredita que os significados das palavras evoluem. Logo, se os significados das palavras evoluem, podemos dizer que a linguagem é rica de significados. Existe nela toda uma correlação encadeada de sentidos daquele que fala, de onde fala, porque fala e principalmente de quem fala ou para quem fala.

As nossas observações em campo colocaram-nos, logo nos primeiros dias, e devido à época em que começamos a coleta de dados (novembro de 2000), diante do chamado conselho de classe, na Escola Serra Verde. Priorizamos, em alguns momentos do texto, trazer fragmentos do discurso das professoras e coordenadoras no assim chamado conselho de classe, que muitas vezes parecia mais uma simples reunião de professoras, do que conselho de classe propriamente. O conselho é um momento educativo, uma discussão aberta, quando o poder da professora parece ser dividido com a equipe técnica e com as colegas de trabalho. É uma instância cujo sentido, a longo prazo, busca o estabelecimento de critérios comuns e procedimentos comuns.

Nesses conselhos por nós observados, as professoras alfabetizadoras "decidiam" o futuro das crianças de primeiro ciclo e de uma sala de segundo ciclo. Preenchendo fichas avaliativas e diário de classe, elas reenturmavam[10] as crianças. Pareceu-nos que a ideia era fazer a enturmação seguindo o critério do aprendizado de leitura e escrita dessas crianças.

A coordenadora abria a seção avaliativa e, em seguida, as professoras iam avaliando as crianças. Não podemos, aqui, deixar de mencionar que os conselhos de classe começavam sempre pela coordenação do grupo com a pergunta que soava quase como um chavão: "quem são seus alunos fracos?" ou "quem são os alunos com problemas de aprendizagem?". Passamos, agora, a transcrever trechos das interações das professoras em três conselhos diferentes.

Primeiro Conselho de classe – novembro de 2000

> *Sirlene*: Joel.
> *Wilita*: Iiiih. O Joel? Desparafusado, muito ativo, esperto.
> *Sirlene*: Kelen.
> *Wilita*: Boazinha. Já tá lendo.

---

[10] É importante dizer que a reenturmação ou classificação de alunos por turmas "fracas" e "fortes" não é uma diretriz da Escola Plural.

Tereza: Liana.
Wilita: Muito sem limite.
Tereza: Laissa.
Wilita: Deita debaixo da carteira.
Tereza: Eduardo.
Wilita: Ai! Tereza! Esse aí... é bem fraco! Ele é irmão da Paula. Ela não lê nada! O caso dela é psicológico...
Tereza: Na hora de elaborar a ficha de avaliação, vocês me ajudem a não deixar escapar essas coisas. Milena.
Willita: É boazinha, esperta, lê. Ela tem dificuldade de fala.
Tereza: Gisele.
Willita: É a prima da Milena. Ela tem o mesmo problema na fala.
Sirlene: Mário.
Willita: Mário. Ele *sabe*. Mas é muito lambão.

Segundo Conselho de classe – novembro de 2000

Sirlene: José.
Lílian: O pai dele é traficante, não sabe nada.
Celeste:[11] Ele não dá conta de escrever, colorir... dá dó a situação dele!
Sirlene: Tadeu.
Celeste: É monossilábico, responde só sílabas, quando perguntamos alguma coisa pra ele. Ele é contido demais. Ele já melhorou. Ele nunca brinca. Essa semana foi a primeira vez que vi ele brincando de jogar futebol.
Sirlene: Lauro.
Lílian: Ah! O Lauro não! Eu acho engraçado ele engatinhar.
Sirlene: Marília.
Lílian: Ela é subnutrida, olha o cabelinho dela!
Sirlene: Quem são os alunos prêmios da sua sala? O Lauro dá conta de ler? Ele acompanha?

Essas reuniões se limitavam à avaliação pontual, restrita ao "sabe"/"não sabe", sem discutir os casos, substituindo a avaliação

---

[11] Professora que se afastou por um longo período, em 2001, por licença de saúde. Não integrou o grupo de professoras pesquisado.

pedagógica pela estigmatização da criança, com base em estereótipos voltados para as características psicológicas e comportamentais: "deita debaixo da carteira", ou "o caso dela é psicológico". Nesse caso, a dimensão pedagógica fica elidida.

A linguagem presente nessas reuniões, nos nossos primeiros dias de contato com o campo, mostrou-nos o conceito de Vygotsky (1995), que a "palavra é um ato do pensamento". Os conceitos que eram atribuídos aos alunos nos diziam da forma como as professoras pensavam e se relacionavam com eles. Pela palavra, o grupo de professoras prepara e pré-conceitua a situação dos alunos a quem avalia, reenturma e classifica. No início de nossa pesquisa, encontramos alfabetizadoras desenvolvendo estigmas para alunas e alunos a quem "avaliavam".

Orlandi (2000) afirma que, ao falarmos, nos filiamos a redes de sentido. Mas, se não aprendemos como fazê-lo, ficamos ao sabor da ideologia e do inconsciente. A ideologia, nessas reuniões, girava em torno de palavras como "pobreza", "miséria", "problemas psicológicos", tomadas de forma rígida e estereotipada e conduzindo os falantes a um reducionismo teórico. E, ao final, produziam um desconhecimento sobre o fato de os alunos não terem aprendido e, consequentemente, um abandono dos alunos como sujeitos de sua educação.

A linguagem configura o pensamento do indivíduo e, assim, ela expressa e captura a forma como esse mesmo indivíduo pensa o mundo, e, nele, as pessoas que o rodeiam, e suas interações. As expressões e os termos utilizados para conceituar o aprendizado das crianças do primeiro ciclo mostram-nos como a avaliação feita pela professora alfabetizadora, na passagem das crianças de um ano para outro, impõe estigmas a elas, estigmas estes que vão permanecendo ao longo do primeiro ciclo e que, no momento da enturmação, tornam-se explícitos. São conceitos que legitimam o fracasso do aluno e, ao chegar ao segundo ciclo, o estigma do ano anterior já se cristalizou e o aluno começa a reviver outra interação conflitiva, pois a professora desacredita em suas capacidades em função do que ouviu a seu respeito:

> então tem menino aqui que... essas menininhas que foi da minha turma o ano atrasado... o ano passado... entrou aqui pra escola tinha menino que tinha TRÊS ANOS... outros tinham quatro... que foi quando começou a educação infantil... e elas vieram até a quinta série... então eu conheci eles pequenininho... entrando na escola que funcionava lá em baixo... e vim com eles... e vim ser professora deles na: terceira... na quarta... segundo ciclo (professora Shélida, 1ª entrevista).

Conceitos e pré-conceitos vão sendo construídos pelo corpo docente, e vão circulando e sendo compartilhados por um grupo, responsável por todo um processo de formação e aprendizado, desde que a criança entra para a escola. O discurso das professoras durante o conselho de classe certifica-nos o quanto as falas e conceitos presentes na (re)enturmação ajudam a manter o estigma da criança, paralisando-a em um lugar de antemão definido pela própria alfabetizadora.

A ESPECIFICIDADE DA LINGUAGEM UTILIZADA PARA CONCEITUAR O APRENDIZADO DA CRIANÇA NAS CLASSES DE ALFABETIZAÇÃO, PRODUZINDO ESTIGMA

Tomemos como ponto de partida a afirmação de Berger e Luckman (1999) de que, na socialização secundária, por meio da linguagem, a criança interioriza vários esquemas de motivação e interpretação que são de valor institucional. Para esses autores, na socialização secundária (na escola), será exigida da criança a aquisição de um vocabulário com função específica, o que significa que haverá a interiorização de campos semânticos que estruturam a forma de compreensão e a conduta cotidiana de dadas instituições. Eles afirmam que o mundo a ser interiorizado, apreendido pela criança na socialização secundária, constitui uma realidade que, em alguns aspectos, contrapõe-se ao mundo já adquirido na socialização primária (na família). A socialização secundária é um mundo que vem marcado por uma certa coerência e por elementos normativos, afetivos e pelo conhecimento. A escola é um mundo socializador secundário, onde o indivíduo adquire uma linguagem específica para a função que vai interiorizando, à medida que experiencia a socialização, momento em que aprende uma segunda língua, construída sobre a língua materna. A nova linguagem adquire significado à proporção que é retraduzida para a língua adquirida na socialização primária.

As professoras que estão envolvidas na tarefa diária do "ensinar a ler" possuem um vocabulário específico que expressa principalmente a capacidade e o domínio da leitura e escrita do alfabetizando.

O referencial discursivo da alfabetizadora é constituído por uma série de expressões que demarcam o aprendizado da criança. A linguagem que ela utiliza, enquanto avalia, determina o desenrolar de ações e atividades que são impostas aos alunos; atividades que podem ser passos em um processo, práticas ou projetos a serem implementados, atendimento a pequenos grupos ou atendimento individual, ou, ainda, o confinamento da criança à carteira, ao caderno e aos exercícios de automatismo. O aprendizado, nessa fase, depende, portanto, do desejo e da disposição da professora, bem como da organização da escola.

O que observamos confirma Ludke e Mediano (1994, p. 106): a professora "mostrou-se ser a grande mediadora no processo de construção do conhecimento pela criança". O crescimento ou o rompimento das possibilidades de construção de conhecimento na criança depende da postura da professora.

Para tornar mais claro nosso ponto de vista, utilizamos, a seguir, um trecho do primeiro conselho de classe das professoras Paula, Maria e Sirlene, no qual os estudantes estavam sendo avaliados, na passagem de um ano para o outro.

Conselho de classe – novembro de 2000

Cláudia: Cristiano.
Paula: É o pateta da turma. Ele lê tudo.

Cláudia: Podia colocar esses que já lê na sala da Shélida.
Sirlene: Fenício, Otávio e Fabrício. Eu tô preocupada com esses três.
Paula: Esses meninos. Fenício é um songa-monga, não percebe nada. Não lê nada e trabalha na feira.
Cláudia: Lúcio.
Maria: Silábico.[12]
Cláudia: Catarina.
Maria: Pré-silábica.
Cláudia: Fernando.
Maria: Alfabético.
Cláudia: Fabiano.
Paula: Pré-silábico.
Cláudia: Otávio.
Maria: Pré-silábico.
Sirlene: Tem cinco anos que o Otávio é pré-silábico. Aristéia.
Maria: Alfabética.
Paula: É igual bicho do mato.
Maria: O Leandro pra mim é subnutrido. Ele tem uma dificuldade, ele não aprende de jeito nenhum.

Nesse exemplo, cabe dizer que as professoras avaliavam os alunos, com quem haviam trabalhado por dois anos consecutivos; o encaminhamento dado era a marcação de lugares sociais. Estavam eles agora sendo (re)enturmados no segundo ciclo. É interessante observar que, com *oito palavras* e *duas frases*, foram avaliados *oito alunos*, explicitando o reducionismo teórico que serve de instrumento de estigmatização social e reproduz a ordem existente.

Nessa fase de observação, nossa pesquisa ajudou-nos a constatar o quanto a escola, mesmo a partir dos conceitos construtivistas, pode cair no reducionismo se mantém uma ideologia da exclusão, montando e reforçando, junto ao grupo de professoras, a imagem e o conceito de

---

[12] Silábico, pré-silábico e alfabético são níveis de elaboração de hipóteses da escrita da criança. Resumidamente, podemos dizer: nível pré-silábico – a criança utiliza letras, numa quantidade que ela mesma define para representar nomes, objetos etc.; nível silábico – a criança atribui a cada letra um valor sonoro (sílaba); nível alfabético – a criança distingue as unidades linguísticas, as letras, as sílabas e a frase, ou seja, já escreve.

que a criança negra "não aprende de jeito nenhum", demora a aprender, "tem dificuldade" ou até mesmo "nunca vai aprender". A linguagem que discrimina manifesta uma gradação de estigmatização tal qual a usada nas reuniões anteriores, em que a criança de 6 e 7 anos é "bem fraca" ou que "dá dó a situação dele", porque aos 9 ou 10 anos ela passa a ser "bicho do mato", "songa-monga" e "não aprende de jeito nenhum".

Não seria mais interessante avaliá-los conjuntamente, com a elaboração de um dossiê descrevendo suas habilidades e "dificuldades"? É importante observarmos que o processo de ensino e aprendizado não foi comentado. Para Ludke e Mediano (1994), o que muito surpreende é que, por detrás de um conceito dado a um aluno de primeira a quarta série, há mais dados escondidos do que revelados. Esses conceitos vão sendo compartilhados e são cristalizados no grupo de professoras dos ciclos iniciais porque, sendo o grupo docente da escola pesquisada um grupo de permanência significativa, é como se o palco estivesse montado e a criança chegasse, a cada início de ano letivo, para viver o seu papel de "aluno problema", "aluno que não aprende", porque os espectadores esperam assistir cada ano a mesma cena:

> Mais aqui cê sabe o que acontece? cê acaba tendo contato com TODOS... porque em alguma fase da vida deles cê acaba sendo professora deles... então eles passam pela sua vida... em algum momento... cê conhece a vida deles... cê conhece a vida dele... cê entendeu? cê conversa... cê pára... então eu acho que trabalhar PRECONCEITO de uma maneira muito ampla é muito difícil... (professora Shélida, 1ª entrevista).

A INTERAÇÃO ALFABETIZADORA/ALUNO(A) NEGROS E AS LINGUAGENS UTILIZADAS

Para os autores sociointeracionistas, as trocas que o indivíduo realiza com o mundo e com o outro, quando da sua socialização, constituem o conhecimento que ele tem de si mesmo e do mundo e que se expressa por meio do símbolo, que é a linguagem. A criança pequena utiliza a sua linguagem como forma de se comunicar, para expressar-se, relacionar-se com o outro e identificar o mundo que a cerca.

Estudiosos da linguística, como Lemle (1995) e Mollica (1998), e da alfabetização, como Morais (1995) e Franchi (1991), acreditam que, para as crianças das classes de alfabetização, a linguagem oral é referência para a aquisição da leitura e da escrita.

Nessa fase de desenvolvimento, a linguagem funciona como "motor" do processo de alfabetização e, para isso, requer interatividade contínua entre a criança aprendiz e o adulto mediador da aprendizagem, a professora. A ausência dessa interação professora-aluno/aluna pode ocasionar uma lentidão significativa no ritmo de aprendizagem da leitura e da escrita. Dessa forma, pesquisas preocupadas com a aprendizagem da língua materna têm demonstrado a relação entre a origem social da criança e o fracasso escolar.

Soares (1992), ao analisar as relações entre linguagem, escola e sociedade, expõe três ideologias que surgem no Brasil, desde a segunda metade do século XIX, e que buscam explicação para o fracasso escolar na aprendizagem da língua materna, propondo a compreensão da crise da linguagem. A autora cita três ideologias: ideologia do dom, ideologia da deficiência cultural e ideologia das diferenças culturais, que pretendem explicar a existência de uma distância entre a linguagem dos indivíduos do grupo social economicamente privilegiado e a dos indivíduos do grupo social desfavorecido. Para Soares, essa distância seria, então, traduzida em "*deficiência*, *diferença* e *opressão*" de uma linguagem sobre a outra.

Pensando no meio social como aquele que estabelece, *a priori*, a condição de aprendizagem, cabe uma reflexão: quem são as crianças que menos interagem com a professora e apresentam um ritmo significativamente mais lento na aprendizagem da leitura? As crianças das camadas populares são aquelas que, segundo Soares (1992), sofrem o preconceito linguístico e o preconceito cultural porque são submetidas a preconceitos etnocêntricos impostos pela escola, que as levam à marginalidade cultural.

Para compreendermos a interação professora-aluno(a) alfabetizando, passamos um bom período de nossa pesquisa observando a dinâmica da sala de aula. E entendemos, assim como Giffoni (1993), que, para que qualquer proposta pedagógica se viabilize satisfatoriamente, é necessário que ela basicamente considere a interação na sala de aula. Tendo por base o que observamos nesse espaço primordial de formação e interação que é a sala de aula, bem como o que ouvimos e vimos quando crianças negras e professora interagiam, no mês de março de 2001, fizemos nossa primeira intervenção a pedido do grupo de professoras, quando discutiam a possibilidade de trabalhar com dois projetos: a imagem de corpo da criança negra ou projeto de literatura infantil. Isso se deu em função de três professoras terem verbalizado numa reunião pedagógica a necessidade de compreenderem como trabalhar com o corpo da criança, especialmente, o corpo da criança negra.

Prevaleceu a segunda opção, e, numa tentativa de articular a literatura à questão étnica, apresentamos para o grupo de professoras nosso relato de experiência num acampamento de "sem-tetos", onde trabalhamos intensamente com crianças negras e brancas a socialização e a aceitação de si mesmas e do outro, sendo que esse trabalho foi basicamente feito com livros de literatura infantil e artesanato. Um dos eixos do trabalho era a autorrepresentação da criança aproximada à realidade, especialmente ao colorir a si mesma e à sua família.

Entretanto, mesmo o relato tendo despertado discussão e polêmica, parece-nos que em curto prazo ele não desenvolveu consciência. Em maio, acompanhamos as tradicionais atividades do mês das mães, nas salas das professoras Lílian, Tereza e Willita. Nas salas por onde passamos, não vimos nenhum dos alunos fazendo o desenho por conta própria. As páginas que comporiam o citado álbum vinham com desenhos preestabelecidos e à criança cabia o colorido. Os desenhos eram da figura de Nossa Senhora, cabelos lisos, nariz afilado, expressão maternal, carregando o menino Jesus, o contorno de uma mãozinha e o rostinho de uma criança, estrelinhas etc. As crianças coloriam o rosto e os cabelos de Nossa Senhora de amarelo, o menino Jesus sempre de amarelinho. Aquelas crianças eram de uma região cuja população não é loira. Todas confeccionavam o álbum que dariam de presente para sua mãe. O que nos chamou a atenção foi o fato de que, em momento algum, ouvimos as professoras interferirem para que as crianças colorissem com outras cores, como cinza, marrom ou preto. Considerando que a maioria daquelas crianças é mestiça e negra, não estariam o marrom e o preto mais próximos da representação que têm de si?

Não ouvimos também nenhuma interferência sendo feita para que as meninas transformassem aquele menino Jesus, no colo da idealizada mãe, numa menina de Jesus. Não seriam as "meninas de Jesus?" Observamos que as meninas não foram contempladas naquela ocasião e constatamos o quanto a linguagem e as representações gráficas na escola são direcionadas pelo sexo masculino.

Cabe-nos aqui dizer que, desde que assumimos o magistério em 1989, temos conhecimento de que essa figura de Nossa Senhora é usada para confeccionar cartões e álbuns, com os quais comumente as crianças presenteiam suas mães. Esse desenho já foi instituído pelas professoras de crianças menores. Se não se questiona isso, ele prevalecerá por longo tempo.

Durante essa atividade, na interação da professora que não intervinha e não apresentava elementos relativos à etnia negra, comprovamos o equívoco, o sem sentido, o sentido do "outro", consequentemente, um investimento em "um" sentido, em que está situado o trabalho do silêncio. Esse "um" é entendido como o "um" da dominação. Aqui, dominação entendida como a linguagem branca e masculina.

Como o sexismo da linguagem escolar não é questionado, as "meninas mulheres" ficam, nesse momento, relegadas a segundo plano e chegam a ser muito "bacanas", porque não questionam, apenas silenciam, e, o pior, a professora também silencia. A linguagem é o lugar de análise do gênero (SCOTT, 1995). Quando a questão é o gênero, assim como quando a questão é a etnia de um grupo não branco, prevalece a linguagem do silêncio.

Os indícios presentes na interação verbal das crianças revelam a origem social daquele que fala e podem, de certa forma, condicionar o prestígio ou o desprestígio de seus discursos na sala de aula. Giffoni (1993) afirma que a interação professor-alunos na sala de aula é de grande interesse para pesquisadores, porque é considerada "um dos principais condicionantes do fracasso e do sucesso escolar". A sala de aula traduz os conhecimentos que são essenciais para quem quer modificar a aprendizagem.

E foi observando as dez salas de aula das professoras pesquisadoras que definimos nossa intervenção em campo, partindo dos desafios que surgiram durante o nosso encontro com a interação na sala de aula. Os desafios que surgem na sala de aula, especificamente na alfabetização, têm sido enfrentados pela Pedagogia e especialmente pela Linguística, ambas se preocupando com a metodologia e a técnica, respectivamente. Atualmente, vem se tornando preocupação dessas duas disciplinas a articulação da alfabetização com o contexto social do alfabetizando.

A preocupação da Linguística cola-se à língua e às mudanças que ela sofre no contexto social. Essa ciência vem tecendo indagações acerca dos estigmas linguísticos e propõe considerações sobre a mudança linguística, que são importantes para alfabetizadoras e dizem, segundo Mollica (1998), do papel do professor como sendo o da adoção de uma postura mais aberta em relação às potencialidades dos falantes.

A preocupação da Pedagogia recai especificamente sobre os métodos e teorias que vêm sendo propostos. Contudo, nossa investigação mostrou-nos que, na prática, os métodos vão todos sendo articulados na tentativa de o alfabetizador alcançar o seu objetivo, como demonstram as professoras, sujeito e pesquisadoras, ambas com mais de vinte anos trabalhando com alfabetização:

> "e é aquela mistura né, Denise? de... de... dos métodos que eu falo... é o seguinte, quando eu falo MISTURA... cê tá entendendo, que eu uso o silábico e passo pro fonético... pro global? não... é mesmo ESSA riqueza de todos... esse auxílio, a contribuição de cada um... então eu chego até a usar a contribuição de cada um... então eu chego até a usar os sons das letras..." (professora Helena, 1ª entrevista).

> "Eu utilizo todos os métodos juntos: global, eclético, fônico. Eu sei que o meu objetivo é ensinar a criança a ler, então eu vou seguindo onde dá prá eu ir" (professora Tereza, DC: 22.06.2001).

Com tantos desafios que chegam para as professoras que lidam com a alfabetização, a prática vem apontando que, após anos de trabalho com todos os métodos, não cabe mais apegar-se a um único caminho. Os desafios conduzem a prática a uma situação singular, em que cada caso é único e o esforço da alfabetizadora vai sendo o de construir um processo que seja adaptável às crianças que alfabetiza.

A Psicologia Social possibilita-nos tomar como aliada a Metodologia de Análise do Discurso e permite-nos compreender os significados que atravessam a linguagem da professora alfabetizadora no momento em que interage com seus alunos. Essa interação é nosso foco de investigação, porque aqui nos interessa compreender o lugar que ocupa a criança negra, tendo como "outros" a professora e os colegas, no momento em que interagem face a face.

A interação face a face é definida por Goffman como "a influência recíproca dos indivíduos sobre as ações uns dos outros, quando em presença física imediata" (1996, p. 23). Ele elenca os materiais que conduzem a interação face a face como sendo as olhadas, os gestos, as posturas e as afirmações verbais, e acredita que, para examinar qualitativamente as pequenas condutas, precisamos examinar a linguagem presente nos pequenos grupos, pois ali estão as inúmeras pautas, sequências de conduta que se dão enquanto as pessoas interagem face a face.

Na análise de Goffman (1970) sobre os elementos da interação social, devemos considerar que toda pessoa vive uma realidade em que os encontros sociais comprometem os contatos face a face. Esses contatos são mediados pelos indivíduos e por outros participantes e, muitas vezes, definem-se em função de uma linha que se pauta na ação verbal e na ação não verbal. Por meio dessas ações é que as pessoas envolvidas vão dizer da sua visão da situação, da forma como elas se envolvem na mesma situação e do modo como veem aqueles que participam da interação.

Em nossa investigação, o processo como a imagem vai sendo forjada e compartilhada durante a interação alfabetizadora/aluno(a) negro pôde ser verificado no trabalho da professora Diana com um pequeno grupo, como veremos adiante.

A pesquisa começa a surtir um efeito e as professoras começam a organizar outro tempo e espaço para atender a criança da alfabetização

As reuniões de professoras começaram a tomar o contorno de conselho de classe em junho de 2001. O pequeno grupo era uma estratégia de trabalho que as professoras decidiram na série de conselhos que foram acontecendo. Nessa ocasião, nossa intervenção já dava seus primeiros resultados. Já havíamos começado o trabalho de intervenção com o grupo de professoras, nas oficinas em salas de aula, e já intervínhamos no cotidiano da escola. E, num desses conselhos, a avaliação que as professoras fizeram foi além das palavras soltas e do reducionismo teórico. Quatro professoras decidiram que estenderiam o horário de alfabetização das crianças com "mais dificuldades".

No caso observado, a interação que as professoras vinham estabelecendo com essas crianças, desde o início do primeiro ciclo, vinha condicionando um fracasso escolar, pois as crianças estavam no terceiro ano do primeiro ciclo e "não liam" e por isso foram as escolhidas para o trabalho de alfabetização. Com essas crianças as professoras trabalhariam nos horários de projeto, tempo dedicado semanalmente para atividades com os alunos, cuja ideia é manter "sempre vivo" o contato com eles.

Essa organização de tempo e espaço passou a fazer parte da semana de pelo menos duas turmas no segundo semestre letivo de 2001. Passamos a acompanhar esse grupo por entendermos que ele trazia consigo as características da interação professora/aluno(a) na sala de aula e consideramos que, de acordo com os pressupostos linguísticos sobre linguagem oral e leitura, esse tipo de grupo constituiu o que denominamos, em nossa pesquisa, de "momento ótimo de alfabetização", devido à proximidade, às chances de atenção entre os participantes e, principalmente, à interação face a face.

Participavam do grupo os alunos das professoras Diana e Helena, que duas vezes por semana trabalhavam separadamente com quatro crianças consideradas com dificuldades de aprendizagem. Essas crianças eram Léia, menina branca, Rariane, menina negra, Leone, menino negro, e Helbert, menino negro, todos com oito anos de idade e apresentando, em relação à leitura e à escrita, um quadro mais crítico quando comparados aos outros alunos da classe. Essas crianças apresentavam entre si diferenças e semelhanças na interação em sala de aula. A semelhança é que todos se assentavam nos cantos localizados no fundo da sala ou na última carteira; a diferença era a comunicação deles com os outros na sala de aula: a comunicação de Rariane era restrita à sua coleguinha Léia que, por sua vez, ficava calada o tempo todo. Leone e Helbert, extremamente inibidos para se expressarem oralmente, assentavam-se nas últimas carteiras, do lado oposto ao da professora. As quatro crianças sentavam-se distantes da professora, de certo modo eram isoladas pelas outras crianças e, portanto, confirmavam Giffoni (1993), quando afirma que, na sala de aula, forma-se uma rede de relações discursivas entre professores e alunos, que condiciona a diferença de rendimento.

Esse autor corrobora nossa opinião quando afirma que para compreender a interação na sala de aula devemos procurar, além dos múltiplos significados e sentidos, as suas relações com o contexto cultural dos alunos e professores. A interação articulada a questões mais amplas da educação e, no nosso entendimento, articulada à etnia e ao gênero, pode nos ajudar a explicar as diferenças de rendimento escolar no processo de ensino/aprendizagem de crianças de classes populares. Cita Soares (1992):

> os elementos fundamentais são aqueles que desenham a interação professor-alunos, compondo o risco sobre o qual vai tecendo o universo psicossocial, feito de latências e subjacências que configuram, determinam e condicionam o que se ensina e o que se aprende, como se ensina e como se aprende (p. 8).

Em função de estereótipos socialmente produzidos, do preconceito presente nas ações explícitas e implícitas, a interação face a face entre a professora e o(a) aluno(a) negro(a) vem permeada por crenças e atitudes que acabam reproduzindo a discriminação.

Descreveremos, em seguida, dois longos momentos dessa interação no pequeno grupo, quando, por mais que quiséssemos, não conseguimos ficar sem intervir e nos propusemos a analisá-los.

A professora começou mostrando uma folha com o desenho de uma lagarta, um capacete, um carro, uma borboleta, uma mesa, uma formiga e um trem. Em seguida mostrou para as crianças a palavra LAGARTA na caixa alta e pediu-lhes que lessem e colocassem sobre o desenho. Daí, ela ajudava:"L e A dá o quê?". Os meninos responderam outras sílabas como: fa, ca. Não deram conta de ler. A professora passou a ajudar, fazendo o som do L e do A, até que Rariane leu corretamente: "lagarta". Em seguida apresentou a palavra borboleta e as crianças leram mais rapidamente. Pensamos que talvez a dificuldade estivesse nas letras cujo som é mais difícil de associar, as letras M, N, G, L. Sugerimos a Diana que lhes mostrasse uma palavra com M, o que fizemos indicando com a mão. Leone viu o que fizemos e disse: "ah! Já sei! É o M. Palavra com M". Diana mostrou a palavrinha MESA. Leone leu trem, Léia não leu, Rariane leu por si mesma.

A professora Diana apresentou a palavra CARRO. Rariane aspirou o grosso catarro verde que lhe corria até a boca e leu. O catarro a incomodava e a nós também, mas nós não fizemos interferência para que ela o limpasse. Diana apresentou a palavra FORMIGA. Rariane leu corretamente e disse: "eu adivinhei, né, tia?" A professora não respondeu. Outras palavras foram surgindo, e Rariane dizia: "eu adivinhei". Depois de ter ouvido essa frase por três vezes, intervimos dizendo "você LEU... adivinhou não." Rariane repetiu: "eu adivinhei". A professora não se manifestou.

A professora apresentou a palavra TREM e juntos destacaram a diferença entre TE e TRE fazendo o som. Léia e Leone foram tentando fazer a leitura e diziam outras palavras. Leone leu como "capacete". Juntos, contamos letras e sílabas das palavras TREM e CAPACETE. Em seguida, sem que a professora pedisse, Rariane leu: "capacete", e foi logo dizendo: "eu adivinhei de novo". Como a professora não se manifestou, nós replicamos: "não, você leu!". Rariane repetiu: "eu adivinhei... ô tia... eu não adivinhei?" (voltando-se para a professora, que nada respondia).

Outras palavras foram apresentadas. Rariane, quando não lia sozinha, lia com uma pequena ajuda. Num certo momento, ela disse para o grupo: "só eu que tô adivinhando. Eu não sei ler. A Léia não leu nada".

Daí, saímos do nosso lugar de observadoras e intervimos: "Essa menina *tá lendo* gente!". A professora acrescentou, com voz fraca e sem ênfase: "é, ela tá bem esperta".

Ficamos sem acreditar! Meu Deus! Só isso, professora? Onde estava o incentivo? O reconhecimento? O elogio que impulsiona essas tentativas e acertos de leitura? Era como se Rariane estivesse pedindo à mestra licença para entrar no reino do céu, ali, o mundo dos leitores, e, para isso, a menina precisava de uma permissão que só a professora podia dar. Professora cuja interferência veio numa frase vaga e sem ênfase: "é, ela tá bem esperta". Começamos a imaginar o que estaria a professora considerando, no momento em que aquela menina pobre, negra e catarrenta dava o melhor que tinha de si. Era como se a professora restringisse para esse tipo de criança a entrada no mundo da escrita. Elas ficam tentando, tentando, como se estivessem pedindo permissão para entrar... e batendo na porta trancada.

Goffman (1996) admite que existem certas formas de controle sobre o papel do indivíduo que asseguram a simetria do processo de comunicação e preparam a cena para um tipo de jogo de informação que abre uma série infinita de "encobrimento, descobrimentos, revelações falsas e falsas redescobertas" (p. 17). A professora encobria um dado inédito na vida daquela menina.

A nossa longa experiência em alfabetização e os trabalhos de sucesso que encontramos em campo pesquisado nos fazem crer que nesse momento de tentativas de leitura e escrita é preciso simplesmente que a alfabetizadora acredite e verbalize reconhecendo a criança como capaz.

Romão (2001), preocupada com a prática de construção de uma autoestima positiva do educando negro, relata que, em muitos anos trabalhando com a educação, ouviu algumas mães negras dizerem que a professora ou o professor não estimula as crianças negras e, consequentemente, essas crianças encontram mais dificuldade para aprender. Na opinião da autora, essas queixas traduzem uma realidade e, de fato, crianças pouco estimuladas respondem menos às propostas e aos métodos de escolarização. Romão questiona: "qual seria o papel do educador?" (p. 162).

Num outro dia, com o pequeno grupo, quisemos filmar e pedimos permissão, mas ela nos foi negada. A professora respondeu ao nosso pedido: "só se for os meninos, eu não gosto de filmagem". Assistimos e intervimos mais positiva e alegremente. Haviam aparecido a Léia e o Leone. A professora Diana disse que o Helbert até estava na sala, mas que ela não iria chamá-lo porque ele faltava demais e um dia ou outro, quando ele aparecesse, estar com ele no pequeno grupo não ia adiantar. Segundo as informações da mãe, o filho Helbert, com 8 anos, estava envolvido com o tráfico e ela não sabia como agir, por isso ele faltava tanto à escola. A professora Helena foi quem nos informou sobre a conversa com a mãe do menino:

> Olha Denise, eu vou te passar o caso do Helbert. Ele tava só faltando, só faltando. Mandamos chamar a mãe, ela veio, não resolveu e ele continuou faltando. Agora a mãe veio à escola pedir ajuda: ela não sabe o que fazer, porque o menino tá andando com traficante, tá trabalhando pra eles. Nós dissemos que íamos chamar o pai. Ela disse que não adianta porque o pai mexe com droga e não resolve. Quer dizer, o quê que a gente faz num caso deste? Cê viu como ele anda sempre, todo arranhado e cortado? A gente não sabe ao certo... (DC: 25.10.2001).

Ele faltava e, no dia em que resolvia ir à escola, não participava do pequeno grupo. Estaria sendo excluído por ser menino e negro com "aspirações" à marginalidade? Quando perguntamos à professora Diana o motivo da ausência do Helbert nos pequenos grupos, ela respondeu: "ele falta tanto, que tirar ele da sala um dia ou outro não vai fazer diferença".

A professora iniciou: "Vamos começar com o Leone". Mostrou a palavra BOLA. Leone leu "O A". Diana ajudou-o a ler os pedacinhos. Com a ajuda da professora, ele leu "BOLA".

Rariane chegou, bateu na porta e escondeu-se. Ela podia ser vista pela sombra que fazia através da porta de vidro. Bateu novamente. Fomos olhar quem era. Abrimos a porta e lhe dissemos: "ei Rariane! Entra". Ela não entrou e segurando no batente da porta, olhando, disse: "eu vou perguntar pra Diana... cê chamou eu?". Diana autorizou: "pode entrar Rariane".

A professora estava sentada à mesa na frente da sala. Léia, Leone e Rariane, sentados em volta de três mesas paralelas à dela. Ela levantou-se dizendo: "eu tô achando ruim essas mesas nessa posição... vamos mexer?". Achamos aquele movimento de aproximação o máximo, porém, não intervimos. A professora Diana colocou três mesas em meia lua e, para fechar o círculo, colocou uma cadeira onde se assentou bem próximo às crianças, que ficaram ainda mais sorridentes com a sua proximidade. Ela havia mudado o "cenário".

Léia escreveu BOLA, com ajuda. Rariane escreveu BAL, sozinha e, com a ajuda dos colegas, colocou a letra A.

A professora apresentou o desenho de uma mola e pediu para Leone escrever o nome do objeto. Rariane olhou o desenho e disse: "Precisa de três letrinhas [buscou confirmação na professora, de quem não vimos o olhar] de três não, de quatro pra escrever".

A professora pediu a Léia para escrever BOLA. Rariane ajudou a colega. Léia escreveu: OLA. A professora tomou a palavra escrita pelas meninas e foi perguntando para os três, com o papel virado para Léia: "O que ela escreveu gente? Léia, tá faltando alguma letra? Acho que Léia *sabe* qual é a letra, mais ela tá com medo de colocar. Eu tô sentindo que você *sabe*". Léia colocou a letra que faltava. A professora continuou reconhecendo, com voz enfática: "*Eu sabia que a Léia sabia*". Ela colocou a letra C e leu "COLA". A professora continuou: "Eu sabia que ela sabia. Ela tá muito esperta essa menina!" (sorrindo).

Na tentativa de compreendermos esses múltiplos significados que atravessam as interações e os discursos da professora, ao interpretar a interação nesse pequeno grupo, ganhamos elementos para compreender a relação na sala de aula. No momento em que interage com a criança que busca a leitura e a escrita, a professora comprova-nos que, para as alfabetizadoras, faltam ainda a técnica e o conhecimento linguístico necessários para ajudar a criança a construir a leitura e a escrita. Mas demonstra-nos, sobretudo, que ela cria condições para a criança avançar à medida que transmite algumas mensagens que funcionam como "injeção de ânimo", de autoestima e motivação. Nesse momento, a professora faz investimentos, sendo que sua confiança na criança serve-lhe de apoio e a estimula, criando-lhe condições para deslocar seu conhecimento da "*Zona de Desenvolvimento Real* (ZDR)" para a "*Zona de Desenvolvimento Proximal* (ZDP)", como nomeadas por Vygotsky (1989).

Analisando o tom de voz, o discurso, as intervenções feitas pelas professoras enquanto interagiam com alunos e alunas, no processo de aquisição da leitura e da escrita, nossa investigação nos mostrou que as professoras faziam um investimento maior na criança branca do que na criança negra, e que faziam um investimento maior na menina do que no menino. Mas isso aos poucos foi se modificando à medida que elas foram envolvidas em trabalhos de grupo, cujo objetivo era também a reflexão.

Capítulo 7

PROBLEMATIZANDO, INSTRUMENTALIZANDO E TRANSFORMANDO A PRÁTICA PEDAGÓGICA

Não é no silêncio que os homens se fazem,
mas na palavra, no trabalho,
na ação-reflexão.
(Paulo Freire)

O TRABALHO COM O GRUPO DE PROFESSORAS

O que moveu o desejo de fazermos dessa investigação uma pesquisa de intervenção foi nossa certeza de que, apesar de até então terem sido agentes discriminadores, a professora e o professor, a partir de um processo de formação acompanhada, podem se tornar agentes de transformação pedagógica e social.

As professoras que acompanhamos tinham consciência de que algo poderia ser feito, ser mudado em sua prática pedagógica, tanto que se dispuseram a participar da investigação, embora no início das observações vivenciassem uma certa tensão, preocupação e silêncio, não conseguindo abordar o problema. Não interpretamos essa dificuldade como impossibilidade de empreender as ações a que nos propúnhamos, porque sabemos que falar de racismo, preconceito e discriminação é mexer em campo minado. Trata-se de um processo extremamente difícil, porém, não impossível. Nesse sentido, o que nos alimentou foi a mesma crença de Silva (1996):

> É difícil de acreditar que os professores ajam com o intuito deliberado de distorcer a identidade de seus alunos negros. As perguntas carregadas de ansiedade, mas não isentas de concepções racistas, a busca de orientações que se fazem ouvir, nos cada vez mais encontros, seminários, cursos sobre os negros e educação, mostram o desejo de mudar essa situação, sem saber, no entanto, por onde começar. Deparamos, pois com professores que se vêem sem saber como lidar com a criança negra, sem conhecimentos de sua cultura, pautando seu comportamento em preconceitos e desinformação.
> O encontro dos professores com seus alunos, sobretudo com seus alunos de origem africana, no processo de ensino-aprendizagem, dá-se num clima de estranhamento, do qual finge-se não tomar conhecimento e no qual devem ser uniformemente aprendidos conteúdos, comportamentos, posturas (p. 171).

A relação do professor com seus alunos negros passa, sobretudo, pela questão do estranhamento, do não saber como agir. Constitui-se em uma relação tomada somente pela necessidade de garantir o repasse de conteúdos, em que a professora ou o professor desconsidera a necessidade de melhor compreender a ambivalência e a angústia do aluno, demonstrando sua dificuldade de perceber a discriminação ou o racismo, percepção para a qual está despreparada(o).

Por essa razão, adotamos uma postura que se adiantava ao acompanhamento pedagógico. Nesse momento, cabe-nos elucidar que, mesmo nossa pesquisa tendo como sujeito um grupo de professoras, em momento algum ela priorizou um lugar à mesa na sala de professoras para coleta de dados, local primeiro da nossa ocupação. Rapidamente, propusemo-nos a participar e estar onde nos interessava: na sala de aula. Assim surgiram os convites para que "adentrássemos" o espaço cotidiano das professoras, o que fizemos de forma participativa e propositiva. Afora quatro exceções, a cada dia ouvíamos frases como: "a porta da minha sala está aberta, pode ir lá", ou "cê vai na minha sala hoje?".

Boa parte das vezes as crianças competiam por nossa atenção e nos convidavam a acompanhá-las a brincar no seu mundo: no recreio, na quadra, na merenda, na saída, o que fazíamos sempre que possível, porque, no nosso entendimento, nesses espaços e nas experiências informais é que estavam presentes os gestos das crianças, as expressões do pessoal docente e da administração. São espaços carregados de significados, mas infelizmente desconsiderados pela ação pedagógica, e que muito nos dizem do que é a escola. Nesse vai e vem da intervenção, a sala de professoras passou a ser um dos locais que frequentávamos pouco, tendo em vista o fato de termos investido insistentemente na sala de aula para nossas observações, ações e oficinas com as crianças, na presença da professora. As entrevistadas confirmam esse nosso compromisso, quando interrogadas acerca da contribuição da pesquisa-ação, assim como da inserção da pesquisadora no campo pesquisado:

> "eu acho que a pesquisa foi muito positiva porque você VIVEU O QUE A GENTE VIVE AQUI... pois é... você não VISITOU... porque os pesquisadores aqui são visitantes... eles vêm visitam e... AQUELE ABRAÇO... e... eles NÃO VIVEM (...) então eu achei bom cê vir aqui... porque ocê veio... cê falou PRA QUE... e VOCÊ VEIO é: e ENTROU NA NOSSA PRÁTICA... entendeu? e fez intervenções muito interessantes" (professora Shélida, 2ª entrevista).

> "ah: foi quando eu vi que você foi: MESMO PRA SALA DE AULA e ARREGAÇOU AS MANGAS... como se diz... né? ARREGAÇOU AS MANGAS e começou a TRABALHAR com o GRUPO... entendeu? se ENVOLVER MESMO com o professor... com o aluno... entendeu? e não foi só naquela de ficar ANOTANDO o quê que o professor tá fazendo com o aluno... não... VOCÊ FOI PRA DENTRO DA SALA e trabalhou com o ALUNO e com o PROFESSOR... entendeu? então (...) a partir daí eu passei a ter assim... FIRMEZA MESMO... né?" (professora Willita, 2ª entrevista).

A pesquisa pretendeu presenciar e atuar nos vários lugares onde pudesse compreender o trabalho pedagógico, o emaranhado de relações que se estabeleciam, não se limitando às intervenções em sala de aula, por intermédio das oficinas com os alunos. Nesse sentido, nossa primeira preocupação com o grupo de professoras foi "deixar que a fala fluísse", estabelecendo, para tal, uma escuta.

Referencial teórico sobre o trabalho de grupo e das oficinas com as professoras

A pesquisa-ação investiu especialmente na proposta de intervenção com o grupo de professoras por meio de uma escuta articulada ao seu contexto sociocultural. Partindo do diálogo, procuramos construir com o grupo nosso calendário de proposta das oficinas. Foram ao todo sete encontros com o grupo, que funcionaram na forma de uma oficina mensal, a partir do mês de março e ao longo do período pesquisado.

Participamos solidária e ativamente de trinta e três reuniões pedagógicas, todas com duração de duas horas, sendo que em sete delas estivemos à frente, trabalhando no grupo com as alfabetizadoras.

Não podíamos fazer uma crítica direta à prática, ao material pedagógico ou à experiência curricular sem antes pensar em garantir o lugar da professora que estava lá, diante de nós, com sua identidade pessoal e grupal fragilizada, mas, ao mesmo tempo, disponível para anossa pesquisa. Nós nos preocupávamos imensamente: como repassar as observações feitas? Como trabalhar aquele grupo possibilitando-lhe sair da inércia e da queixa em que a maioria se encontrava? Como levar críticas à sua atuação sem inibir as possibilidades de um novo fazer pedagógico?

Propusemos o trabalho no formato do Grupo Operativo (PICHON-RIVIÈRE, 1986), entendendo o grupo como mais que a soma de seus componentes situados em um contexto social, envolvidos por um processo de comunicação que sofre pressão do exterior, pressão que deve ser reintegrada no seu interior para haver mudanças. O grupo constitui-se em um campo de forças: cognição, crenças, valores, expectativas etc. E, como "campo de forças", os pequenos grupos têm uma estrutura e uma dinâmica. A estrutura diz da sua forma de organização, que decorre da identificação de seus membros. A dinâmica diz das forças de coesão e dispersão presentes no grupo, componentes responsáveis por sua transformação. Todo o processo de formação de normas, de comunicação, de cooperação e competição, divisão de tarefas e distribuição de poder e liderança é atribuído à dinâmica do grupo (LEWIN, 1998; MAILHIOT, 1991 *apud* AFONSO, 2002, p. 13).

Considerando que a realidade social é multidimensional em seu compromisso com a mudança social, o(a) pesquisador(a) dever partir da compreensão, do consentimento e da participação do grupo envolvido. Dessa forma, para Lewin, o pequeno grupo é a base do conceito de pesquisa-ação, que pretende a mudança social a partir do envolvimento tanto do grupo pesquisado como do próprio pesquisador ou da pesquisadora.

O Grupo Operativo, de Pichon-Rivière (1986, p. 177), baseado na teoria psicanalítica e na teoria de campo de Kurt Lewin, é definido como um conjunto restrito de pessoas, interatuando face a face, ligadas no mesmo tempo e espaço, articuladas por sua "mútua representação interna".

Para Pichon-Rivière (1986, p. 179), o Grupo Operativo é o lugar primeiro de "ancoragem das relações cotidianas" e suas ações se instrumentalizam a partir das técnicas operativas. A técnica operativa é direcional, seu objetivo é instrumentalizar a situação grupal. Ela é derivada de conjuntos sociais que se organizam em unidades menores (grupos) para atingir "segurança e produtividade" (p. 177). O grupo se organiza levando em consideração a participação e o envolvimento de seus membros. A interação entre os participantes do Grupo Operativo pode ser regulada, para que possa ser potencializada, tornando-se eficaz para alcançar seus objetivos. No caso de nossa pesquisa, a técnica operativa do grupo uniu as participantes em uma forma que aquele autor denominou "coparticipação do objeto do conhecimento" num caráter de "diagnóstico institucional" (p. 179).

O trabalho com o grupo de professoras da escola pesquisada funcionou no formato das "oficinas de dinâmicas de grupo", em uma abordagem teórica que articulou Pichon-Rivière, Paulo Freire, Bion e Foulkes: utilizando as referências teórico-metodológicas do Grupo Operativo e dos Círculos de Cultura, empregando também os estudos de Bion acerca da evolução e aprendizagem grupal e os estudos de Foulkes sobre a matriz da comunicação do grupo (AFONSO, 2002, p. 15).

O Grupo Operativo de Pichon-Rivière e o Círculo de Cultura de Paulo Freire possuem semelhanças no que concerne à compreensão da aprendizagem como acontecendo num processo dialógico, baseado no desejo e na autonomia dos sujeitos envolvidos. Para Freire (1980), no processo de aprendizagem não dialógico perpassam ideologias que reproduzem o assujeitamento do educando. No caso pesquisado, reproduzem o assujeitamento das professoras envolvidas no grupo (AFONSO, 2002; PINTO, 2001).

Para a análise do processo grupal, precisam-se incluir os elementos advindos de fatores emocionais e subjetivos que surgem como conflitos dentro do grupo e que prejudicam a concretização da tarefa a que se propõe. Para tal, os dois autores ressaltam que o papel do coordenador do grupo não é o de "dono da verdade", e sim, o de quem trabalha, socializando no grupo os conhecimentos que se articulam, construindo o aprendizado de forma dinâmica. Tais concepções vão ao encontro daquelas que orientam o papel do pesquisador na pesquisa-ação, já proposta por Kurt Lewin, na década de 1940.

Em nossos grupos, pela sua natureza e objetivos, foram prevalecendo a escuta do sujeito social (professoras) e o respeito à sua realidade e, sobretudo, à sua prática. Nesse movimento, conseguimos criar um vínculo grupal e uma confiança mútua, ao mesmo tempo que utilizávamos linguagens não diretas para expressar os problemas que havíamos observado, buscando muito mais perguntar do que responder, provocando a sensibilização, a reflexão e consequentemente a produção do conhecimento (THIOLLENT, 2000).

A metodologia de Oficinas em Dinâmica de Grupo pode ser aplicada a contextos diversos, e seus objetivos podem variar dependendo da demanda. Utiliza a informação e a reflexão, diferenciando-se de um projeto que pretende ser apenas pedagógico, porque trabalha com os significados afetivos e as vivências que se inter-relacionam com o tema a ser discutido. A oficina é um trabalho que precisa ser aceito e demandado pelo grupo, sem imposições; ela se articula em torno de um contrato feito inicialmente com o grupo, podendo ser reformulado (AFONSO, 2002).

A dinâmica das oficinas pode incluir vários encontros, sendo que eles trazem uma questão central que o grupo pretende elaborar. No caso pesquisado, as oficinas trouxeram questões acerca da temática étnica e de gênero, que o grupo pretendeu elaborar dentro da instituição escola. A elaboração que se pretende dentro das oficinas não é restrita à questão racional, ela envolve os sujeitos de maneira integral em sua subjetividade; nisso a oficina se diferencia de ser um projeto puramente pedagógico, ela se utiliza das teorias e técnicas de grupo, caracterizando uma prática de intervenção da Psicologia Social (AFONSO *apud* RENA, 2001).

Os problemas que surgiram no grupo e como foram repassados

Devemos ressaltar que nossas observações constatavam uma série de problemas que se relacionavam a experiências e conflitos do grupo e que não nos interessávamos em discutir, mas que não podíamos expressar todos de uma só vez. Precisávamos encontrar formas de mobilizar o grupo, criando em torno desses problemas "temas geradores" (AFONSO, 2002) que, a exemplo das "palavras geradoras" (FREIRE, 1980), pudessem ser aguçadores de um desejo de participação e troca. Foi preciso sugeri-los aos poucos, com e nos encontros do grupo, de "forma homeopática", por meio do questionamento e sempre esperando uma ocasião ou um sinal do próprio grupo, de que estaria "pronto" para enfrentá-los.

O primeiro encontro do grupo aconteceu no dia 23 de março de 2001. Iniciou-se com a dinâmica do autorretrato: distribuímos uma folha e pedimos às professoras que desenhassem a si mesmas de corpo inteiro e escolhessem lápis de cor para pintá-las. Na mesma folha, pedimos que escrevessem e, em seguida, verbalizassem os sentimentos que tiveram ao realizar a tarefa. A atividade provocou risos, lembranças e mesmo incômodos. As participantes falaram sobre os sentimentos e a dificuldade de se representarem. Relacionaram a própria dificuldade com a dificuldade que, às vezes, os alunos sentem diante de uma determinada tarefa proposta pela professora. Ao pintarem o autorretrato, as professoras não buscaram corresponder a cor da sua pele com a cor do lápis escolhido.

Distribuímos o texto do jornal *O tempo*, de 14 mar. 2001, "Como devem-se abordar as questões da cidadania como saúde e educação no Dia Mundial de Combate ao Racismo?". O texto trazia o depoimento de militantes do Movimento Social de Belo Horizonte conhecidos nacionalmente: Marcos Cardoso, Diva Moreira e Fátima de Oliveira (médica). E, ainda, de Milton Gonçalves (ator) e do secretário dos Direitos de Cidadania, Fernando Alves, com proposições de como abordar o tema. O texto foi lido e discutido pelo grupo, que passou rapidamente pela discussão sobre o conceito de raça humana: falamos raça humana ou raças humanas? Falamos sobre a definição de raça e etnia e discutimos parte de um dos textos que dizia sobre os estudos da biologia acerca da raça humana. Esse encontro havia surgido com uma demanda bem explícita: as professoras haviam decidido anteriormente, em uma reunião pedagógica, o tema do seu projeto anual como sendo de literatura infantil e pediram-nos que relatássemos nossa experiência trabalhando com livros de literatura.

Com recursos audiovisuais, fizemos um relato da experiência de trabalho com a socialização de crianças pobres, negras e brancas, num acampamento de "sem-tetos". Demonstramos como construímos uma prática sistematizada, em que o objetivo foi criar possibilidades para que se aceitassem e aceitassem o outro e percebessem que somos todos seres humanos e que nisso somos iguais. O trabalho se deu por meio dos livros de literatura étnica e um dos eixos era a autorrepresentação da criança voltada para a própria realidade, especialmente ao colorir a si mesma e a sua família. Pelos registros, comprovamos que, após a intervenção, as crianças do acampamento, negras e mestiças, se representavam colorindo-se de marrom ou preto. Com isso, era também expresso o nosso desejo de coordenadora.

Nesse grupo, apresentamos e falamos sobre os livros de literatura étnica. As professoras conheciam os livros, *Menina bonita do laço de fita*, de Ana Maria Machado, *e A bonequinha preta*, de Alaíde Lisboa, na versão antiga. Na ocasião, fizemos a crítica à versão antiga, denunciamos o seu conteúdo preconceituoso e mencionamos que a versão atual havia sofrido uma correção pela autora, devido à reivindicação e denúncia do Movimento Negro. Falamos brevemente sobre cada livro de literatura, com os quais fizemos uma exposição no centro da roda, juntamente com revistas étnicas e a cartilha *Zumbi dos Palmares*, e demos ênfase à proposta dos PCNs (Parâmetros Curriculares Nacionais, caderno 10) como proposta de trabalho para a escola. Os Parâmetros Curriculares sintonizam o trabalho da professora/professor com a diversidade de culturas. Apresentamos cartilhas elaboradas pela extinta Secretaria da Comunidade Negra e colocamos todo o material à disposição para ser manuseado. O material foi examinado pelas participantes. Ao final, havíamos demonstrado uma forma literária, escrita, não estereotipada para trabalhar com a criança negra, com a sua família, com o nome como uma identidade pessoal, quebrando o mito do apelido e de uma forma histórica de trabalho, presente nos livros de literatura e cartilhas que apresentamos, sem criticar diretamente o material literário que encontramos na biblioteca da escola.

Nesse encontro do grupo foi possível expressar nosso desejo e crença enquanto coordenação. Passamos, em seguida, um pequeno trecho de vídeo, gravado com as crianças do acampamento, sobre uma aula na qual trabalhamos a diferença por meio das cores. Combinamos a retomada do trabalho, em outros grupos, direcionando-o para o trabalho com a questão étnica e a alfabetização. As professoras fizeram várias perguntas sobre o relato: resultados alcançados, estrutura social das pessoas do acampamento e trouxeram à tona o questionamento da discriminação *x* pobreza: "Por que entre as crianças havia tanta discriminação, se eram todas pobres?". Trouxemos a discussão sobre classe social e etnia, como estando inter-relacionadas ao contexto em que há a desigualdade social, e falamos sobre o cuidado que devemos ter ao abordá-la porque aí corremos o risco de considerar a pobreza e desconsiderar a questão étnica.

Encerramos com uma decisão do grupo que optou pelo projeto de literatura infantil, abandonando a temática da imagem de corpo da criança; e duas mobilizações, a primeira de nível subjetivo, a segunda de nível objetivo: 1ª) a professora Paula, ao final do grupo, pegou o lápis de cor preto, retomou seu desenho e se coloriu de preto, 2ª) a coordenadora Cláudia combinou com o grupo: "Vamos pegar o nome desses livros e pedir à direção pra comprar, pra gente poder trabalhar com os meninos?". Percebemos que o grupo se mobilizava em torno de uma tarefa objetiva externa, de nível consciente, racional e lógico, mas também emocional.

Nos dias que se seguiram, o recurso didático que usamos para dar suporte teórico teve o compromisso de ser realmente didático, dado o fato da grande resistência verbalizada pelas professoras para a leitura de qualquer tipo de texto. Para instrumentalizar as ações pedagógicas que viriam, produzimos um texto pequeno: "Livro didático e livros de literatura: uma escolha consciente e política", que foi distribuído para todas as professoras no dia 18 de abril. No dia 20 de abril, a vice-diretora nos apresentava os livros de literatura étnica. Ela havia comprado cinco exemplares de cada livro.

Usamos a estratégia de entregar para todas as professoras pequenos textos, cujo objetivo era instrumentalizar o grupo no enfrentamento dos problemas que íamos detectando em campo. E, importante na constituição desses textos, foi o fato de terem sido relativamente curtos e, sobretudo, trazerem a preocupação de problematizar e despertar a curiosidade para a leitura.

Retomamos, no dia 11.05.2001, o segundo encontro do grupo, que iniciamos com um "bate papo em dupla" sobre o cotidiano da alfabetizadora, pensando na sua relação com a criança que aprende a ler. Seguindo o bate-papo, apresentamos a leitura do texto do jornal *O Tempo*, "IBGE mostra a permanência da desigualdade racial: levantamento evidencia falta de uma política de combate ao racismo no país", de 11.04.2001. Duas questões escritas foram apresentadas para que as professoras pensassem e discutissem. A primeira: "*Como esses dados chegam dentro da escola?*". Foi difícil "escutar", naquele momento, o silêncio que se seguiu ao pedido dessa tarefa, silêncio que durou 56 segundos e que nós não interrompemos. A professora Maria foi a primeira a romper o silêncio, seguida das outras. O texto foi lido, discutimos os dados, o gráfico, a história da atitude da princesa Isabel, o preconceito e a discriminação como questões relativas à dificuldade de ascensão do negro na sociedade. Algumas professoras expressaram-se acerca da questão, e percebemos o conteúdo racista em algumas falas. Sentimos o incômodo nas pessoas do grupo e, principalmente, nos certificamos de como é difícil falar de preconceito e discriminação numa instituição como a escola, estando numa sociedade racista como a brasileira.

Afixamos no quadro a outra pergunta: "*Que dificuldades encontramos no dia-a-dia para lidar com uma educação mais inclusiva?*". Explicamos: com a educação dessa criança da escola?

A discussão tomou a direção da aprendizagem da leitura e de outras aprendizagens, correlacionando-as à autoestima da criança. A coordenadora Cláudia trouxe-nos o caso, acontecido com duas crianças de seis anos, quando uma menina branca se recusava a abraçar o coleguinha negro. Ao mesmo tempo que o desprezava, a menina dizia "vê lá se eu vou namorar com cê... SEU PRETO ((tom altivo))". A coordenadora Cláudia ressaltou a existência das diferentes belezas e afirmou não saber como agir diante das situações de discriminação. Lembrou que o preconceito é também em função da pobreza. Contudo, a professora Isabel retomou a discussão e avançou nesta questão, dizendo:

> agora tem que colocar o BRASILEIRO... tem que colocar a conscientização dos BRASILEIROS como miscigenados... TODOS NÓS temos a raça negra... indígena... e a branca DENTRO DA GENTE... nós todos, nós... não existe o branco... o pardo... o: negro (professora Isabel, grupo de 11.05.2001).

Outra participante tentou naturalizar os fatos, levando a discussão para o viés do lúdico infantil. Entretanto, a professora Cláudia foi contundente diante do grupo, dizendo que, nas relações interpessoais, existe o momento de discriminação, ao que a professora reage movida pelo seu emocional e demonstra não saber como lidar com o problema.

Interessa-nos o fato de a professora Cláudia, uma das coordenadoras do turno pesquisado, ter admitido seu despreparo para lidar com o racismo e a discriminação entre os alunos. Ela criou espaço para que as outras professoras se permitissem e admitissem o fato de não saberem como lidar com as questões da criança negra na escola. Nesse momento, o grupo produz uma reflexão em relação à tarefa objetiva proposta. E o importante é que isso foi verbalizado. Faltava-lhes o instrumental para atender à necessidade da criança negra, para quem, segundo Romão (2001), o despreparo pedagógico induz ao enfraquecimento da autoestima.

A professora Maria e a professora Paula iniciaram relatando a experiência de estarem intervindo em uma situação de discriminação na sala, onde uma aluna branca trouxera um sapato para ser doado para um dos colegas e tomou seu gesto como símbolo de seu poder sobre os outros colegas, na maioria negros. Com esse relato, outros emergiram no grupo.

A professora Elaine foi a segunda a socializar a sua experiência. Contou-nos que, junto com a pesquisadora, percebeu os seus alunos segregando, na sala de aula, a menina Veralice, por ter a tonalidade de pele mais escura e por ser gorda. A partir dessa constatação, passou a intervir junto aos seus alunos. Elaine fez um relato, emocionada, para as colegas de trabalho sobre a importância que teve na sua vida profissional essa aproximação e inclusão da aluna negra e revelou que, com ela:

> nessa história de dezoito anos de prefeitura... alguns abraços eu já ganhei deles... mais igual ao da Veralice... ((chorou)) ela me deu um abraço TÃO FORTE ((voz embargada pelo choro)) que senti uma energia... eu tava tão pra baixo... nesses dias... que ela me deu um abraço tão forte.... ela LEVANTOU o MEU ASTRAL... de tanto agradecimento... aquele abraço tava me da/ é: mandando de volta pra mim... TUDO ((mostrou os braços arrepiados)) desse trabalho de quatro meses que eu tô com ela ((chorou)) de amor... sabe? de agradecimento... "brigado por você ter me trazido pra sala de aula" (professora Elaine, grupo 11.05.2001).

As professoras Shélida e Linda relataram para o grupo os acontecidos com Warley, menino negro, na ocasião com quatro anos de idade, que se rejeitava, e trouxe essa autorrejeição para a sala de aula. Elas começaram a intervir, utilizando a dinâmica do espelho, contando a história do livro *A bonequinha preta* e, a partir daí, disseram que com a pesquisa estavam começando "a ver o que antes a gente não via", referindo-se ao fato de não terem percebido a discriminação devido à cor. Elas trouxeram seus incômodos e indagações de como dar continuidade ao trabalho com as crianças, uma vez que estavam lidando com percepções novas.

A professora Paula falou do seu ressentimento com outra colega, presente no grupo, que fizera uma avaliação negativa de seu trabalho. Falou ainda de quando, junto com outras professoras, localizou a discriminação que sofreram por ser "escola de favela" quando, em 1999, viveram com seus alunos um projeto sobre animais e, para enriquecimento desse projeto, participaram noutra escola particular de um *show* de um cantor da MPB, cujo tema versava sobre os animais. Na ocasião, no referido *show*, o artista cantou o tempo todo de frente para os alunos da escola particular e de costas para as crianças da escola (de sete anos de idade).

Isso provocou a fala de uma das alunas: "Nossa! Ele tá com raiva da gente?" Os incômodos começam a ser verbalizados a partir do instante em que são reconhecidos como discriminação e preconceito.

Ao socializar as experiências, essas professoras faziam circular um conhecimento produzido no grupo pesquisado, que passou a circular, gerando, assim, novos aprendizados. O grupo demonstrou que pelo vínculo do trabalho havia a realização da tarefa externa, delimitada pelos objetivos que os participantes começavam a assumir (AFONSO, 2002).

O terceiro encontro do grupo iniciou-se com uma surpresa: a apresentação da caixa de fotografias. Pedimos que as professoras comentassem sobre o que acharam da caixa, que na ocasião chamamos de caixa pedagógica. Trouxemos para o grupo a caixa de madeira, 0.90 x 0.90 cm, que foi encapada pela professora Paula, com papel *contact*, plastificando sem esconder, no seu exterior, as fotos das crianças, alunos e alunas das professoras que estavam no grupo. Elas comentaram a beleza da meninada na foto e a criatividade do material.

Dentro da caixa, colocamos as contribuições materiais que o grupo trazia: o bibliotecário havia nos doado uma boneca preta. Embora essa não tenha sido a única boneca que introduzimos em campo, sua chegada foi diferente das outras. Tratava-se de uma boneca da escola, que ganhou valor quando do início da pesquisa. Juntas colocamos artigos de revista e pequenas cartilhas étnicas, a coordenação contribuiu com duas fitas, copiadas a pedido da coordenação de turno pelo Centro de Educação Infantil da Regional. Nelas havia cantigas variadas, sobre diferentes temas e sobre o alfabeto. As professoras alfabetizadoras demonstraram interesse pelo conteúdo depositado dentro da caixa.

Nesse dia, apresentamos a pasta *Põe na rede o seu saber*, onde durante o ano colocaríamos todos os registros escritos das professoras: textos, histórias, desenhos, projetos etc.

A cooperação e a comunicação se interligaram favorecendo o aprendizado do grupo, que nos pediu alternativas de intervenção. Foi quando indicamos nomes de palestrantes e estudiosos da temática étnica, que tratavam da identidade e pudessem mais especificamente nos falar sobre nomes e apelidos, visto que registramos o costume de todas as alfabetizadoras iniciarem as primeiras letras amparadas pelo nome de seus alunos e alunas. Sugerimos outros nomes de pessoas que trouxessem alternativas e fundamentação à nova prática que surgia com o grupo: de uma contadora de histórias étnicas e outro palestrante da linguística para abordar tema do qual, enquanto alfabetizadoras, pudessem tirar proveito.

Naquele momento (junho de 2001), para o grupo, esse planejamento era necessário. Construímos juntas propostas de outras intervenções, com pessoas de fora da escola. Contudo, estas não aconteceram porque, em outubro de 2001, as participantes consideraram que não havia necessidade de tal vivência. O grupo não queria aquelas intervenções, alegaram cansaço pós-greve, falta de tempo etc.; quiseram continuar do modo que estávamos produzindo. Nesse momento, como comprova Afonso (2002, p. 22), o grupo que é democrático em suas tarefas "origina suas próprias ações e pensamentos, em um princípio de autonomia".

Quando a pesquisa, num movimento cooperativo, canalizou para dentro da escola o material cantado (fitas) para trabalhar a oralidade das crianças, ela apontava a ausência de tais trabalhos e criava outras possibilidades de um trabalho mais voltado para a musicalidade e para o aprimoramento da oralidade do alfabetizando, componente muito importante para crianças pertencentes às comunidades caracterizadamente negras. D'Adesky (2001) ressalta a importância que possui a oralidade nas comunidades em que predomina o oral em relação ao escrito, em que a palavra se sobrepõe à língua escrita, devido à elevada taxa de analfabetismo e, principalmente, por ser o lugar onde as estatísticas revelam um grau alarmante de evasão escolar. A evasão, como fenômeno educacional, atinge em maior proporção as crianças e adolescentes negros.

A pedido das professoras, no *quarto encontro do grupo*, demos continuidade a uma iniciativa da diretora do Departamento Regional de

Educação, que havia feito uma reunião prometendo que voltaria (o que não cumpriu) e propôs: "cada uma será a referência de uma turma... e fará um projetinho... no *final* faremos uma plenária para ver que projeto usaremos... os projetos poderão ser integrados... o projeto deverá ser um projeto de letramento".

O grupo se viu enquanto centro de seu processo grupal, sentindo a disposição conjunta e a capacidade de elaborar o próprio projeto de alfabetização, demonstrando sua autonomia, para execução de outra tarefa objetiva. Assim, demandou-nos a sistematização das suas experiências e de seus registros.

Iniciamos o grupo com a dinâmica da "bola". Em uma cartolina, desenhamos uma grande bola, com figuras planas de losangos. O grupo fez a "bola rolar" e as participantes escreveram nos losangos sobre *o que consideravam necessário para que existisse na escola um projeto de alfabetização.* Analisamos as contribuições registradas nos gomos da bola e, ao final, fizemos uma "tempestade cerebral", quando surgiram as questões: "alfabetizar é...", "o que podemos fazer quando do nosso primeiro contato com a criança?", "Que propostas podemos colocar para o início da alfabetização?", "nossos métodos de alfabetização" e "modos de trabalho: a materialidade, as alternativas". Esses tópicos foram dispostos no quadro verde, quando foram complementados com as sugestões e observações das participantes.

A professora Paula participou e anotou tudo que as colegas diziam e, ao final, por terem resolvido em grupo, passaram-nos a responsabilidade de organizar as ideias, digitar e devolver no próximo encontro, como continuidade.

No quinto encontro do grupo, iniciamos com a dinâmica das "foto-imagens" dos alunos e pedimos às duplas de professoras que dividiam entre si as mesmas salas que conversassem com os alunos sobre as fotografias de algumas das crianças durante a atividade na oficina com os coelhinhos animados.

Queríamos devolver o registro do Projeto de Alfabetização do grupo, pretendendo, como coordenação, ajudar o grupo a realizar sua tarefa externa, partindo de suas próprias experiências. Com o projeto escrito, devolvemos mais dados observados em campo, dessa vez, discutimos as experiências locais via imagens do próprio grupo.

O primeiro vídeo foi-nos oferecido pela coordenadora Sirlene: um trabalho de sucesso com oficinas de alfabetização em 1999. Uma dessas oficinas havia sido filmada, pois entenderam esse trabalho como algo dinâmico e novo na prática daquela escola. As oficinas funcionavam por níveis de aprendizagem, todos os dias da semana, durante uma hora e meia. Na oficina gravada, a coordenadora, na ocasião professora Sirlene, intervinha interativamente com o grupo de alunos. Enfim, as imagens expressavam marcas de uma comunicação positiva da interação professora/alunos negros. Assistimos à fita e concordamos com a sujeito-pesquisadora: *o material acrescentava ao grupo elementos para uma discussão sobre uma nova organização do tempo e espaço escolar.*

Esse vídeo motivou-nos a gravar outros dois e a filmar duas experiências bastante positivas: uma na sala da professora Maria, durante uma aula de produção coletiva de texto com seus alunos, e outra, da professora Helena, trabalhando o pequeno grupo "com dificuldades de alfabetização", os alunos da professora Diana.

A tarefa do grupo era acompanhar os vídeos, buscando responder à pergunta: *o que chama a atenção na postura das professoras, nos vídeos assistidos? Por quê?* Seguiu-se a discussão sobre o que assistiram e também o depoimento das alfabetizadoras filmadas. Assim, pretendíamos demonstrar, para o grupo, que o saber não é dado ao grupo pela coordenação. Nesse caso, foi um saber cuja produção, no dizer de Freire (1980), se deu no contexto no qual as pessoas interagem. No trabalho das professoras Sirlene e Maria, o grupo destacou o vínculo das docentes com os alunos, a postura "dialógica" da professora Maria, proporcionando liberdade, abertura e espontaneidade das crianças, a proximidade que Paulo Freire denominou de "horizontalidade" na relação professora/aluno(a).

Vale dizer que percebemos o trabalho do coletivo das salas, apresentado no vídeo, como investimento na linguagem oral, tanto das docentes como dos alunos: um trabalho que Franchi (1991) chama de trabalho conjunto, de cooperação e socialização, em que o aprendizado da escrita é significativo porque é contextualizado discursivamente.

Descreveremos, brevemente, um pequeno trecho do discurso da professora Helena no vídeo apresentado. A professora Helena trabalhava, no pequeno grupo, com um bingo de sílabas e pedia: "agora eu quero que forme o nome de um bichinho ROEDOR... ele ADORA roer queijo". A professora fez o som: "R com A forma o quê?" As crianças gritaram: "RATO", e montavam a palavra que a professora desmontava "Ah: então vão voltar". Enquanto juntas as crianças montavam a palavra, a professora dava ênfase: "cês tão muito ESPERTO... cês tão ESPERTO demais da conta... não tô dando conta de vocês não... cês tão mui:to ESPERTO... MUITO CHIQUE MESMO... agora eu quero que vocês tirem aqui uma letrinha... ou coloquem uma letra... VOCÊS é quem SABEM... nós vamos formar PATO... rapidinho." As crianças encostavam na professora, riam, brincando com o bingo, cumprindo a tarefa, e a professora pedia: "agora vão formar GATO e depois RATO... qual letra cês vão tirar? Léia fica ESPERTA". A menina coloca a letra e a professora continua: "agora a gente tá saindo dos bichinhos... ((mexeu com as sílabas na mesa)) agora esses bichinhos estão TODOS andando no MATO... eu quero... mais EU NÃO SEI... CÊS é que vão colocar... eu quero que forme a palavrinha MATO." O M e A já estavam juntos na mesa, Rariane gritou: "o T e o A" e formou a palavra, com o corpo debruçado na mesa. A professora: "Ah: PARABÉNS" ((esticou a palma da mão no ar, para a Rariane tocar. A menina e a professora, com as mãos no ar, buscaram espalmá-las ritmicamente. Riram)) fica ESPERTA..." Rariane leu: "MATO". A professora Helena se alegrou: "CHIQUE DEMAIS DA CONTA... agora eu vou formar e vocês VÃO LER". A professora Helena forma RATO, PATO e GATO.

A cada acerto, a cada erro, o reconhecimento, o investimento, mais toques ritmados com as mãos e a espera do melhor que a criança pode dar de si. Os ombros das crianças, que riam, encostando uma nas outras, debruçavam-se sobre a mesa e se esbarravam. A professora sustentou o jogo com seu corpo bem próxima das crianças, que abriam os braços gesticulando, falando muito alto, procurando sempre o reconhecimento da alfabetizadora.

No final do trecho de vídeo, a Rariane aparecia sorridente, ela pediu-nos para mandar um recado para a professora Diana que não estava presente. Esse recado chamou muito a atenção das professoras, que pediram que repetisse o trecho em que a Rariane dizia: "Diana eu te amo". O grupo riu, a professora Diana chorou. Trouxemos esse "detalhe" porque, naquele momento, uma menina negra, há mais de três anos na escola, de nariz sempre escorrendo, de roupa sempre sem lavar, de cheiro forte, ganhava visibilidade para *todo* o grupo. Os comentários soltos no grupo enquanto viam o vídeo iam do estranhamento ao "reconhecimento": "olha o nariz da Rariane... desce e sobe catarro" e "ela é muito positiva... eu lembro... que pra ela chegar perto da gente era o caos".

Passamos a analisar a interação com o aluno e aluna negros, diante do trabalho da professora Helena: "vocês tão ficando *esperto!*", "cês tão ficando esperto demais da conta", "eu não tô dando conta docês... *parabéns!* ((tocou a mão de todos))" "tá vendo só? Como é que pode? ((tocando o braço do Leone))", "agora a Rariane vai montar ((referiu-se ao bingo))". Depois que os meninos montaram as palavras que a professora Helena pediu, em tom de afeto, ela acreditou: "*o:lha meninos...* olha só que chiqueza... olha que esperteza... *tá todo mundo chique aqui...* vamos bater palma? ((batendo palma))." Depois que montaram e leram: "*o:lha* só que coisa *ma:is bonita*!".

No momento da leitura e escrita das palavras, a professora Helena, dava a "injeção de ânimo", transmitindo uma confiança que antes *era negada* à criança negra e "catarrenta".

O que acontece na prática estigmatizante? Primeiro, a professora não acredita. Não acredita porque é negro, porque é pobre. Depois a professora *rejeita* porque acha feio, é negro, o cabelo não agrada, "o catarro está descendo e o cheiro é forte". E o fato é que a professora, quando estigmatiza, não tem uma proximidade nem de linguagem nem corporal, enquanto interage com a criança negra. Prevalece o afastamento, que é justificado em função do "*cheiro de xixi*", do "*cheiro forte*" e até do fato de a criança "andar mal vestida" etc.

A concepção da professora Helena ao alfabetizar, no pequeno grupo, os alunos, no nível inicial de leitura e escrita, era contrária à ideia do reforço escolar. Ela e seus alunos, por meio dos gestos corporais que estabeleciam entre si, possibilitavam uma relação com o conhecimento das letras e leitura, por uma via não mecanicista. Nesses pequenos grupos, com a professora Helena, prevalecia a proximidade, a aceitação, o prazer de falar, poder "errar", a linguagem lúdica, a sonoridade e, sobretudo, o prazer de brincar com o corpo e com as palavras, garantindo a fala da criança. O prazer do corpo das crianças podia ser percebido no vídeo pelo acolhimento que lhes era dado pela professora e estava expresso nos gestos amplos e desmedidos e na expressão da alegria enquanto falavam e executavam as atividades.

Relatamos para o grupo e lamentamos o fato de não termos filmado, no pequeno grupo, o quanto o catarro de meninas e meninos como Rariane incomoda a professora. Ao mesmo tempo, ressaltamos a importância de não interromper, se o momento é a "chave", é momento do *insight* com as palavras. Interromper nesse momento de *insight* é dar um "corte" na criança, porque o catarro que escorre, constantemente, de alguma forma, é parte dela. O que não devemos aqui, confundir, é que, em um outro momento, precisamos até intervir, de forma efetiva para mudar hábitos de higiene e outros, mas sem provocar inibições na criança e, sim, levando-a a entender que cuidar de si é bom... porque ela é boa.

Contamos para o grupo sobre um dos momentos em que fomos infelizes em nossa intervenção com as crianças: estávamos assentados na cantina, merendando ao lado da Rariane. Ela comia "deliciosamente" o seu arroz com beterraba ralada, o prato estava cheio. A cantineira gritou para a menina ao meu lado: "Fala com ela, que ela tem que limpar o nariz". Não queríamos negar o modelo adulto que interferia e queríamos mudar a situação sem ferir os lados que se opunham. Como não tinha papel higiênico por ali (só o encontraríamos após subir trinta degraus de escada) agachamos perto da menina e pedimos: *Rariane, vai lá fora, lava o nariz, eu fico com o seu prato, na mão, pra ele não esfriar, cê volta correndo pra terminar de comer*. Ela foi, mas não voltou. Juntas discutimos sobre a existência de significados que perpassam a linguagem da professora, no trato dessa criança negra, representada como "catarrenta, suja e piolhenta", o que bloqueia a interação e o aprendizado.

Essa oficina foi muito importante porque, juntas, pesquisadora e professoras, pudemos discutir as hipóteses da nossa pesquisa: os efeitos da comunicação alfabetizadora/alfabetizando(a), os significados positivos que podem estar presentes na linguagem da alfabetizadora ao interagir face a face com a criança negra.

Discutimos com o grupo partes do projeto de alfabetização, referindo-nos à interação da professora alfabetizadora como fundamental para que a alfabetização aconteça. A professora representa, para o aprendiz da língua, o adulto que tem a posse da linguagem padrão, a linguagem culta que é aceita pela sociedade. É necessária a interatividade contínua entre o adulto que domina a linguagem culta e a criança que aprende, possibilitando à criança enfrentar os conflitos e desenvolver a sua linguagem assim como a sua própria escrita. Se essa interação e proximidade não existirem, em momentos "maiores" (sala de aula) e "menores" (pequenos grupos), o processo emperra. Socialmente, quais possibilidades as crianças pobres, moradoras de favela e negras encontram de interagir com o adulto que domina o modelo padrão da linguagem?

Discutimos a alfabetização sob o ponto de vista da estrutura social e falamos sobre o pequeno grupo: Leone, Helbert, Rariane, todos negros, e de Léia, menina branca. A proporção era de três crianças negras para uma branca, com "dificuldades de leitura". Ainda é a criança negra que vive o processo de alfabetização mais lento. O grupo reacendeu a problemática de saber como lidar com essa criança negra, com esse corpo que, enquanto aprende, traz significados que precisamos decifrar. Surgiu a demanda: como entender o corpo? "antes de entender o corpo dos nossos alunos, precisamos entender o nosso corpo."

A rede de relações institucionais do grupo pesquisado estabelecia limites e possibilidades. Em março de 2001, as professoras rejeitaram trabalhar num projeto pedagógico sobre o corpo. Em dezembro de 2001, essa necessidade se concretizava como demanda do grupo. Então lhes oferecemos um momento de reflexão sobre o corpo e sobre a sexualidade, na oficina do sexto encontro do grupo. Nesse encontro, o tema foi a sexualidade. Utilizamos a dinâmica "modelagem com argila: dando forma à figura humana". Dividimos o grupo em dois grupos menores, em que cada uma recebeu uma quantidade de argila, com a qual esculpiram: um subgrupo, um corpo de mulher; e o outro, um corpo de homem. Pedimos a elas que, enquanto modelassem, fossem associando uma palavra a cada uma das partes do corpo. Foi um momento de muito riso, muito barulho, falas etc., e foi, sobretudo, um momento em que percebemos como as professoras têm dificuldades de lidar com o próprio corpo.

Do grupo que esculpia o corpo de mulher: "esse negócio de fazer mulher não tá com NADA não... de mulher eu já tô CANSADA", "aqui o MAMAZÃO!", "eu sou decente, vou colocar uma saia na mulher", "esculpir a vagina... é esculpir o que tá por dentro, é MUITO DIFÍCIL". Do grupo que esculpia o corpo de homem: "o meu tá fazendo xixi", "tá segurando", "olha as bolinhas DELE".

O trabalho com argila, ao mesmo tempo que é pedagógico, é terapêutico (RENA, 2001). A argila foi modelando-lhes a palavra e suscitou a discussão sobre as vantagens e desvantagens de ser homem e de ser mulher. Verbalizaram-se os sentimentos: "modelar o corpo de mulher é complicado DEMAIS", "eu tenho dificuldade de modelar pessoas". A professora Willita se defendia: "na hora que eu fiz pra mostrar que era uma mulher... como que é uma mulher? Mostrar que eu mentalizei igual a modelagem dela... que era um homem... colocou UM lá."

Aquelas que esculpiram desinibidamente o corpo de homem, foram censuradas pela professora Paixão: "essas que colocaram eles BEM PRA CIMA... tá igual nossos meninos aí".

Falamos sobre comportamentos aprendidos socialmente, como determinantes da relação entre a forma como lidamos com o próprio corpo e a forma como lidamos com o corpo dos meninos e meninas. A experiência concreta que a professora traz para a escola é que determina uma "naturalização" de estereótipos. Daí os meninos serem vistos como "violentos" e as meninas serem consideradas "dóceis". Surgiram questões: por que as mulheres estão sempre marcando o lugar da docilidade, se a realidade econômica e social cobra delas um outro posicionamento? A discriminação social da mulher não estaria sendo reproduzida pela escola? Ou seja, que espaço a escola tem proporcionado para a menina viver a sua identidade de gênero?

O grupo passou a falar da presença das meninas nas aulas de artes e esporte, de como ocorre o processo de seu distanciamento. Em meio às questões, dúvidas e queixas, surgiram caminhos que direcionaram a discussão. Uma das participantes foi descrevendo as alternativas que encontrou para oferecer a seus alunos e alunas a realização das trocas dos papéis sociais entre meninas e meninos. Disse ao grupo que entendia que a escola possuía condições de oferecer mais liberdade a meninos e meninas, sem reduzi-los a uma determinação biológica. Citou formas positivas de como a escola pode ajudar a construir uma condição melhor para meninos e meninas desenvolverem as suas identidades, tendo maior liberdade e não sendo presos a estereótipos dependentes da biologia.

A partir daí, foi enfocada a socialização de meninas e meninos nos projetos pedagógicos: meninos brincando de bonecas, meninos penteando o cabelo das meninas, como formas de socialização que rompem com os estereótipos de gênero. O espaço da quadra de esportes, enquanto um espaço "tomado pelos meninos", passou a ser discutido e, para tal, as professoras Paula e Elaine, indignadas, relataram as formas alternativas que encontraram para a utilização da quadra: jogos mistos, divisão igualitária do tempo, regras, costumes que podem ser desconstruídos dando lugar a novos e, o mais importante, a construção desses hábitos quando as crianças são pequenas.

Surgiram na discussão dois aspectos interessantes: 1º) em lugares onde a mulher é maioria, ela detém o controle da situação (aqui, foi citado o fato de a profissional mulher ser maioria nos ciclos iniciais de formação); 2º) a questão do menino como maioria nas turmas-projeto. Trouxemos a segunda questão para a discussão. Entretanto, o grupo ainda considerou as meninas como "mais assíduas", os meninos "menos assíduos" e "culturalmente mais investidos na educação de rua, ao espaço livre" (professora Maria). Foi relacionado, pelo grupo, o rendimento da menina à presença das mulheres, hoje maioria, nos cursos universitários, sobretudo naqueles em que outrora predominavam homens.

Deixamos uma tarefa para o próximo encontro: refletir sobre como as professoras podem oferecer um tratamento igualitário a meninos e meninas. Socializamos, para leitura extra-grupo, o nosso texto: *Gênero e raça/etnia: uma articulação possível?*

Encerramos esse grupo com a professora Elaine lendo a produção coletiva dos seus alunos e alunas do terceiro ano do primeiro ciclo. Paródia de *Terezinha de Jesus*, criada pelas crianças:

> JOÃOZINHO DE MARIA
> DE UM TROPEÇO FOI AO CHÃO,
> SOCORRERAM-LHE TRÊS DAMINHAS,
> TODAS TRÊS SAIA NA MÃO.
> A PRIMEIRA FOI SUA MÃE,
> A SEGUNDA, SUA IRMÃ,
> A TERCEIRA FOI AQUELA...
> QUE ROUBOU SEU CORAÇÃO! (DC: 07.11.2001)

A oficina do sétimo encontro do grupo envolveu as professoras com a dinâmica do "dar e receber". Estaríamos nos afastando de campo nas semanas seguintes. Falamos sobre o que pretendíamos "dar" para aquele grupo, no ano que se iniciava, e expressamos o que gostaríamos de receber. Iniciamos falando sobre o que recebemos do grupo, das possibilidades, dos encontros, de toda a construção e parceria que o grupo nos proporcionou e agradecemos às participantes pelo envolvimento, pela produção e socialização dos conhecimentos. Como gesto de "dar", dissemos que respeitaríamos e trataríamos com ética cada uma delas, ao escrever o texto da pesquisa. Algumas professoras falaram demoradamente. Outras, envolvidas pelo choro, falaram pouco. E outras que choraram muito preferiram não falar. Foi um momento de muita emoção. Iniciamos, nesse encontro, a fase de devolução de materiais.

Seguimos com a entrega do texto que elaboramos na pretensão de analisar a sexta oficina: *Gênero, sexualidade e educação: na nossa prática docente é possível relacionar essas questões?* Dizemos "pretensão" porque as nossas análises foram breves, e a oficina do sexto encontro ofereceu-nos muitos outros aspectos para serem analisados. O texto apresentava quadros e, para sua compreensão, recorremos à audição da gravação da sexta oficina. O texto foi discutido em grupo, e rememoramos o sexto encontro.

Reiteramos nossos agradecimentos e o nosso papel de contribuir com material didático a ser elaborado e devolvido em datas que passamos a definir. Combinamos com o grupo que faríamos dois momentos de devolução dos materiais construídos em campo. A primeira parte da devolução, em abril de 2002, seria uma pasta descrevendo as oficinas com as crianças, as quatro histórias infantis étnicas ilustradas e encadernadas. A segunda, em agosto de 2002, seria a pasta *Põe na rede o seu saber*, com os textos elaborados a partir da prática pedagógica do grupo e os projetos pedagógicos das professoras. E, ainda, estaríamos, a partir dali, articulando com a oficina de vídeo da Fundação Cultural Tambolelê (que atende crianças e adolescentes carentes) a produção de um vídeo, de sete minutos, com as imagens filmadas em campo.

Colocamo-nos à disposição para atendê-las em 2002, o que fizemos quando, junto com a coordenação e direção, elaboramos o projeto da educação infantil da escola Municipal Serra Verde e nos encontramos mais três vezes para um bate-papo informal, o que fizemos nas duas escolas, na escola pesquisada e na escola reformada.

Construção e troca de experiência no grupo

Pichon-Rivière (1986) coloca que o papel da coordenação é fazer com que a comunicação grupal flua, garantindo as trocas simbólicas e afetivas e, consequentemente, a aprendizagem. Nesse sentido, garantimos ao grupo uma abertura para falar de si, sempre nos dispondo a ouvir. A escuta informal dos problemas que viviam, insegurança, objetivos, etc., servia de catalizadora das intenções de trabalho.

Para a nossa segunda oficina, mapeamos as experiências significativas de oito professoras, que pedimos que relatassem, e as orientamos para fazerem um esquema da sua fala para o grupo. Mesmo o contato tendo sido feito com as oito professoras, todas presentes, apenas quatro tiveram condições de falar. A resistência em participar foi justificada pelo medo que tinham das críticas nos momentos extragrupo.

A socialização das experiências e a circulação do conhecimento no grupo permitiram uma sensibilização para a questão trabalhada. Quatro professoras mostraram-se resistentes até o final e, após terem constatado o envolvimento da maioria, duas se revelaram contrárias ao trabalho da pesquisa e nos acusaram de "racistas".

No processo de envolvimento grupal, ouvir a colega de trabalho em suas dúvidas, anseios e descobertas fortalecia cada uma, como pessoa e como professora. Esse movimento de mudança pessoal e profissional foi percebido pelas pessoas da escola que não eram participantes do grupo. Uma das auxiliares de serviço, que exercia as suas funções dentro da biblioteca, a Simone, negra, moradora do aglomerado, vizinha da escola, procurou a professora Tereza para obter conselhos sobre o que fazer com sua filha de oito anos que a rejeitava e também ao irmão. A nossa sujeito-pesquisadora aconselhou-a a levar o livro *Menina bonita do laço de fita* para que a filha lesse e orientou-a para que nos procurasse. Alguns dias depois, a Simone nos chamou:

> Denise tô precisando te mostrar uma coisa... te contar... perguntar outra. Eu tenho uma boneca preta lá em casa... dei pra minha filha, sabe? Ela não quis a boneca, ela jogou a boneca pro cachorro, o cachorro comeu a mãozinha, o pezinho e arrancou a cabeça da boneca. Eu achei *desaforo*, a boneca custou caro, eu tomei a boneca do cachorro. Eu tô vendo você, as professoras trazendo bonecas preta de pano pros alunos...eu queria vê se a boneca tem jeito de arrumar... se tiver eu vou doar pra escola. Ela tá me deixando preocupada: me chama de preta, chama o irmão mais velho de bonequinho preto. Quando eu perguntei pra ela por quê que ela jogou a boneca pro cachorro, ela disse que é porque ela não gosta de preto. Eu falei com ela que ela é racista. E, aí eu chamo ela de preta também. Ela falou que eu sou racista também. Eu falei que chamo ela de preta, porque ela é minha filha e eu sou preta. Ela falou que *não é preta* porque ela é mais clara que eu. Ela tem 8 anos e estuda na escola lá de baixo. Eu queria tanto que você conversasse com ela. Eu contei pra Tereza. Ela falou pra eu levar o livro pra ela lê... eu levei o livro do coelho. Ela agora só fica lendo. Toda hora ela lê (Simone, DC: 19.10.2001).

Passamos a convidar a garota, que não era da escola, mas estava sempre por ali, para assistir a nossas oficinas com os alunos. No início, ela resistiu ao nosso contato, depois se aproximou e, juntas, pudemos discutir os bons trechos dos livros de literatura étnica que ia lendo.

Trouxemos esse fato, porque a entrada no campo pesquisado, dessa única boneca preta que não era de pano, modifica o comportamento das crianças da turma da professora Willita e de uma das nossas professoras pesquisadas. A doadora da boneca, a Simone, considerava a turma da professora Willita mais necessitada, na qual havia mais discriminação entre alunos e alunas. A Simone era a pessoa que ficava com o Fábio, quando a Poliana estava presente. Ela nos fez a proposta para, juntas, ajudarmos o Fábio uma vez por semana, ação tardia e ineficaz, iniciada e terminada em novembro. Por ter sido ex-aluna da escola, sentia na pele o preconceito que endereçavam ao menino Fábio. Para Simone, a rejeição dos colegas à pessoa do Fábio se devia à postura de suas professoras. A boneca marca também uma mudança de postura da professora Paixão. Paixão passou o primeiro semestre nos evitando. Resistia em falar conosco. Tivemos muita dificuldade em levar adiante a nossa breve permanência na sua turma-projeto, no segundo ciclo, em junho de 2001, devido à impossibilidade que ela mesma criava. Pelo fato de estarmos à frente da pesquisa, envolvidas na prática, ela queria que resolvêssemos tudo sozinhas, sem necessidade de um trabalho de reflexão. Em meados de outubro, a professora Paixão veio nos contar um caso: "Minha sobrinha é negra. Assim... morena mais escura do que ocê um tiquinho... da minha cor assim... arrumou um namorado branco (...) tava no maior agarramento com o rapaz, só porque ele é branco. Queria chamar atenção das pessoas" (DC: 19.10.2001).

Queria ela chamar a nossa atenção, nos dizer algo? Passado pouco mais de um mês, quando chegávamos na escola, a professora Paixão foi nos receber. Há duas semanas que tentávamos entrevistá-la sem sucesso. Entregou-nos uma piadinha, dizendo que uma das professoras havia tirado na internet. Era uma piadinha racista. Suportamos aquela atitude, porém demonstramos indignação, mostrando que os meios de comunicação de massa são reprodutores da discriminação racial.

Com o grupo de professoras, em novembro de 2001, a professora Paixão, por meio da personificação da boneca preta que Simone nos doara, revelava um pouco mais da sua postura: "Essa semana eu fui buscar três vezes a boneca preta na sala da Willita. A Simone tinha que ter levado a boneca é pra minha sala, ela é *minha* neta. Eu que sou *vó* dela" (DC: 23.11.2001). De forma indireta, Paixão falava ao seu grupo que era avó de uma boneca preta. Portanto, estava reconhecendo a sua cor diante de suas iguais, socializando o conceito de sua autoimagem diante de seu grupo profissional.

Insistimos para entrevistá-la porque, em 1999, quando trabalhamos na escola, com formação docente, pela Secretaria de Educação/CAPE, Paixão cochilava durante os encontros e, agora, enquanto participante da pesquisa, ela mantinha-se alerta em todos os encontros e já fazíamos oficinas em sua sala. De outra vez que pedimos para entrevistá-la, respondeu: "Eu não quero que você filme a entrevista. Eu falo depressa demais. Eu preciso te contar o que estou fazendo para ajudar esses meninos" (DC: 04.12.2001).

No dia seguinte, o professor Saulo, do terceiro turno, foi mostrar-lhe a redação do projeto *Florir a escola*. Ela recusou-se a ler. "Não Saulo tem dó. Eu vou ter que ler esse tanto de coisa?" Estávamos por perto e mediamos a situação: "Saulo, ao invés de ela parar pra ler, conta pra ela... A Paixão vai entender tudo. Ela é a mulher da palavra, da oralidade. Ela gosta de falar. É mais rápido também." Mais tarde, a professora Paixão nos procurou, pegou-nos pelo braço sorrindo e conversamos:

> *Professora Paixão*: "Aquela hora cê adivinhou. Eu prefiro falar sobre as coisas do que ficar lendo."
>
> *Pesquisadora*: "Tá certo! Somos um povo da palavra falada. Muitas pessoas discriminam o povo que fala, o povo da oralidade, porque lidam com as letras. Falar é muito importante... o nosso povo é o povo da língua falada, do oral. Por isso nós gostamos de falar, cantar e nem por isso somos analfabetos, podemos grandes feitos. Isso porque não existe o analfabeto oral" (DC: 05.12.2001).

Depois disso, ela concedeu-nos a entrevista. Naquele momento, conseguimos romper com a reserva dessa sujeito-pesquisadora em relação a nossa pessoa. Após a primeira entrevista, estava estabelecido o nosso vínculo de pesquisadora participante com a professora Paixão. Ela precisou passar por um processo de autoaceitação, de reconhecimento diante do grupo, para aceitar a pesquisa e envolver-se efetivamente. E a pesquisadora precisou reinventar seus modos de agir, o que lhe exigiu paciência e persistência. Ao mesmo tempo que respeitava os sentimentos como o medo, a angústia e a aceitação vividos por essa professora, a pesquisadora buscou encorajá-la a mudar.

Quanto à sua busca por terapia, a entrevistada nos leva a crer que foi motivada pela esperança de que a Secretaria de Educação, nas figuras do CAPE (Centro de Aperfeiçoamento dos Profissionais da Educação) e do Departamento de Educação Regional, pudesse ajudá-la em sua formação. Como isso não se efetivou, e vivendo um processo de pesquisa, com a mesma preocupação, ela sentiu-se mobilizada, o que pesou na sua decisão pela busca de ajuda terapêutica. Ela começa criticando o abandono de um dos formadores do Departamento de Educação Regional:

> mas ele como artista profissional... podia ter levado isso a frente com minha turma... por que ele nem pegou minha turma? (...) NEM VOLTOU... se veio DUAS vezes é muito... quer dizer... eu não sei não... acho que o CAPE eles pegam aqueles ARTISTAS... aqueles PROFISSIONAIS... só pra ficar ali dentro... porque eu acho que eles não mostram serviço cá fora não... NÓ... quando a Regional falou que vinha... nó: "tô feita... nós vamos aprender mesmo... o que trabalhar com esses meninos"... agora eu cheguei a conclusão e tô sentindo assim... MUITO EU MESMO... MUITO VITORIOSA... igual minha terapeuta falou mesmo: "VOCÊ HOJE... É UMA SENHORA PROFISSIONAL"... tô falando com ela... falei seu nome... Denise... o tempo todo com ela... como cê tá vindo... como que ocê ajuda... como que cê vê realmente... CÊ VIU como é que eles estavam (...) eu tô realmente consultando pra mim não... consultando pra turma... quando alguma coisa mexe com cê... cê expõe aquilo... cê vai ao médico... tudo que cê tá fazendo... cê tá envolvida e cita o nome deles (professora Paixão, 2ª entrevista).

Para Jurandir Freire Costa (1984), o negro, ao pensar em sua identidade negra, sente dor e sofre, o que se manifesta na negação e na resistência. A rejeição à nossa pessoa, traduzida na recusa inicial em falar de si, nos comprovava que, para a professora Paixão, pensar em si mesma causava sofrimento. Por isso, o seu processo de pesquisa passou primeiro pela negação e resistência e, por fim, pela aceitação de si.

E, na opinião de Gomes (2002), aqueles que se interessam pela identidade negra precisam compreender o movimento dinâmico da "rejeição/aceitação" de ser negro. Encontramos dois casos da identidade negra em processo de elaboração, com a professora Paula e a professora Paixão, que exigiram nossa paciência e cuidadoso acompanhamento, mesmo no momento em que nossa presença não era aceita.

TRABALHANDO A CULTURA LOCAL NAQUILO QUE ELA TEM DE "NÃO ESTIGMA"

Queremos, nesse momento, apontar a grande contribuição do grupo para a pesquisa. Neste texto, chamamos as professoras de sujeito-pesquisadoras, porque lhes atribuímos boa parte do conhecimento que produzimos enquanto pesquisa-ação. Já existia algo na prática desse grupo que se relacionava a uma prática ou à possibilidade de uma prática não estigmatizante, que foi anunciado e legitimado no processo da pesquisa. Estávamos lidando com um grupo cuja permanência na escola era longa (no mínimo sete anos) e com muitos anos de experiência em alfabetização. Portanto, esse grupo tinha algo a nos dizer.

Entendemos que muito aprendemos com cada uma dessas profissionais que, a seu modo, colaborou com experiências que se adequaram à Escola Serra Verde. Essas experiências possuíam algo que já vinha dando certo, visto a longa permanência delas na escola. Esse dado leva-nos a sugerir que havia, na história do grupo pesquisado, algo como solidariedade e sensibilidade se entrelaçando e dando sustentação à tão grande permanência dessas profissionais na escola. Embora houvesse, no início, a discriminação na relação do grupo com os alunos, havia também certo grau de comprometimento com o aluno da camada desfavorecida.

Para Cury, a prática escolar possui um movimento contraditório que precisamos saber interpretar. Negar tal contradição seria o mesmo que retirar da realidade escolar o movimento que lhe é próprio e que se caracteriza "num processo de vir a ser" (CURY *apud* LUDKE; MEDIANO, 1994). O grupo pesquisado demonstrava o movimento da prática escolar, que é contraditório:

> porque aqui normalmente o professor que DISCRIMINA ele: não fica aqui... que tem gente que tem alergia a favela... então professor que não suporta não dá conta de ficar aqui... porque aqui tem os que gostam... sabe como é complicado ((risos)) então eu acho assim... entre a o: aqui na escola entre as pessoas que eu acho que... elas PODEM ter algum... NÃO É uma coisa CONSCIENTE... entendeu? é uma coisa INCONSCIENTE... elas não tem consciência do que estão fazendo não... cê entendeu? ((pausa)) mas assim... eu VÊ? vejo ma/ tem professor que entra e esculacha... FALA MESMO... mais gritante assim... GRITANTE eu não vejo... vou te tratar pior... eu acho assim... tem um DESCASO...tem muita gente que gosta de trabalhar em favela porque acha que em favela você pode fazer qualquer coisa... de qualquer jeito... de qualquer maneira... porque a pessoa é pobre não vai ter que entrar no Método pra fazer vestibular... então cê pode fazer qualquer coisa... eu acho que não porque justamente escola de favela... ela é uma escola que devia dar MUITO MAIS coisa pro menino que às vezes só vai frequentar aqui... nunca mais vai ter escola nenhuma... entendeu? então eu acho que a IMPORTÂNCIA duma escola prum menino de FAVELA... ela é muito mais importante que pra um menino de outra classe (...) (professora Shélida, 1ª entrevista).

Nesse depoimento da sua primeira entrevista, a professora Shélida demonstra que começa a perceber a discriminação na prática da escola. Ao mesmo tempo, vai percebendo que não basta o discurso de uma prática docente em prol da qualidade de ensino ministrado nas *escolas de favela*. Para ela, aquelas que permanecem na escola entendem que devem "dar muito mais coisas pro menino de favela". Talvez esse ponto seja comum a esse grupo que se une permanecendo muitos anos numa *escola de favela*, com a mesma união que enfrentam os anos desafiantes do trabalho na favela. Após a pesquisa, no grupo de quatorze, onze professoras levantam a bandeira de que é preciso mudar e, no momento em que retornam à escola reformada, vão, juntas, continuar de forma já transformada uma luta ampliada que assegura às crianças pobres e, sobretudo, negras um ensino de qualidade. Por isso, insistimos: estava presente no grupo a solidariedade, a união e a sensibilidade. Algumas dessas experiências diziam-nos sobre um fazer em alfabetização dos alunos das camadas populares, experiências que se vinculavam às suas características pessoais.

A professora Helena, trinta anos alfabetizando, foi eleita no primeiro turno para trabalhar alfabetizando os alunos do terceiro ciclo, da sala-projeto, porque seu trabalho tem um princípio, princípio que ela denomina de crença e que nós denominamos como uma expectativa positiva, imprescindível para trabalhar com os alunos no nível operativo inicial de leitura e escrita, e com os alunos com "dificuldade de aprendizagem". Foi a única professora que declarou ter tido envolvimento com movimento social. Havia trabalhado muitos anos com movimento jovem na Igreja. Era, do grupo, a pessoa cuja visão da escola alcançava âmbitos maiores.

A crença pessoal dessa professora está na forma de alfabetizar as crianças e adolescentes de camadas pobres da população. Mediante seu projeto pessoal, ia tirando as professoras da inércia. Após a segunda série de reuniões que pretendiam ser conselhos de classe, ela começou a investir nos pequenos grupos, usando de forma crítica o horário de projeto. Aos poucos, a coordenação de turno passou a fazer o mesmo com outro pequeno grupo. Essa foi, portanto, a organização que aquele grupo encontrou quando resolveu "sair da queixa". Contudo, para as professoras, o trabalho com o pequeno grupo dentro do horário de aula precisava ser repensado.

No nosso entendimento, o trabalho com pequenos grupos, da forma como as professoras sujeito-pesquisadoras caminhavam para construí-lo, ganhava um novo significado. A postura que adotaram com as crianças no ato de agrupá-las e a maneira, ressignificada, com que passaram a fazê-lo, dizia-nos que as ações, mesmo que repetidas, podem ganhar novos sentidos, podem ser ressignificadas, dependendo do contexto.

Tereza, professora negra, com vinte e três anos de trabalho na Escola Serra Verde, já trazia consigo um velho desejo: trabalhar projetos em favor da autoestima das crianças negras. Durante as entrevistas, e em nossas muitas conversas informais, ela admitiu sua dificuldade de intervir utilizando projetos de trabalho. Com sua postura de professora negra, fez intervenções orais pertinentes no grupo.

A professora Tereza via a importância da construção da autoestima dos alunos negros. Faltava-lhe suporte pedagógico e parceria. Contudo, na sua figura de professora negra, víamos um desejo prevalecendo e a procura de caminhos para concretizá-lo na Escola Serra Verde.

De acordo com Santana (2001, p. 49), apesar dos problemas que enfrenta para desenvolver o trabalho com a questão racial, o professor negro torna-se, na escola da Rede Municipal de Belo Horizonte, "a peça-chave para a realização dos projetos." No ano seguinte ao da pesquisa, Tereza tornou-se coordenadora de turno e, mais tarde, pleiteou a direção da escola. Durante esses feitos, recorreu às nossas orientações, no que recebeu apoio por várias vezes.

Outra prática "não estigmatizante" presente entre as professoras referia-se à mudança de uma diretriz da organização do trabalho na Escola Plural. Nesta, para atendimento às turmas, formam-se trios, duplas ou outro modo de organização baseado na figura de uma professora referência,[13] que se torna responsável pelos registros da turma, sendo as outras professoras denominadas de "apoio". Surgem, ali, conflitos em

---

[13] "No entanto, propomos que se estabeleça a figura do professor acompanhante de cada turma, que será aquele que com ela fará maiores vínculos (analisando mais de perto seus problemas, críticas, sugestões, realizando atendimentos individuais, relacionando-se com seus pais, coordenando atividades específicas, etc.)" (*Cadernos da Escola Plural*: Proposta Político Pedagógica: assumindo a Escola Emergente, 1994).

torno da relação de poder. Encontramos uma prática diferente na Escola Municipal Serra Verde, onde as professoras Maria e Paula, do primeiro ciclo, e Linda e Shélida, da educação infantil, tinham uma proposta diferente de ser, uma, referência, e outra, apoio. Essas quatro professoras, em dupla, no seu espaço físico, ocupavam por longos períodos um horário comum na sala de aula. O trabalho de dupla lhes dava chances de uma percepção mais ampla da criança, que passava a ser analisada, no mesmo instante, por mais de um referencial de vida e profissional: enquanto uma trabalhava no âmbito da ação, a outra observava o desenvolvimento cognitivo, emocional e afetivo da criança. Assim, transformavam a sala de aula em um grupo de crianças e professoras convivendo num ambiente socializador, onde a interação tendia a ser contínua e circular.

Para os alunos dessas professoras/coordenadoras, "a pessoa de fora", que éramos, sentia o diferencial: um trabalho articulado tornava os alunos mais tranquilos e habituados a ouvir uns aos outros. Nessas duas salas, a pesquisa se incumbiu de trabalhar o gênero e a etnia das crianças. Consequentemente, tiveram uma enorme participação na pesquisa.

Essas professoras passam a usufruir e investir na relação de sala de aula enquanto grupo, legitimando o trabalho diante do grupo e tornando-se professoras autônomas. Dizemos, assim, porque, após a coleta de dados, quando vão para a escola reformada, que passa a ser visada pela Regional de Educação, e que lhes envia seus pacotes de projetos pedagógicos, elas questionam, alteram ou apresentam seus *projetos próprios*.

Com o processo da pesquisa, essa ação foi percebida e anunciada como um canal de grande contribuição e mudança. Foram quatro profissionais que realmente conseguiram integrar a família no contexto do aprendizado, a partir de seus projetos de intervenção, momento em que deixaram de se queixar e passaram a refletir junto com a família.

Nos projetos em que as professoras investem, está inscrita toda uma história pessoal. Com a professora Maria, muito aprendemos da sua prática freireana. Embora não tenhamos encontrado em seu trabalho pedagógico o compromisso com uma "educação antirracista", encontramos, nessa professora, uma forma especial de ouvir e dar liberdade de aprender às crianças de sete anos. Durante sua primeira entrevista, essa professora negra diz que tinha:

> "dificuldade de INTERVIR (...) tenho o medo de estar fazendo ERRADO"... mas eu prefiro fazer errado do que fingir que não vi... sabe? quando eu trabalho com meninos MAIORES... né? e que já tem um certo discurso, eu não tenho assim... escrúpulo nenhum de tá falando... de tá fazendo as colocações... né? agora quando eu trabalho com meninos da idade da turminha que eu tenho, né? e que já tem TODA a vivência que já dói muito... tem toda uma vivência DOLOROSA e IDADE que... pra buscar MESMO... a questão do afeto que é muito importante... eu tenho MUITO MEDO de tá MACHUCANDO... ou de estar soprando demais uma coisa que o remédio é outro (professora Maria, 1ª entrevista).

O medo de intervir, que traduzimos como despreparo docente, demonstra-nos que, mesmo a professora sendo negra, o componente étnico estava ausente na sua relação com as crianças de sete anos. O que nos chamou a atenção foi a forma democrática como produzia textos em que seus alunos e alunas eram alunos/autores. Todos os alunos da professora Maria e da professora Paula tornaram-se, assim, colaboradores da nossa pesquisa. Envolvidos num trabalho de grupo, professoras, pesquisadora e alunos, a partir da didática dialética da professora Maria, construímos a história de literatura infantil *Somos diferentes*, que descreve de forma literária a oficina em que trabalhamos juntas com as crianças a diferença entre a cor das flores, a cor dos pintinhos e a cor das pessoas.

SOBRE A RELAÇÃO DA PESQUISADORA COM O SUJEITO PESQUISADO, ESTANDO NUMA PESQUISA-AÇÃO

Um passo importante para compreendermos os sujeitos que se envolveram nesta pesquisa-ação e a quem acompanhamos por um período de 14 meses foi considerar que, ao discutir o racismo, precisávamos fazê-lo contextualizadamente, atentando que, num grupo, cada pessoa é uma, apresentando suas diferenças. Não podíamos perder as dimensões histórica, social e emocional, não podíamos deixar de considerar que as pessoas estão, segundo Gomes (2002), numa relação "entre o passado e o presente, a estrutura e a história, o indivíduo e a sociedade".

A História, entre o passado e o presente, indica que a sociedade é dinâmica e contraditória. Ora, se as relações sociais são dinâmicas e contraditórias, é preciso considerar que as pessoas também o são. Daí a importância de se trabalhar em uma pesquisa-ação em que há o envolvimento dos sujeitos, com a ambivalência e a contradição como fatores inerentes ao ser. Por essa razão, o envolvimento do pesquisador precisa ser, ao mesmo tempo, paciente e persistente. Paciente no sentido de compreender que o processo de mudança pode trazer insegurança, medo e angústia para os que enfrentam o desafio de participarem enquanto sujeito-pesquisado e, ao mesmo tempo, *"sujeito" e "protagonista da" mudança.*

Quanto às mudanças, novas concepções tendem a surgir e podem ser percebidas, a partir de uma escuta sensível e interessada. Outro passo importante, ao pesquisar a ação das pessoas, é acompanhar atenciosamente como e quando aparecem as formas de resistência e recusa, assim como o sentimento de aceitação e mudança. A resistência e, sobretudo, a recusa poderão atingir a pesquisa e/ou a pessoa do pesquisador. Assim, existirão momentos nos quais a pesquisadora ou o pesquisador, ao se deparar com a rejeição à sua pessoa, precisará se fortalecer para retornar ao campo pesquisado, território de conflitos, com novas forças e novos olhares, uma vez que ela/ele é também uma pessoa pesquisando pessoas e que tem a sua pessoa "em xeque", também sujeito e protagonista da mudança.

Se o pesquisador/pesquisadora constata no sujeito pesquisado a aceitação à mudança, deverá mediar o canal de tão almejada transformação. Nesse sentido, a proposta de trabalhar com o Grupo Operativo foi importante e necessária, funcionando como canal e incentivo às mudanças.

Capítulo 8

AS AÇÕES AFIRMATIVAS: ALFABETIZANDO PARA A CIDADANIA

Alma não tem cor
por que eu sou branco?
Alma não tem cor
Por que eu sou negro?

Branquinho
Neguinho
Branco Negão
Percebam que a alma não tem cor
Ela é colorida

Ela é multicolor
Azul amarelo
Verde verdinho
Marrom
(Música de Chico César)

LINGUAGEM QUE VALORIZA A CRIANÇA NEGRA E SEU APRENDIZADO, NA PERSPECTIVA DA DIVERSIDADE ÉTNICA

A desigualdade educacional segrega, tira direitos de as pessoas viverem com dignidade. Ao articularmos uma pesquisa de caráter interventivo, colocávamo-nos contra a prática racista e segregacionista muito comum nas escolas públicas brasileiras, que todos os dias discrimina negros e índios, destituindo-lhes o seu direito de cidadania; que propicia dificuldades e impede o desenvolvimento satisfatório de alunas e alunos negros, gerando desigualdade.

Nesse sentido, as ações afirmativas visam garantir e consolidar o direito de cidadania. São ações que dão visibilidade e criam condições para uma representação positiva das populações ou grupos cuja história é escrita às margens da sociedade, vivida sob condições sociais desiguais de tratamento. No Brasil, as ações afirmativas proporcionam tratamentos diferenciados aos indivíduos pertencentes a esses grupos sociais – negros e índios – que sofreram ou sofrem a discriminação em vários setores da vida nacional (GUIMARÃES, 1999).

Nossas primeiras tentativas de "ação afirmativa" – assim denominamos nossas ações, porque consideramos o contexto social e as relações pedagógicas em que elas se realizaram – pretenderam dar visibilidade às crianças negras da escola pesquisada. Uma das formas de afirmação positiva foi realizada por meio do uso das imagens, que utilizamos para confeccionar os sete murais, que sempre traziam questões reflexivas. Nosso mural de exposição recebeu, dos professores do terceiro e do quarto turnos, o nome de "balcão de fotos do segundo turno", como relata a nossa sujeito-pesquisadora Maria:

> porque a gente SEMPRE... normalmente no turno que eu tô a gente acaba MONOPOLIZANDO o... eu falo que é o seu BALCÃO DE FOTOS né? ninguém questiona que agora está... SENDO MUITO MAIS USADO pelo segundo turno... NINGUÉM QUESTIONA... gente acha um outro espaço... a gente manda até por azulejo SE FOR PRECISO... porque o espaço tá pequeno agora... e o pessoal PÁRA PRA OBSERVAR... PÁRA PRA OLHAR..."nossa que bonito"... e aí o pessoal que é P1 habilitado ou P1 que tá trabalhando também de apoio no terceiro turno... o pessoal começa a lembrar..."AI QUE SAUDADE... de quando eu dava aula pros pequenininhos... MEU DEUS"... sabe? eu acho que aquilo ali foi NOSTÁLGICO pra algumas pessoas... cê acredita?...

> o tempo todo e... nós temos muito mais espaço, né? a gente é muito mais visto... cê escuta a Laís... a Vânia... Sandra que é P2 e que trabalha de quinta a oitava e segundo grau mas que tem um perfil enorme pra tá trabalhando com aluno aqui de Serra Verde... sabe? (professora Maria, 2ª entrevista).

O fato de termos priorizado exibir as belas imagens das crianças negras, diariamente, naquele "balcão", garantiu-lhes uma representação positiva, que acabou legitimando um lugar de exposição, demandando a construção de um outro. Segundo a professora entrevistada, as imagens despertaram reações e sentimentos nos espectadores, em outras palavras, à medida que priorizou, garantiu visibilidade ao segmento étnico presente, mas ainda não representado nos murais da Escola Serra Verde. *A imagem instigou-os a criar a palavra*, fato que lhes permitiu começar a falar sobre a discriminação no contexto daquela escola.

Vamos, brevemente, descrever e contextualizar o valor desse local, onde montamos, inicialmente, sozinhas, as primeiras imagens e, depois, fomos sendo ajudadas, e até substituídas, pelas professoras, na montagem do "balcão de fotos". Trata-se de um mural, afixado na parede, onde as fotos ou trabalhos são expostos. Seu entorno é de madeira e é dividido em dois grandes tampos de vidro, bastante pesados, abrindo-se como báscula; é forrado com feltro verde e mede aproximadamente 2,5 x 2,5 m. Localiza-se a aproximadamente 20 m da entrada principal, que fica ao lado de um pequeno depósito, próximo ao único bebedouro para alunos daquele pavimento, num minúsculo corredor de passagem obrigatória para acesso à sala dos professores e ao lado do "fumódromo". O "balcão de fotos" estava, portanto, no lugar público mais frequentado pelos usuários da escola.

Curiosamente, tratava-se da única peça não atingida pelos "indisciplinados" e pelos "visitantes", como as professoras chamavam os invasores da escola, mesmo sendo de confecção frágil e atraente para quebradeira. O fato levou-nos a entender que a depredação da escola é feita por pessoas com intenções e motivos. O espaço, nosso conhecido desde 1999, que passava temporadas ociosas, tornou-se, a partir do nosso primeiro mural, um local visto por todos os passantes: professoras, professores, mães e pais, agentes administrativos, "visitantes", invasores etc. Em outubro, a direção da escola construiu, no mesmo corredor, um outro quadro de azulejo, para que dividisse o espaço tão concorrido.

Usuários da escola, de todas as faixas etárias, visitavam diariamente o "balcão de fotos". Naquele ano, tornou-se comum sermos procuradas por pais ou mães que nos pediam a foto ou o negativo das fotografias de seus filhos ou filhas. Isso nos levou a pensar na função dos *outdoors*, nos entornos da cidade, como um importante espaço de ação afirmativa, onde fossem veiculadas imagens positivas de pessoas negras. Seriam imagens positivas para a constituição da subjetividade da população negra.

A seguir, relacionaremos a data, o objetivo e as questões reflexivas que mediavam as imagens das crianças no "balcão de fotos", ou na parede ao lado dele:

1) Data: 21.03.2001
Título: Dia nacional de luta contra a discriminação racial.
Questão reflexiva: Você conhece a cor da alma da criança negra? Complemento: a música de Chico César, *Alma não tem cor* (epígrafe do capítulo).

2) Data: 09.05.2001
Título: Ressignificando o 13 de maio.
Questão reflexiva: 13 de maio, dia da libertação? Complemento: cartaz *Os direitos da criança negra na escola*, de Rosa Margarida.

3) Data: 31.06.2001
Título: *Foi muito bacana: a família na Escola Municipal Serra Verde.*
Esse mural foi muito admirado pelas crianças, que apareciam na foto em atividade, com pai, mãe, irmãos, avós etc. Tentando fazer

com que compreendessem a importância daquele contato para a família, escrevemos sobre nossas impressões e afixamos no mural:

Olhando, ouvindo...
Foi muito bacana: a família na Escola Municipal Serra Verde
Em todas as salas,
Havia mães.
Três pais!
Nas salas da Paula e Maria, da Shélida, da Isabel, da Lílian...
Pai, mãe, irmã e avós bastante absorvidos no que faziam.
A filha, o filho, o neto, a neta, a irmã, o irmão menor... estavam ali.
Juntos!

Que momento importante aquele!
Um momento ímpar.
A expressão do rosto das pessoas do grupo familiar revelava tranquilidade e satisfação.

Isabel convidou uma mãe com imenso carinho:
"Entra! Vem pra dentro! Vamos fazer uma atividade junto com seu filho?"
Ao que a mãe respondeu:
"Tô suja! Não troquei de roupa. Eu não sabia que ia ter festinha pra nós."
Ela entrou, assentou-se e entendeu a festa. Assentou-se na cadeira, humildemente. Sentiu-se bem, porque foi tratada como nobre.
A Willita conduziu as mães como quem recebe uma visita querida e levou todas para o lugar mais gostoso da escola: a cantina. As visitas a acompanharam satisfeitas, e foi-lhes servido um café (merenda).
Maria e Paula fizeram festa.
Os pais/homens faziam flores com seus filhos.
A Shélida, organizadamente estruturou a sala e propôs uma linda atividade.

A sala de aula e as pessoas estavam ali... especialmente organizadas.

A sala da Lílian? Cheiinha! Cheiinha! Todos trabalhando juntos.

Das outras salas, onde o olhar pesquisador não passou, vieram notícias legais!
Foi um dia diferente de:
Entregar resultado,
De falar de problema de aluno,
De "pedir ajuda", de tecer indagações... reclamações...
Foi um dia especial para a família e importante na vida da escola.
Haverá outros dias assim?

4) Data: 10.10.2001
Título: Nossos projetos pedagógicos: *Bonequinha preta, Bruna e galinha-d'angola, Menina bonita do laço de fita, Os nomes, A imagem do corpo da criança pequena, A família na escola* e *O rabo do gato (projetos de leitura).*
Questão chamativa: Título: Vejam quanto trabalho interessante nós estamos fazendo!

5) Data: 26.10.2001
Título: Socialização na educação infantil.
Questões: Socializando? Limites, convivência, comunicação oral, respeito e sonhos.

6) Data: 09.11.2001: Título: 20 de novembro, dia da Consciência Negra.
Questões reflexivas: Por que negar a cultura, a História e a beleza do povo negro?
– Em cartaz: a beleza da criança negra.
– Nossos espaços de ação afirmativa.

– Da revista *Nova Escola* – março/1999: *Ele vai começar a gritar, o silêncio vai acabar.*

7) Data: dezembro/2001

Título: Nossas pesquisadoras – foto de todas as professoras do turno.

Texto: Vejam quanta sabedoria têm as suas palavras. Através delas pudemos, juntas, repensar a nossa prática e construir uma proposta afirmativa de trabalho. Nesse sentido, somos todas pesquisadoras (o mural trazia a foto das professoras e, abaixo da fotografia, frases importantes ditas por elas).

8) Data: 04.01.2001

Título: *Projeto florir a escola.*

Questão convocativa: Vamos florir nossa escola?

Em novembro, a Escola Municipal Serra Verde inaugurou uma nova prática: o "carômetro"[14] dos alunos do terceiro turno ganha originalidade, passa a ser uma fotografia que vem do "olhar docente". Os adolescentes, nas salas de aula, são fotografados em grupo de três. Essas fotos foram para o "balcão de fotografias", nos últimos dias de novembro. Nesse mesmo mês, por ocasião do 20 de novembro, a sala de vídeo ficou decorada com grandes painéis feitos pelos adolescentes que, sob a direção da professora Laís, trabalharam o tema discriminação, diferença e racismo.

Em dezembro, as paredes da escola, espaço antes depredado, já era utilizado para se confeccionarem murais e painéis com anjinhos pretos e brancos, que apareciam meio pichados, à espera do Natal.

---

[14] Conjunto de fotografias dos alunos e alunas, normalmente em tamanho 3x4, usado para a identificação em conselhos de classe.

Outros importantes espaços de ação afirmativa: a caixa pedagógica e os momentos de vídeo para as crianças e para as famílias. Os pequenos trechos de vídeo estavam sendo passados para as crianças e, em dia de reunião, repetimos a projeção para o(a) responsável. A sala de vídeo ficava lotada. Importante, nessa atividade, foi a imagem ser assistida pela mãe, pelo pai e filha ou filho juntos.

A caixa pedagógica, confeccionada com fotos das crianças, funcionou como veículo constante da imagem. Ela ficava em local visível na biblioteca, próxima às estantes de livros de literatura étnica. Com o tempo e após o investimento das professoras nos projetos, esses espaços, o "balcão de fotos" e a caixa pedagógica, passaram a ser visitados constantemente pelas crianças.

As oficinas em sala de aula, com a participação da professora

As oficinas com os alunos e alunas pretenderam provocá-los a refletir sobre a sua autoimagem, sobre a sua história de vida. Com estrutura diferente da hora/aula, por meio de uma relação dialógica e participativa, a oficina foi mobilizando as crianças e as professoras, porque pretendia canalizar desdobramentos de outras ações pedagógicas:

1ª) *Flores, pintinhos e crianças: somos diferentes?* – Confecção em cartolina dos três pintinhos: preto, amarelo e marrom, que foram suspensos nos palitos de picolé.

2ª) Comparando duas pigmentações: o grão de feijão e a nossa pele – observação dos grãos de feijão e observação da própria pele.

3ª) *A bonequinha preta*, de Alaíde Lisboa – construção das bonecas pretas: uma maior – a mãe – foi construída em pano, para que fosse carregada por todas as crianças, e outra menor – a filha –, construída pela criança com papel jornal, crepom etc.

4ª) Brincando e observando as cores dos coelhinhos – brincando com os coelhinhos animados (vivos), nas cores preto, branco, marrom e cinza. Fazendo a reprodução com a pintura e recorte em cartolina.

5ª) *Bruna e galinha-d'angola*, de Gercilga de Almeida – confecção da galinha-d'angola, dos filhotes e dos ovos, em massinha caseira (branca e preta); conhecendo e manipulando uma galinha-d'angola animada (viva); exposição de um panô africano, onde usamos um panô nigeriano. O panô da história da Bruna foi confeccionado pelas crianças. O panô da história de vida foi um panô pintado pela mãe, pai ou responsável junto à criança, na sala de aula.

6ª) *Os pintinhos diferentes*, de Denise Ziviani.

Contação de história com as personagens suspensas em palitos de picolé. Confecção da história com fotografias de pessoas negras retiradas das revistas étnicas.

7ª) Os nomes – contação da história *Elê ...o quê?*, de Norma Sofia Coelho. Refletindo sobre o nome como sendo a primeira forma de identidade do indivíduo e provocando nas crianças uma reflexão acerca dos apelidos que recaem, sobretudo, nas crianças negras e que, segundo Silva (1995), as animalizam, coisificam ou desqualificam. Distinção de apelidos carinhosos daqueles que depreciam a autoimagem das pessoas. Confecção e preenchimento, na sala de aula, das certidões de nascimento das crianças.

8ª) Meu sobrenome – contando a história, *Tanto Tanto*, de Trish Cooke; ouvindo, cantando e refletindo a canção *Gente tem sobrenome*, de Toquinho.

9ª) *Ninguém é igual a ninguém: o lúdico no conhecimento do ser*, de Regina Otero – confecção das personagens em cartolina: Paulinho, o menino gorducho; Joana, a menina negra; Davi, o menino ruivo; e Danilo, o menino magrelo.

Para Andrade (1999), as oficinas são momentos de reflexão nos quais crianças negras e brancas podem se reconhecer como seres diferentes, a partir de suas histórias diferentes e não de histórias que desenvolvam a ideia de superioridade de uns diante dos outros. Uma oficina bem conduzida pela facilitadora é aquela que faz com que aquilo que é dito ou feito possibilite às crianças, sejam brancas ou negras, saírem dela fortalecidas e não envergonhadas e que possam, a partir dali, continuar uma convivência em que os estereótipos sejam corrigidos e ambos os grupos vivam uma interação positiva.

Enfim, as oficinas tornaram-se espaços promotores da subjetivação por meio das atividades interativas, dinâmicas e lúdicas, como tocar e observar as flores e suas cores, comparar a pele com a pele do colega, classificar as cores dos grãos de feijão, brincar com pintinhos e coelhinhos de cores diferentes, pegar a galinha-d'angola, confeccionar a galinha-d'angola e seus pintinhos em massinha preta e branca e ouvir a história do panô nigeriano, manusear revistas étnicas e recortar moldes de pessoas negras, brancas e ruivas.

No início das oficinas com os alunos e alunas, percebemos a presença do preconceito racial pelas associações negativas com a cor preta e o riso irônico continuado. Enfrentamos o incômodo e o desânimo, que íamos vencendo com os desdobramentos que as professoras davam às oficinas e, principalmente, com a parceria que surgia.

Encontramos o preconceito mais presente na sala composta por vinte crianças que frequentavam a creche noutro horário, a turma do Fábio. Numa das oficinas, quando mostrávamos e explorávamos a capa do livro *Bruna e galinha-d'angola,* ouvimos de dois meninos negros:

> *Patrício*: Essa galinha é do *diabo*!
> *Pesquisadora*: Ah! é? Por que você pensa assim?
> *Patrício*: Porque ela é preta.
> *Ruan*: Essa galinha é do *mal*... ela é preta do oi vermei (DC: 31.10.2001).

Essas crianças, alunos da professora Willita, mais de uma vez surpreenderam-nos com as associações negativas que faziam à cor preta. Somava-se ali o fato de que, nessa turma, já no segundo semestre, os desdobramentos ainda não surgiam. Resolvemos intensificar nossas ações ali, com bonecas, oficina com fantoches pretos, que se transformavam em príncipes e princesas negros etc., sempre que a professora Willita estivesse presente, uma vez que ela se mostrava receptiva às oficinas e participava assiduamente dos grupos.

Desorganizada e "barulhentamente", o Fábio abraçava, beijava e falava com as bonecas e os fantoches pretos e, fingindo ser um fantoche, ele passou a desenvolver mais sua linguagem oral, extremamente comprometida e seletiva – conversava com quem lhe dava carinho e segurança, com os outros gaguejava, ou balbuciava e, muito mais, dava gritos e pontapés, enfim, participava.

Já o aluno Patrício demonstrava admiração pelo cabelo loiro da outra professora e da aluna Natanaelle, que ele sempre penteava nos momentos de socialização. Todas as bonecas pretas e fantoches pretos que usávamos nas oficinas foram agredidos por ele a socos insistentes.

Numa das oficinas, quando chamamos a atenção do aluno Patrício, por estar usando os fantoches para bater nos colegas, ele nos disse em tom de desafio: "Cê é *feia* do cabelo *duro*" (DC: 05.11.2001). Estávamos cientes da rejeição que esse aluno tinha à nossa cor, e o acontecido nos motivou a continuar ali. O que fizemos foi pouco. Contudo, mesmo diante do receio de que as crianças dessa sala tinham de colorir pessoas negras, sentimos que abrimos o início de uma reflexão porque, em nossos últimos encontros, elas já usavam o marrom e o preto para pintarem pessoas.

Quando trabalhávamos confeccionando os "gordinhos", "pintadinhos" e "pretinhos" na oficina com o livro *Ninguém é igual a ninguém: o lúdico no conhecimento do ser*, aconteceu o seguinte diálogo:

> *Pesquisadora*: A gente tem coleguinhas diferentes: gordinho, pintadinho, pretinho, magrinho, não é? Tá certo aborrecer o coleguinha debochando por ele ser gordo, magro, pintado ou preto? O que vai sentir a nossa colega, o nosso coleguinha que é negro quando o maltratarmos por causa da sua cor?
> *Crianças*: Vai ficar triste.
> *Poliana*: Vai ficar triste, isso é *racismo!* (DC: 26.11.2001).

O nosso olhar cruzou com o da professora Willita. A Poliana encontrava uma forma que podíamos utilizar para despertar a atenção das crianças e tornar aquela sala um lugar mais humano. Sentimos pesar por Fábio já ter sido encaminhado para outra escola especializada. Aqui, compreendemos que tornar a sala de aula um ambiente socializador, de fato, demanda criatividade, tempo e paciência docente.

As histórias de literatura infantil étnica com as quais trabalhamos são passíveis de críticas dos estudiosos da área. Mas mesmo com ressalvas e críticas elas têm uma tarefa importante, porque abrem na escola uma "brecha" para trabalhar a questão étnica, até então ausente. A literatura é a "porta de entrada" para a escola repensar o Brasil. Nesse sentido, o uso dessa literatura em nossas intervenções foi imprescindível.

A história da *Menina bonita do laço de fita* é criticada por Matos (2002) como uma história bestializada, pelo fato de uma menina (humano) travar um diálogo com um coelho (animal) e, sobretudo, pelo fato de a mãe da menina dizer que a filha é preta devido às "artes de uma avó preta que ela tinha". A fala da personagem traz o debate acerca da melanina e mostra a herança cultural como fator predominante dos traços que adquirimos ao nascer e, de certa forma, o jeito que a mãe fala, banalizaria a discussão da descendência e da ancestralidade negro/escrava. Entretanto, a mesma história ajudou-nos a atingir o nosso objetivo, porque traz uma proposta que vai além do entretenimento e do prazer pela leitura. Ela traz condição para desenvolvermos uma informação da ciência, a miscigenação e traz, sobretudo, a reflexão para a criança que, ao falar sobre as misturas das cores, preto com branco, branco com preto e suas *nuances*, passa a pensar sobre o assunto. Esse pensar modifica o nível de desenvolvimento e compreensão da criança acerca do conceito de raça humana como sendo única, e acerca da cor das pessoas.

Sobre a história *Bruna e galinha-d'angola*, ressalvamos que, mesmo trazendo um problema diante da socialização das meninas (amizade por interesse), mostra para a criança brasileira um lado da história africana que é muito bonito e prazeroso. Veja-se, a seguir, a experiência que uma das nossas sujeito-pesquisadoras teve ao ouvir esta história durante a oficina. Para a professora, o momento das oficinas junto aos seus alunos foi a parte mais significativa das intervenções. Aqui, ela se refere às oficinas de literatura infantil étnica.

> eles OUVIRAM a história... eu acho que o momento exato que a MINHA pesquisa... que a SUA PESQUISA MINHA... começou a crescer foi ai... eu fui buscar a RIQUEZA desse trabalho... de onde que veio a Bruna... o que ela tava fazendo... porque então a gente falava de ÁFRICA... de NEGROS... não nesse sentido AMOROSO... falava que era uma raça que ficava num outro continente... aquela coisa toda e tudo mais mas não dessa forma de SENTIR PRAZER... como eles sentiram prazer de trabalhar a Bruna ... de contar a história do PANÔ... de desenhar a Bruna... de CONTAR a história... de pegar na galinha... porque foi colocado de uma forma tão GOSTOSA... tão diferente que eles tiveram prazer em fazer (...) é o crescimento que todo esse processo vai dar a eles... eu acho que foi AÍ... não só pela sua fala... a sua entrada com os pintinhos... eu ficava assim... "o quê que a Denise tá querendo fazer com os pintinhos? pensando... meu Deus... OBA ((voz baixa)) agora nós vamos criar galinha? eu ainda não tinha PERCEBIDO... a diferença eu só passei a perceber a diferença no texto... QUAL era essa diferença? (professora Paula, 2ª entrevista).

A África possuía, para a entrevistada, um sentido negativo, sentido que dá suporte aos estereótipos racistas, presentes no imaginário social brasileiro. Depois, passa a ter o sentido meramente "intelectivo" e, então, ganha a dimensão do prazer e valorização da cultura.

O trabalho com as oficinas desencadeou a produção das histórias de literatura infantil étnicas, em que as personagens são os alunos com seus sentimentos e vivências próprias. Vimos esse projeto de produção das histórias infantis como uma forma de representação positiva do real, um real não estereotipado.

Para a criança, os estereótipos, as imagens distorcidas de seu grupo étnico e social, mesmo não correspondendo à sua realidade, carregam uma imagem idealizada e uma visão de mundo que pode vir a significar o real. Não sendo imagens estereotipadas e inferiorizadas, contribuem para a autoestima e aceitabilidade das diferenças porque a leitura produz subjetividade e identificação, ambos processos intensos na criança (SOUZA, 2001, p. 196).

Estando representadas positivamente, as imagens das ilustrações, descrições e ações da personagem negra são componentes importantes a serem utilizados construtivamente na formação do referencial de si, na autoestima das crianças negras, bem como da sensibilização da criança branca, como veremos mais adiante.

A linguagem e a prática se modificam

No primeiro semestre, ao adentrarmos as turmas-projeto da professora Helena, do terceiro ciclo, e da professora Paixão, do segundo ciclo, encontramos a demanda por trabalhar as questões étnica e de gênero. Da professora Helena, passamos a acompanhar uma mudança de raciocínio que indicava também uma mudança de postura, demonstrando os efeitos da ação de nossa pesquisa:

> *Professora Helena*: Eu trabalho com os alunos da sala projeto, do terceiro ciclo, sobre a discriminação racial. Tô trabalhando o alfabeto negro.[15] Eu trabalho com a discriminação social, a discriminação pela pobreza, eu não fico falando de discriminação racial não. Eles ficam tristes. Acho que a discriminação é muito por causa da pobreza.
> *Pesquisadora*: A discriminação também é por causa da pobreza. Mais temos que ter o cuidado para entender que, em se tratando de discriminação racial, a pobreza e a discriminação pela cor se entrecruzam e o cuidado que precisamos ter é de não mascarar a discriminação pela cor com a questão da pobreza (DC: 27.04.2001).

[15] Alfabeto com todas as letras referenciadas na História e na cultura negra brasileira. Rosa Margarida de Carvalho (2000) é sua autora. O material foi produzido pela extinta Secretaria Municipal para Assuntos da Comunidade Negra de Belo Horizonte.

Nesse dia, tivemos a certeza de que a nossa intervenção, para a professora Helena, estava se tornando cansativa, mas, com certeza, estava provocando naquela sujeito-pesquisadora reflexões profundas e, para não correr o risco de "queimar o filme" da discussão sobre a discriminação racial, decidimos nos afastar, dando-lhe tempo para "digerir", pensar e até agir, considerando as reflexões provocadas pela pesquisa-ação. A reflexão era um dos nossos objetivos, porque não é no silêncio que os homens (aqui acrescentamos, as mulheres) se fazem, mas nas palavras, no trabalho e na ação (FREIRE, 2001). O resultado de tal estratégia foi positivo, como podemos observar nos parágrafos que se seguem.

Em outubro de 2001, intervínhamos junto aos alunos, com uma oficina, utilizando o livro *Bruna e galinha-d'angola*. Após termos saído da sala da professora Isabel, estávamos conversando com ela e a professora Helena sobre a reação de recusa de algumas crianças ao manuseio da massinha preta, ou a sua expressão de repulsa, o que se rompia com a possibilidade do lúdico. Essa conversa tocou na questão do preconceito:

> *Professora Isabel*: O que eu não entendo é por que eles, os alunos, têm preconceito com o negro, se eles são negros?
> *Professora Helena*: Isso é uma forma de resistência. Você tinha que ver com os meninos da manhã, da sala-projeto. Quando eu perguntei quem era negro, ninguém levantou a mão... são *morenos*. Fazem isso para se proteger, porque já são muito discriminados.
> *Pesquisadora*: É a forma que eles encontram pra se colocarem num outro lugar, que não seja o deles...é a resistência e defesa ao mesmo tempo. (DC: 19.10.2001).

Após esse dia, nós nos despreocupamos com os adolescentes negros da turma-projeto do terceiro ciclo. Com essa professora pensando assim, a vida acadêmica deles, com certeza, ganharia um importante adendo.

Ainda a professora Helena, no primeiro semestre de 2001, chamou-nos na sala de aula que dividia com a professora Diana, do primeiro ciclo, a mesma sala de Rariane, Leone e outros. Ela nos ofereceu dados sobre essa turma, que marcaram a nossa pesquisa. Nos últimos dois anos ela estivera na direção da escola e, nesse ano, retornava à sala de aula, com suas preocupações de alfabetizadora:

> Denise, eu tô boba com esses meninos. É o terceiro ano de escola deles e eles não dão conta de ler a letra B. Não foi feito um trabalho com eles até hoje. Eu acho que falta um trabalho no seguinte sentido: *mostrar a letra pro menino, mostrar a boca fazendo o som da letra, da sílaba, mostrar a boca assim* ((colocou o indicador sobre os lábios)). Isso não é feito, aí a criança vai ficando e depois de três anos de escola, quando entra um que preocupa é que isso é feito. Isso é, quando entra. Eu estou muito preocupada com essa turma, ano que vem ela vai para o segundo ciclo sem saber ler? O Betinho, não sei se te contei...tá lendo! (referiu-se ao seu aluno negro, 14 anos, da sala projeto do terceiro ciclo)). Depois que comecei a pegá-lo, mostrar pra ele que ele é capaz, ele disse: "Ah! Já encontrei a manha". A escola, as escolas não digo que é só essa daqui, as escolas precisam pensar num trabalho que ajude esses meninos antes de chegar nesse ponto, pra não cair nessa situação. Eu e a Diana estamos na segunda e quinta feira no primeiro horário com um grupo de alunos dessa sala que ainda estão no nível pré-silábico. Vê só, três anos de alfabetização e ainda no nível pré silábico e estamos interagindo com eles num grupo menor." ((falava do grupo: Rariane, Leone, Léia e Helbert)) (professora Helena, DC: 09.05.2001).

Ela e sua parceira, a professora Diana, já se viam envolvidas com um projeto de mudança (projeto dos pequenos grupos de alfabetização). O fato de Helena estar, ao mesmo tempo, com uma turma-projeto de terceiro ciclo e outra de primeiro ciclo, que começava a esboçar um perfil de futura sala-projeto, levou-nos a apreender mais elementos sobre o processo de alfabetização, assim como um outro percurso que ajuda a professora a lidar com alunos com dificuldades de aprendizado da rede pública, para que não sejam locados em salas especiais ou salas-projeto. Registramos as pistas de Helena sobre alfabetização e também acompanhamos as mudanças por meio da sua fala e da sua prática:

> Eu aprendi com os meninos da sala-projeto. Você falar a letra olhando pro menino é uma coisa, falar a letra pra turma toda é outra coisa. Cê tem que falar olhando pra ele. Eu falo M. Eu pego até na boca dele, pra ele falar M. Chego perto dele. *É um trabalho corpo a corpo mesmo!* (professora Helena, DC: 09.11.2005).

"Eu pego até na boca dele, pra ele falar M": com essa atitude, a alfabetizadora prioriza a oralidade, ajuda o alfabetizando a elaborar suas hipóteses sonoras. Interagindo face a face com uma adulta que domina conhecimentos acerca da língua, o alfabetizando coloca suas tentativas e experiências sonoras, avançando em sua "Zona de Desenvolvimento Real" (VYGOTSKY, 1998).

É importante priorizar esse tipo de trabalho porque, segundo Franchi (1991), nenhuma alfabetizadora desenvolve um trabalho de qualidade se não priorizar a oralidade do educando. O conteúdo presente na fala da professora Helena nos sugere que o fato de lidar no primeiro turno com uma "turma projeto" e, no segundo turno, com uma sala que, na ausência de "um para se preocupar", se tornaria sala-projeto e, ainda, após a sensibilização e reflexão vividas enquanto sujeito de uma pesquisa-ação, aquela professora começava a incorporar na sua prática elementos novos.

Aqui, pela primeira vez, ouvimos uma alfabetizadora implicar o corpo do alfabetizando, a proximidade, o face a face, no ato de ler, dado imprescindível quando aquele que alfabetiza é negro, quem acreditamos ter no corpo o ponto de partida do aprendizado. A professora Helena foi nos contar a boa notícia:

> *Professora Helena*: Ah Denise! Esqueci de te contar. Jessé da turma-projeto tá lendo.
> *Pesquisadora*: É mesmo? E o Ronan?
> *Professora Helena*: Ronan também tá lendo. ((e listou outros nomes de alunos da turma-projeto que entravam para o mundo da leitura))
> *Pesquisadora*: Tem alguma coisa diferente. Eu acho que é a interação da alfabetizadora com o aluno. Temos que demarcar melhor. Existe alguma coisa na prática de algumas professoras que não existe na prática de outras.

> *Professora Helena*: Eu também acho. Cê tem que *entrar dentro do aluno*, senão ele não aprende (DC: 30.05.2001).

Jessé e Ronan eram adolescentes negros, com aproximadamente 14 anos de idade, alunos da turma-projeto do terceiro ciclo. Como sabemos, nem toda alfabetizadora se dispõe a "entrar dentro do aluno" negro para vê-lo aprender. O que a prática e os estudos nos mostram é que, em vez de assim o fazer, a professora define de antemão que o aluno e/ou a aluna não vai aprender.

Os trabalhos de grupo, as intervenções e as oficinas foram somadas a "toda uma vida de alfabetização" da professora Helena, que veio nos contar, em meados de outubro: "os meninos da sala da Diana tão todos lendo!" (professora Helena, DC: 19.10.2001). Esses eram aqueles alunos que, em maio do ano pesquisado, "não davam conta de ler a letra B".

É compreensível que a sala da professora Diana, como ela própria dará o depoimento mais adiante, passe a apresentar os alunos negros "na frente na leitura". Foram crianças amplamente contempladas com as ações afirmativas: exposição de fotografias em maior número que outras com mesmo tempo no primeiro ciclo, vivência dos projetos diferentes com a professora Diana sobre nome, relações de parentesco, oficina das flores e pintinhos, com posterior produção de história infantil – *Os pintinhos diferentes* – e oficina do feijãozinho. Foi, ainda, a inspiração da pesquisa que mobilizou diferentes segmentos da escola e da comunidade para o projeto *Florir a escola.*

Acompanhando o trabalho dessa docente no processo de pesquisa, fomos enumerando algumas pistas que ela e outras professoras utilizaram, que foram positivas enquanto alfabetizavam. Uma maioria de crianças negras, ao final do ano, realmente lia. O investimento nos pequenos grupos foi importante porque:

> é um momento que eles têm assim: eles sentem uma atenção, né? voltada pra eles... naquele momento ali é ele e mais dois...

> três... no máximo CINCO... com cinco já não funciona... sabe? o número tem que ser reduzido... porque é aquela atenção BEM INDIVIDUAL mesmo... sabe? ô Denise... e o: Leone sentiu isso uai... porque o Leone chegou lá todo TRAVADO... eu falei... "no:ssa" tá difícil sair alguma coisa dele"... no final ele tava soltando uma palavrinha... formando palavrinha com o alfabeto e super feliz (professora Helena, 1ª entrevista).

Quando falava sobre o concurso "Globeleza do beco" que as próprias alunas negras, de 8 anos, da sua sala e da sala da Diana, iam fazer no beco onde moravam, a professora destaca o valor da autoestima no aprendizado, uma autoestima que ela demarca como sendo produto de um "trabalho" conjunto de professoras e da pesquisa:

> A Fernanda... a Lorene... a Tânia (...) elas tem uma... o EGO delas ... a auto-estima delas é legal... TALVEZ POR ISSO... a alfabetização delas tá lá nas alturas ((pausa)) entendeu? OLHA como é que passa por ai... REFLETE... olha a Rariane... a auto-estima da Rariane tava no chão... nós começamos a trabalhar... OLHA COMO A RARIANE MUDOU... Rariane é OUTRA... ela té me ABRAÇA... me BEIJA... me APERTA... REIVINDICA... outro dia ela reivindicou... falou comigo... "eu não vou ficar na sala da Elaine... VOU FICAR NA SUA SALA... na semana que vem"... falei... "mais qual é o problema?"... "não quero ficar"... quer dizer... reivindicando... a menina cê MAL OUVIA A VOZ da Rariane... não é? é todo um TRABALHO uai... não é? cê vai fazendo... de tá... a menina tá sabendo que ela dá conta de LÊ... quando ela VÊ que ela dá conta de ler ela muda até a fisionomia dela (professora Helena, 2ª entrevista).

O projeto pessoal de alfabetização dessa sujeito-pesquisadora ganha força a partir do contato com a pesquisa que, após tê-la socializado no grupo, passa a ver como legítima sua prática em alfabetização com crianças ditas com "dificuldade de leitura e escrita".

> pra pegar uma turma dessa tem que a-cre-ditar (...) "cê vai dar conta sim meu filho"... cê pode ter certeza disso (...) eu tenho

> UMA VIDA DE ALFABETIZAÇÃO... mas tem muitos anos que eu alfabetizo (...) e: ACREDITANDO né? o que cê pode falar... se ocê não OLHAR e não passar... essa crença no olhar... cê pode falar... "cê vai ler sim... eu tenho certeza que vai"... não adianta... tá no olhar... tá no o-lhar... é ocê olhar pro me-ni-no e passar pra ele que você preocupa DEMAIS com ele... que ele vai lê... e que ocê acredita... cê tem que preocupar tamém entendeu? (professora Helena, 2ª entrevista).

Pensando nessa interação face a face do aluno que alfabetiza, a professora alfabetizadora Elaine complementa o nosso entendimento de qual seja a melhor postura metodológica quando a criança apresenta "dificuldades":

> Tenho uns dois, três meninos que não estão indo bem. O Rinaldo é um deles. Eu vou começar a pegar no horário que eu não tiver na sala de aula. Tem que ser eu e ele: um ping-pong... só nós dois. Aí, eles aprendem (professora Elaine, DC: 27.10.2001).

O Rinaldo, menino negro, de oito anos, filho "só de mãe", mãe alcoólatra, já podia ver assegurado seu direito de aprender, mesmo estando no final do primeiro ciclo e a sua condição histórica e social não estava sendo usada como justificativa de suas dificuldades. As propostas e alternativas vinham sendo encontradas para atender os alunos "com dificuldades em leitura e escrita".

As professoras da Escola Serra Verde construíam a concepção de alfabetização que mais se adaptava às crianças pobres e negras moradoras daquele aglomerado, com alto índice de analfabetismo. Para que a criança aprenda a ler e a escrever, é preciso considerá-la como um ser social que está determinado por suas condições materiais e históricas e, por isso só, a metodologia não basta, sendo necessário alfabetizar "acreditando que ela é capaz", e que "vai dar conta", crença que se passa pelo "olhar" e, sobretudo, pela linguagem. Linguisticamente priorizando a oralidade e oportunizando as experiências sonoras, "mostrar a letra pro menino, mostrar a boca, fazendo o som da letra, da sílaba", se preciso, pegando "até na boca dele pra ele falar, perto dele", num "trabalho corpo a corpo mesmo" e trabalhando numa interação "ping-pong", que indica continuidade, em que prevaleça, sobretudo, o sujeito que aprende, cujos anseios e desejos podem ser compreendidos a partir do momento em que a alfabetizadora "entrar dentro do aluno", em outras palavras, em que não haja o afastamento e a rejeição da professora em relação à criança, que ela seja compreendida como um ser humano que tem, ao mesmo tempo, medos, anseios e desejos envolvendo seu ato de leitura.

Seguras quanto a esses aspectos que envolvem o ato de ler, ouvimos da professora Helena, na fase de acompanhamento, estando ela e um grupo menor de professoras sujeito-pesquisadoras instaladas na escola "reformada", onde a professora Helena é diretora, algo que o movimento pela democratização do ensino luta por ouvir: "O grupo que veio pra cá é muito bom. Aqui nós não admitimos soltar menino mais cedo e o *grupo se comprometeu* que menino nenhum, *ninguém* sairá do segundo ciclo *sem saber ler e escrever*" (professora/diretora Helena, DC: 04.07.2002).

A TRANSFORMAÇÃO DAS INTERAÇÕES CONTRA O ESTIGMA TAL COMO RELATADAS NAS ENTREVISTAS

Os projetos são importantes porque desmistificam a dificuldade de professoras e educadores do "como vou dizer para a criança que ela é negra?", preocupação própria da professora imediatista, que deseja "resolver o problema" a curto prazo (MATOS, 2002). O "reconhecimento" da identidade negra da criança requer um trabalho sistematizado e a longo prazo, associado à sua valorização.

Assim, as intervenções estimularam a emergência de novas ideias e de novos significados, surgindo a necessidade de elaboração de novos projetos. Envolvidas como estavam no trabalho de grupo, nas trocas de experiência, nas intervenções junto à sala de aula e na reflexão da própria prática, onze professoras foram, aos poucos, definindo seus projetos de trabalho. Dos projetos que surgiram na Escola Municipal Serra Verde, no ano pesquisado – *Os nomes, A imagem de corpo da criança pequena, Bonequinha preta, A oralidade da criança, Alfabetização em literatura infantil, Produção de literatura étnica, O dia da família, Alfabetização e Florir a escola* – faremos, aqui, uma breve análise de três deles, a partir da teoria.

A elaboração do primeiro projeto pedagógico surgiu com a professora Diana, que se aproximou dizendo-nos do seu desejo de trabalhar com os nomes dos alunos. Escrevemos juntas o projeto *Os nomes*, que a professora iniciou em março de 2001.

> Cê sabe que hoje eu tava caminhando, eu tive um tanto de idéia pra trabalhar com o nome dos alunos. E fiquei pensando depois *como* fazer para trabalhar a questão do apelido, depois que eu li lá no texto que você me deu. Realmente, os apelidos atrapalham a disciplina. Os meninos se apelidam. Tem um lá na minha sala que os meninos chamam de boi e, tá um problema danado...eu pensei um monte de coisa, mais esqueci tudo (DC: 20.03.2001).

Nos dias que se seguiram ao nosso segundo grupo, no qual trocamos as experiências significativas, as professoras da educação infantil, após terem participado da socialização, pediram-nos para sistematizar a experiência delas em sala de aula. Juntas, percebemos que nascia um outro projeto, ao que elas deram o nome de *A imagem de corpo da criança pequena*. Essas sujeito-pesquisadoras fizeram uma intervenção que se estendeu dos fins de março de 2001 até fevereiro de 2002, quando todo o trabalho foi fundamentado na importância da interação criança/criança e adulto/criança enquanto elemento constitutivo do referencial do eu físico infantil.

Para dizer do projeto dessas sujeito-pesquisadoras, recorreremos a Godoy (1996), porque ela subsidia a nossa compreensão, ao falar da consciência étnica surgindo em crianças de idade pré-escolar. Para Godoy, pelo fato de a discriminação racial estar presente na escola enquanto saber, discriminando o patrimônio cultural da população negra brasileira, a prática escolar continuará negligenciando a questão no cotidiano, mesmo que essa problemática continue a ser denunciada pelas pesquisas. Exatamente por essa razão, as pesquisas demonstram que não é promissor esperar que as mudanças surjam antes nos livros didáticos e nos currículos e, sim, que sejam introduzidas no cotidiano escolar.

No projeto de intervenção *A imagem de corpo da criança pequena*, as professoras Shélida e Linda, da educação infantil, incluíam a questão étnica com acompanhamento pedagógico. Isso permitiu às crianças brancas e negras viverem um processo de identificação com sua própria cultura e em seu cotidiano. A partir das trocas com os meios físico e social, as crianças oportunizaram a experiência de colocar na roda a questão da diversidade étnica, possibilitando-lhes a construção de conceitos e, especialmente, de sentimentos positivos em relação a si mesmas. Quando seu aluno negro, Warley, de quatro anos, inicialmente se recusava a olhar-se no espelho, afirmando repetidas vezes "eu sou feio", "eu sou muito feio", ele já demonstrava uma "consciência racial" e se reconhecia como diferente, deixando evidentes os sinais de uma autoestima baixa.

Após várias intervenções, incorporadas às posturas cotidianas dessas professoras, essa mesma criança passa a sentir-se à vontade, livre para se declarar, espontaneamente, aos quatro anos de idade, diante de seus "outros", seus colegas de sala, dizendo "Eu sou peto, olha aqui, ó", mostrando a barriga. Embora antes tivesse sido rejeitado e estivesse correndo o risco de tornar-se referência negativa para sua turminha, continuou, como afirma D'Adesky (2001), procurando o "reconhecimento" de sua individualidade no interior do grupo no qual estava inserido. Ele continuou: "mia avó é peta", reconhecendo ter raízes negras, e provocando uma identidade negra coletiva, à medida que ia encorajando outras crianças a dizerem também de sua "vó preta". Durante o lúdico, enquanto brincavam com pintinhos, Warley identificou suas diferenças étnicas, percebendo o fator da sua própria origem, demonstrando que começa a ter consciência de si mesmo, do "eu" de sua identidade étnica em relação ao outro que interage com ele em grupo. Esse garoto de quatro anos confirmou Costa (1984), que conceitua a ideia de identidade como um sentimento emergindo do corpo.

Muito importante nesse processo é que o projeto pedagógico das professoras pesquisadoras mostrou-nos que, ao mesmo tempo que Warley construía a sua identidade de menino negro, Laura, menina branca, loira, quatro anos, dentro da mesma sala de aula, construía a sua identidade de menina branca, inserida no mesmo grupo, sem apoiar-se no complexo de superioridade, que é muito comum à criança desse segmento étnico, estando em escolas em que a maioria do alunado é negra ou mestiça.

Laura, que durante as intervenções das professoras, indagava acerca das cores das pessoas: "Tia Shélida, existe gente cor de rosa?", demarcando o lugar de menina branca, "meu pai é branco e minha mãe é morena de cabelo liso". Ela passou a usar constantemente trancinhas e, um dia antes da festa dos aniversariantes do segundo semestre, disse para os coleguinhas: "amanhã tem festa de aniversário, eu vou vim bem bonita". E, no dia seguinte, surpreendendo a todos, ela aparece penteada como a *Menina bonita do laço de fita*. Com cabelo longo e loiro, trazia um penteado negro. Quando indagada pela professora Shélida o porquê de estar penteada daquele jeito, a menina confirmou: "Porque hoje é dia de festa, eu quis vim bonita igual à menina da história do coelhinho".

O terceiro projeto pedagógico surgiu com a professora Lílian, que nos procurou dizendo que gostaria de trabalhar um projeto com o livro da *Bonequinha preta*. Ela havia contado a história e "os meninos gostaram *tanto*". Juntas, pensamos como poderia ser esse projeto, que foi escrito e entregue uma cópia para cada professora, e a professora Lílian o operacionalizou durante os meses de abril, maio, junho e outubro do ano pesquisado. Foi um projeto com a preocupação de socializar meninos e meninas de seis anos, ambos no papel de cuidadores da bonequinha que confeccionaram, a quem eles chamavam de "meu neném" e "meu bebê". Na visão da professora alfabetizadora: "A Bonequinha Preta pra eles é um ídolo...não te contei? O Sávio Júnior foi para a biblioteca e pegou o livro da Bonequinha preta e contou tudo ((paginou com as mãos, o livro imaginário)) 'eu sei ler' ele me falou" (professora Lílian, DC: 20.06.2001).

Só se tornam nossos ídolos aqueles a quem admiramos com "força" e intensidade, devido ao "reconhecimento" positivo que fazemos da imagem deles. Para D'Adesky (2001), aqueles que lutam por uma identidade diferenciada negra, mesmo sabendo da exclusão e da discriminação a que estão sujeitos, o fazem procurando mudanças sociais e históricas e, também, um sonho de estarem no cume, pela necessidade de terem seus ídolos, de se verem numa história, conferirem *atributos positivos ao seu grupo étnico* (grifo nosso).

Sávio Júnior, menino negro, encontrara no livro da *Bonequinha preta* um objetivo explícito e outro implícito: um referencial para a construção de sua leitura e elementos referenciais para a construção de sua autoimagem de criança negra.

Com o projeto, os meninos demonstraram que podiam se organizar fazendo casinha para os seus "nenéns", a quem eles cobriam com suas próprias blusas de frio, vivenciando a experiência do pai como a figura que cuida:

> "Meu neném fez cocô... vou tirá a fralda dela" (Ailson, 6 anos).
> "Vão cantá pro neném dormir?" (Alexandre, 6 anos).
> "Ô gente... vão ficá calado senão nossos neném não dormi" (Meninos dentro da casinha).
> "Vou dá mamadeira pro neném" (Misael, 6 anos).

O projeto da *Bonequinha preta* tornou a sala de aula um lugar onde era permitido dizer-se negro ou negra, sentir-se negro ou negra e, sobretudo, um lugar onde não havia necessidade de esconder as raízes negras. A identidade negra sobressaiu-se no coletivo de alunos, com a permissividade de ser e sentir, possibilitada pela professora branca. No depoimento, a professora Lílian explicita a sua preocupação em falar com seus alunos e alunas sobre a "raça negra":

> no dia que nós estávamos falando da raça negra lá na sala... um aluno virou pra mim e falou assim... "ô tia meu PAI É NEGRO"... eu senti naquele momento a SATISFAÇÃO que ele teve de falar que o pai era negro e que isso não era um DEFEITO... era uma coisa NATURAL... e a PARTIR dali apareceu tanto menino falando assim... "AH: MEU PAI TAMBÉM É... MEU PAI TAMBÉM É"... e que interessante...como que de repente... uai... então... meu pai pode EXISTIR... ele não é uma... né? ele realmente tem o seu lugar e que BACANA.... EU POSSO ME ORGULHAR DELE... eu achei super legal sabe? foi tão espontâneo do aluno... um menino de seis anos virar pro cê e falar isso? ele tava escondendo que o pai era negro... porque a mãe é MORENA... e só a mãe que vem na escola... então ninguém conhece o pai dele... de repente ele fala assim... "meu pai é negro..." como quem diz..."ISSO É MUITO INTERESSANTE professora"... que legal... entendeu? (professora Lílian, 2ª entrevista).

As crianças dessa mesma turma viveram, no processo do projeto pedagógico, uma interação que positivou a representação do negro como parte do cotidiano, porque já não tinham mais que se envergonhar de serem negras. A entrevistada declara que as crianças chegaram:

> a ponto de quando no final do ano... a gente preparando para as festas NATALINAS... eu dei pra eles colorirem um anjinho... e quantos anjinhos DA COR MARROM... né? da COR NEGRA... passaram pelas minhas mãos e ELES tiveram vontade de fazer isso... por quê? porque nós TRABALHAMOS... eu e você... em CIMA desse potencial da cor... eles passaram a ver que realmente ELES TÊM VALOR... como os outros... eles começaram a ver a RAÇA NEGRA como uma coisa natural... entendeu? do DIA-A-DIA... que tem a sua credibilidade (professora Lílian, 2ª entrevista).

E, o mais importante, a reflexão prática dessa sujeito-pesquisadora não parou por aí. Ela sinaliza um compromisso com projetos futuros:

> a gente... é... eu sempre preocupei com essa questão social... NOSSA... não é... desses meninos e tal... mas eu nunca pensei TÃO PROFUNDAMENTE nisso como AGORA... depois que você VEIO pra escola e MEXEU... eu acho que ocê sabe... aquilo tava muito QUIETINHO... MUITO LATENTE... veio... veio mesmo a furo e agora eu tô muito preocupada com isso MESMO... entendeu? (professora Lílian, 2ª entrevista).

O projeto *O dia da família na escola* trabalhou intensamente o antes, o durante e o depois do dia da mãe, do pai, do irmão, da avó etc. enfim, o dia do representante na escola: inspirado na oficina literária *Bruna e galinha-d'angola*. As crianças trabalharam reproduzindo a história da Bruna em quadrinhos, reproduzindo o panô da história da Bruna e, junto com um membro da família, pintaram o panô da sua história de vida.

Esses projetos pedagógicos não foram parênteses para tratar da consciência negra, foram contextualizados sistematicamente, como intervenção no ano pesquisado.

Na segunda série de entrevistas, o efeito do processo de intervenção fez-se sentir mais acentuadamente. Mudança de linguagem implica mudança de postura. Assim, o tratamento passou a ser diferenciado, buscando-se assegurar a igualdade de tratamento entre as crianças. A professora Shélida, ao priorizar o seu trabalho com a imagem do corpo da criança negra, constata como é importante a postura da professora ao tratar seus alunos como seres humanos e iguais. Ela muda sua postura e, nessa mudança, a criança branca, que antes se sentia e era tratada como superior aos outros, percebe a mudança de atitude das suas professoras. Assim, a sujeito-pesquisadora referiu-se ao grupo de alunas brancas de cinco anos, a quem atribuiu uma mudança de comportamento, associada às intervenções da pesquisa:

> o grupinho das bonitinhas... TANTO o grupinho da que batia e incentivava os outros a bater... era uma confusão, cê lembra? a Daiana ficou tão incomodada que ela começou a faltar de aula (...) aqui ela achava que podia bater em todo mundo e depois ela vinha se fazer de vítima... a hora que ela viu que ninguém dava

> mais confiança... que o outro também tava apanhando e batendo nela... porque ela fazia a mesma coisa... a hora que ela viu... que ela não podia ser melhor do que ninguém nesse aspecto... quê que aconteceu? ela começou a não querer vir mais a aula (...) a Daiana é a gostosa... aquela mais linda de todo mundo... que é a mais inteligente... mais sabida de tudo... ela também... ELAS... foram tendo dificuldades por causa disso... elas começaram a sumir no final do ano... e eu tenho ab-so-lu-ta certeza que é por isso (...) e aqui na escola elas não tavam sendo tratadas fazendo todas as vontades igual fazia na casa delas... cê pega a mãe dessas meninas e pergunta pra elas por que elas não tavam querendo vir à aula?... porque elas tavam sendo tratadas como todo mundo e elas não admitiam isso... EU TENHO CERTEZA QUE É POR ISSO (...) eu chamei a atenção igual eu chamei de todo mundo... entendeu? e isso o quê que acontece... vai ser uma dificuldade pra essa menina pro resto da vida... agora... adianta chamar a mãe e falar com ela isso? (professora Shélida, 2ª entrevista).

E as crianças negras que antes apanhavam das brancas? Elas passam a ser reconhecidas como tendo direito de se defender e nisso passam a ser amparadas pelas professoras. A prática começa a ser a de trabalhar o coletivo da sala de aula enquanto um grupo, e não enquanto grupinhos segregados de brancos e negros.

> eu aprendi como... trabalhar em grupo... por tudo... principalmente PRAQUELAS meninas (...) que gostam mais delas... uma das oportinhas [oportunistas] as Rafaelas (...) no grupo... a gente salpicava esses espertos ATÉ no finalzinho... agora no final a gente tava sempre tirando..."Rafaela senta aqui" e misturando pra eles não ter né? não ter aquela rixa... não ter aquela SEPARAÇÃO... esse daqui é melhor (professora Paixão, 2ª entrevista).

A questão não passa por criar escolas segregadas que contemplem um ou outro grupo étnico e, sim, pela construção de uma prática que não priorize a criança branca, como nos adverte Cavalleiro (2001, p. 147), de não ensinar a ela uma "superioridade", visto que todo dia ela recebe investimentos nesse sentido.

Textos escritos que fundamentavam o trabalho pedagógico

À medida que percebíamos a necessidade de suporte teórico, introduzíamos em campo textos relativamente curtos, que escrevíamos a partir dos elementos e questões que a prática da Escola Serra Verde nos colocava. Distribuímos nove textos para as professoras, que se mostravam receptivas a efetivamente lê-los, tendo em vista uma resistência verbalizada nos grupos pela leitura. Ao todo, foram nove textos, seis durante a produção de dados e três na fase de devolução de material didático e acompanhamento: *Relato de experiência: trabalhando a socialização de crianças negras e brancas num acampamento de "sem-tetos"*; *Livro didático e livros de literatura: uma escolha consciente e política*; *O lúdico no espaço escolar; Livros de literatura alfabetizam?; Gênero, raça/etnia na escola: uma articulação possível?; Gênero, sexualidade e educação: na nossa prática é possível articular essas questões?; Dicas para a prática; O caso de Veralice*; e *Recontando a história de Warley.*

O objetivo desses textos era o de instrumentalizar a prática, desconstruindo o que possuía de estigmatizante e deficiente. Esses textos tratam de temas como alfabetização, socialização, ludicidade e relação de gênero, todos articulados à questão étnica. Eles não foram, com certeza, lidos por todas as professoras, e um deles foi até monopolizado. Porém, todos foram colocados na pasta *Põe na rede o seu saber.* Algumas professoras nos davam retorno sobre os textos que liam e alguns foram socializados no grupo.

Prática semelhante aos textos foi a que realizamos com os projetos implementados pelas professoras. Quando não os escrevíamos juntas, íamos nos colocando à disposição das sujeito-pesquisadoras para trocar ideias sobre o trabalho que surgia em suas salas, sobre suas intervenções e junto às diversas questões que apareciam. Quando essa atitude se tornava constante, progressiva e quase que sistemática, rascunhávamos os relatos e lhes entregávamos. Juntas, íamos descobrindo novos projetos. O último projeto surgiu de maneira atípica e mobilizou vários segmentos da escola e da comunidade.

Esse projeto nasceu de um desejo e de uma necessidade que se cruzaram no cotidiano da escola. O professor Saulo Maurício, do terceiro ciclo, vinha mantendo, num esforço isolado, o cultivo de algumas plantas que trouxera para a escola. Ele nos falou do seu desejo de tornar a escola mais bela, ecologicamente. O início da ação deu-se com o plantio de mudas de Ipê Mirim e algumas outras espécies, que acabaram sendo devastadas. O professor Saulo assumiu o cuidado com o que restou do plantio.

O terreno da Escola Municipal Serra Verde é constituído por duas encostas, íngremes, onde o solo é extremamente pobre em matéria orgânica e a umidade é muito baixa. Numa dessas encostas sobreviveu uma muda de Ipê Mirim que floriu durante boa parte do ano pesquisado. Suas flores acabaram sendo arrancadas pelas crianças (momento em que o projeto do professor Saulo cruza com a necessidade de ação da nossa pesquisa). O professor manifestou o seu descontentamento com o "desaparecimento" das flores do ipê.

No mês de abril, pedimos às crianças do primeiro ciclo, alunos da professora Diana, que trouxessem de casa para a escola flores de diferentes cores. Trabalharíamos com as crianças, na oficina, com as flores, visualizando e falando sobre *As diferenças e igualdades: entre as flores e entre seres humanos.*

No momento em que pedíamos às crianças as flores, o Natan, menino de oito anos, aquele a quem a professora Diana classificara como "moreno", tirou da mochila um amontoado de capim e perguntou-nos: "Isso aqui é flor? Serve?". Explicamos e exemplificamos o que era flor, mas, ao final do horário, o mesmo aluno perguntou-nos "Como é que é flor?". Renovamos as palavras e demos a resposta. Em seguida, a mesma criança pegou-nos pelo braço e mostrou-nos as flores amarelas do Ipê Mirim de uma das encostas, perguntando: "Aquilo lá serve?", tendo sido positiva a resposta, a mesma criança nos disse "Então eu vou pegar hoje...de uma vez". Estávamos na quinta-feira, combinamos a oficina para a terça feira seguinte. Começamos a nos perguntar: ele não sabe que flores murcham? Queria levá-las para casa? Queria pegá-las antecipadamente prevenindo-se de uma possível falta de flor na terça-feira?

O acontecido despertou nossa curiosidade e passamos a investigar melhor sobre a existência de flores na região/bairro. Frases que ouvimos durante nossa investigação:

> "Eu nunca vi rosas por aqui, nem flor...aqui não tem isso não... acho que é porque aqui é muito *seco*" (moradora da região e auxiliar de serviços da escola), "só conheço uma casa por aqui... que tem um jardim" (moradora da região e cantineira da escola) e "eles trazem pra gente... pra agradar é aquele capinzinho roxinho... eu recebo, agradeço e eles ficam felizes por ter trazido flores" (professora Helena).

A conclusão a que chegamos depois de conversar com algumas pessoas foi de que não é comum o plantio de flores ou rosas na região devido à falta de espaço, e que é comum as crianças, no afã de agradarem as professoras, trazerem um "capinzinho roxo", para o qual as professoras vêm admitindo nomear de flor.

O Historiador Slenes (1999) utiliza no seu livro *Na senzala uma flor*, sobre a formação da família escrava na região sudeste no século XIX, uma epígrafe, de um autor francês, da qual ele discorda: "nos cubículos dos negros, jamais vi uma flor: é que lá não existem nem esperanças nem recordações", de Charles Ribeyrolles (1859). Charles Ribeyroles (1859) compara a ausência de flores à falta de recordações (passado) e à falta de esperança (futuro). Do ponto de vista de Slenes (1999), os escravos, ao se constituírem enquanto famílias cativas, moravam em senzalas onde não havia flores, mas havia a chama reluzente do fogo, e o autor considera que o fogo foi ressignificado pelos escravos.

Embora concordemos com a ideia de Slenes (1999, p. 253) de que a partir da utilização que fizeram do fogo, em seus casebres, os negros ressignificaram seu sentido "na chama reluzente do lar escravo, eis a flor", queremos elucidar que, em nosso ponto de vista, os projetos educacionais que se dizem democráticos e buscam o compromisso de mudança com a escolarização das pessoas negras têm que necessariamente ser projetos, cujo conteúdo seja a própria vida. A partir daí, outros desdobramentos vão surgindo: os estudantes passam a ser reconhecidos como seres humanos distintos, como disse Silva (1998).

No nosso entendimento, o ambiente florido representa um ambiente onde há interesse pela vida. Assim, enfatizamos um sentido que as flores dão ao ambiente: flores são elementos que enfeitam, embelezam o ambiente, tornam a existência das pessoas mais humana e menos árida. Resolvemos buscar parceiros para florir a escola, não por bondade, muito mais porque estamos conscientes de que a pesquisa-ação proposta em Psicologia Social tem a preocupação de buscar mudanças de ordem prática, junto aos agentes pedagógicos e administrativos, visando à melhoria da qualidade do ensino, implicando a melhoria na qualidade de vida dos seres humanos envolvidos. A partir daí, buscamos outros parceiros: professores de outros turnos, "os visitantes" da escola, a comunidade externa, o carreto voluntário, a Fundação Zoobotânica e efetivamos o projeto *Florir a escola.*

Com esse projeto, os alunos e alunas, as professoras pesquisadas, a pesquisadora e alguns "visitantes", sob a coordenação do professor Saulo Maurício, plantamos na Escola Municipal Serra Verde 90 mudas de árvores que florescem a copa e 160 plantas menores que florescem o ano todo.

Consideramos que o saldo do trabalho foi positivo. Mesmo com toda a depredação, muitas mudas sobreviveram e, o mais importante, no ano seguinte, quando retornamos para um dos nossos encontros de acompanhamento, constatamos que a direção havia plantado, em grandes vasos, à porta da secretaria e da biblioteca, flores como gerânios, azaleias etc.

AVALIAÇÃO POSITIVA DA CAPACIDADE DA CRIANÇA NEGRA DENTRO DO RESPEITO À SUA IDENTIDADE ÉTNICA

O que sabemos sobre os aspectos cognitivos de uma criança, ainda aos seis anos de idade, permite-nos agrupá-la por nível de conhecimento? O que dizer de todo tempo que ela tem pela frente, antes de fazer tais determinações? Pois bem, o grupo pesquisado, nos anos anteriores, havia usado o mecanismo funcional da enturmação e reenturmação das crianças de seis anos, em salas que denominavam ao longo do ano letivo como "fracas" e "fortes". Conversávamos com a professora Diana sobre sua turma "fraca", cursando o terceiro ano no primeiro ciclo:

> *Professora Diana*: Alguns no ano passado estavam comigo, outros melhorzinhos que estavam comigo foram remanejados e estão com a Elaine.
> *Pesquisadora*: Na tentativa de formar salas homogêneas, só se homogeneíza é pobreza e meninos pretos, *nunca* o nível de conhecimento.
> *Professora Diana*: Eu sou a favor do remanejamento. Eu sinto que se eu tivesse ficado com os melhores, eu teria prejudicado esses daqui. (apontou para a turma).
> *Pesquisadora*: Eu penso que, ao remanejar seus melhores alunos, você passou para a Elaine seus alunos que poderiam estar aqui ajudando os que ficaram a construírem algum conhecimento. Dava pra estabelecer parceria de uns com os outros. Eu acho que as escolas têm que pensar num trabalho para, no processo, sanar as dificuldades dos alunos antes de chegar ao ponto de remanejá-los. Porque o remanejamento é complicado, ele ajunta na mesma turma, no meio de pobres, os miseráveis, os pretos e aqueles que precisam de mais assistência. Garanto que os alunos que você passou pra Elaine eram os mais claros. Eu não conheço a sala dela, mas garanto que os alunos dela são mais claros, não é?
> *Professora Diana*: Aquela ali, vai pra sala da Elaine. Ela tá lendo tudo ((apontou uma menina branca de cabelo claro e comprido)). Pensando bem, você tem razão.

Eram os remanejados e segregados nos dois últimos anos do primeiro ciclo, da sua turma, que só mais adiante, na entrevista, a professora Diana admite perceber como maioria de alunos negros. A tentativa de remanejar as crianças aos seis anos de idade foi feita também no ano da nossa intervenção: "Os alunos foram enturmados por nível de conhecimento. Estou pensando que poderíamos dar... não é teste, não...só pra sondar conhecimento, pra saber onde eles estão" (coordenadora Cláudia, DC: 05.02.2001).

Entretanto, esse desejo era da coordenação e também das professoras:

> *Professora Lílian*: Estou gostando tanto daqueles meninos!
> *Pesquisadora*: Daqueles do ano passado?
> *Professora*: Daqueles especiais não. Tem menino lá na minha sala que não sabe nem pegar no lápis. O que a gente faz, heim? Acho que vai ter que separar não dá pra ficar assim. Vai ter remanejamento. Estou doida para fazer um remanejamentozinho, já está dando pra saltar aos olhos a diferença (...) (professora Lílian e pesquisadora, DC: 13.02.2001).

Vinte dias após, a mesma professora contabilizava seus alunos fracos, médios e fortes. Tivemos a felicidade de lhe propor, diante da coordenadora Sirlene, que não fizesse o remanejamento. A coordenadora disse que a ideia geral era separá-los, embora ela fosse contrária. Mais uma vez intervimos, questionando os espaços de segregação: em que sentido a escola busca homogeneizar, se, no momento do remanejamento, considera só os aspectos cognitivos? Discutimos sobre os espaços de segregação pós-remanejamento que, nas palavras da professora Lílian, fariam dos alunos "crianças estigmatizadas"; a reenturmação como o fim de linha para os reenturmados como "fracos", "com dificuldades" e o começo da série de estigmas.

A reenturmação é a concretização da segregação escolar. Dissemos que separá-los seria definir, de antemão, a expectativa de qualquer professora que passasse por aquelas turmas, consideradas "fracas". A coordenação sugeriu o trabalho como as oficinas, funcionando metade do horário, por nível de aprendizagem, desde que a criança não perdesse a sala referência. Em março, a coordenadora Sirlene, com os testes na mão: "Nós demos o teste e vimos que os meninos de seis anos estão no mesmo nível, aí decidimos não mexer, não remanejar", assim estavam todos em pé de igualdade.

Passamos a ouvir frases relativas à turma de seis anos: "eu preferi não mexer, meus alunos estão indo bem", "minha sala tá uma gracinha, os meninos estão bem, eu sinto que eles gostam de mim e eu deles" (professora Lílian).

No final do ano letivo, a Cleidiane, menina negra, seis anos, aluna da professora Lílian, descia a escada com sua ficha de avaliação na mão: "a aluna é bastante esforçada e interessada, tende a obter êxito no próximo ano", confirmando uma expectativa positiva da alfabetizadora, que se estabeleceu a partir do momento em que não se ancorou no estigma que aparece pós-remanejamento, caso em que decorreu do rompimento com a prática segregacionista da enturmação por nível cognitivo e/ou da reenturmação.

Há que se considerar o fato de que a linguagem em relação à criança negra muda:

> Estou chamando a Rariane de minha gatinha. Eu falei pra ela assim: "você é minha gatinha". Ela olhou e falou: "eu não gosto que cê me chama assim". Ai eu perguntei pra ela: "você sabe o que quer dizer minha gatinha? Que você é *linda maravilhosa*"... "*não sou*", ela respondeu. "Eu sou muito feia". Eu perguntei pra ela: "quem foi que te falou isso? você é *muito bonita* (professora Helena, DC: 20.12.2001).

A professora Helena começa a elogiar a menina e concretiza seu esforço de mudança porque já tem consciência de que é uma referência para sua aluna. Passa a avaliar positivamente o aspecto físico dessa menina negra, que já vinha cristalizando e internalizando uma autoimagem de pessoa feia. E a professora tenta criar um outro caminho pelo qual elogia e questiona o porquê de a menina se achar feia.

Segundo Silva (1995, p. 93), a criança constrói a sua consciência do eu físico partindo de suas características raciais quando, na infância, é avaliada e submetida aos elogios ou críticas de seus "outros significativos" acerca de seus atributos físicos visíveis. Se a criança não se enquadrar "no modelo estético considerado como belo, ela percebe que exerce pouca atratividade" sobre os seus "outros". Como esses outros estão no seu mesmo grupo social, ela acaba desenvolvendo para si o complexo de inferioridade, passando a se envergonhar de suas características raciais. Em outras palavras, a criança passa a ter vergonha de seus traços fenotípicos.

O diálogo entre a professora branca e a menina negra, de oito anos, sugere que educadores e professores precisam adotar uma linguagem que aproxima, a linguagem do elogio quando a criança ainda pode acreditar e sentir-se bonita de fato. No caso descrito, a menina já estava na escola desde seus cinco anos de idade, sendo rejeitada devido à sua aparência física mal cuidada, tendo incorporado a autoimagem de "feia". Nesse caso, o trabalho de fazê-la acreditar no contrário é longo e difícil, contudo, não impossível.

O RELACIONAMENTO AFETIVO DAS PROFESSORAS COM AS CRIANÇAS: O RECONHECIMENTO E O VÍNCULO

> Não dá pra separar: eu sou professora, você é aluno e acabou. Isso não é legal. Agora a gente tá percebendo, que a afetividade, ela tem que entrar como ponto fundamental pra química da aprendizagem acontecer, principalmente no primeiro ciclo, quando a criança, ela é... uma criança. (Professora Helena)

Provocam-nos desconforto as denúncias de Cavalleiro (2000; 2001) de que à criança negra é negada uma relação afetiva e de que a sua relação com a professora sofre com o afastamento, rejeição e ausência de contato físico e afetivo. Assim, tanto no trabalho com o grupo de professoras, como nas oficinas com os alunos, a pesquisa-ação trabalhou sempre a postura da proximidade, do afeto, da escuta, do toque e investiu, especialmente, na ideia de circularidade da fala, de socialização, como nos círculos de cultura de Paulo Freire.

A coordenação da escola verbalizou na presença do grupo, numa reunião pedagógica, no segundo mês da nossa estadia em campo, essa relação de rejeição professora/aluno, aluna: "Precisamos aprender como lidar com esses alunos. Às vezes eu fico olhando você tocar naquela aluna... ((referindo-se a Cristiane)) e vejo como é importante pra eles o toque. Eles são tão carentes" (coordenadora Cláudia, DC: 15.02.2001).

De fato, em maio, contabilizamos, no nosso diário de campo, as escassas seis vezes em que vimos, em quatro meses e meio de pesquisa, as professoras tocarem com afeto as crianças das dez salas de aula. Isso nos incomodou profundamente, porque se tratava de crianças com idades entre três e oito anos. É muito importante explicitar que, quando observamos o aumento e a constância do contato físico com as crianças, isso aconteceu nas turmas da educação infantil, nas quais as professoras passaram a revelar um maior investimento no vínculo afetivo e na valorização da criança: Shélida, Linda e Lílian, que trabalhavam projetos pela valorização da corporeidade de seus alunos, demonstram que o mundo da educação escolar infantil pode se tornar mais humano e menos árido, na medida em que professoras desmontam a prática pedagógica racista investigada por Cavalleiro (2000), na qual a criança branca recebia mais atenção e incentivo.

O depoimento das professoras levou-nos à confirmação de que, antes do contato com a pesquisa, a prática da Escola Serra Verde desperdiçava as boas oportunidades de estar em roda, cantando ou conversando, de estar no círculo dialogando e na rodinha. Enfim, estava em desuso o que Souza (2001, p. 186) classificou como momentos que enxergam e valorizam a oralidade como uma prática social. São as oportunidades que estão voltadas para pensar "os domínios e os usos da linguagem como componente fundamental para o permanente exercício da cidadania". O falar é uma troca de ideia e registro de pensamento, que dá condição ao indivíduo de entender sua história de vida, de pensar sobre ele mesmo e sobre os outros.

É importante salientar que essas são atividades fundamentais da interação face a face, quando predominam o envolvimento afetivo e a disposição para a escuta. A ausência dessas atividades sugere-nos o medo do envolvimento afetivo, o afastamento e a rejeição da professora diante da criança pobre e, sobretudo, negra. Para Cavalleiro (2001), o afastamento e a rejeição são componentes indispensáveis para a formação de sentimentos racistas.

A cultura do círculo, do sentar na roda, passou a ser incorporada pelas professoras. Esse foi o depoimento de duas professoras que inicialmente considerávamos distantes das crianças:

> "Eu ontem coloquei meus alunos na rodinha. Eu descobri um monte de problemas que meus alunos têm. Eles gostaram e falaram um tanto de coisa. Eu fiz a rodinha e fiquei no meio. Hoje eu vou fazer rodinha de novo. *Foi bom mesmo*" (professora Willita, DC: 05.06.2001).
> "eu falo mesmo com a Shélida. Contar histórias, cantar com esses meninos na rodinha é com você. Pra mim é só o conteúdo" (professora Paixão, DC: 04.12.2001).
> "aquilo ali foi assim... primordial... inclusive PRINCIPALMENTE como trabalhar... um negócio bonito mesmo... a hora que você sentou no chão...aquilo ali eu gravei... não sei se é porque eu tava bem concentrada... "o que vocês acham que eu trouxe pro cês?" não chegou mostrando o livro... isso ai foi excelente (...) eu aprendi como... trabalhar em grupo (...) eu não posso deixar esse trabalho sobre terra de jeito nenhum... eu não posso deixar ele sobre terra não... que isso foi... quer dizer... teve uma base sua... eu aprendi a trabalhar em grupo com eles... com cê... aqui olha como que eu tô... olhe ((mostrou arrepiar-se)) parece que eu tô... eu não tô sentindo frio...eu tenho mania de ficar em pé (...) como é que eu fico em pé... eu falei.. gente eu tenho que controlar...

eu tenho que ficar mais gente... como eu fico em pé... eu tenho mania de ficar em pé na sala... eu acho que eu tô em pé... eu tô vendo todo mundo" (professora Paixão, 2ª entrevista).

É evidente que mudar sua autoimagem diante do grupo, ter se permitido ser professora e negra representou, para a professora Paixão, uma mudança na sua interação com seu aluno negro, a quem, antes, ela tratava de forma hostil, preconceituosa e até antipedagógica:

> o Elder... ô LUA CHEIA ele tem um rosto muito redondo... ô lua cheia... PÁRA... quer dizer eu não gosto de apelido mais... falava assim... hoje eu brinquei com ele aqui... passei a mão na cabeça dele... cê viu como é que eu te chamava de lu/ hoje eu a-bra-ço eles com prazer... então o Heberton... nó: im-pres-si-o-nan-te... mais TEM QUE GOSTAR... menino quanto menos é tímido na sala... se ocê não for muito ((pausa)) CABEÇA... sei lá... azar... problema deles... já fiz isso (professora Paixão, 2ª entrevista).

Reconhecer a identidade negra dos alunos e alunas foi um processo que culminou num resultado positivo para as professoras. Outro exemplo é o da professora Diana, que já trabalhava com projetos de nomes e de histórias literárias étnicas em sua sala. Acompanhemos, cronologicamente, o processo de "reconhecimento" que decorre do rompimento com o medo de envolver-se, criando um vínculo afetivo com suas alunas(os), vivido por ela:

> *Pesquisadora*: Sempre que suas alunas a Lorene, Fernanda, Tânia e a Klésia me viam, vinham me abraçar. Outro dia você estava conversando de uma forma tão próxima delas, eu estava chegando, elas me viram, deram um tiauzinho, mas, não vieram me abraçar. Acho que elas estão identificando algo em você ou em suas aulas que as contemplam. Você observou alguma mudança em sala? Porque eu estou percebendo que elas estão me procurando bem menos.
> *Professora Diana*: É. De uns tempos pra cá, meus alunos deram pra isso. Eu não consigo nem dar aula direito. Eles ficam só me contando casos, toda hora vem um quer conversar comigo, o

tempo todo eles querem ficar perto de mim. Eu não gosto *disso.* Acho isso ruim. Não estou gostando. Não dá nem pra dar aula direito" (conversa da professora, DC: 20.04.2001).

Essas meninas e meninos negros fizeram da professora, cujos atributos fenotípicos são diferentes dos seus, o seu *outro*. Daí o fato de, segundo D'Adesky (2001), condensarem nesse *outro* o sentido de sua vida escolar, os seus objetivos e ações, porque dele dependem o seu reconhecimento e o seu valor enquanto ser humano, naquele contexto.

A professora Diana, num movimento que passa do coletivo ao singular, vai "reconhecendo e atribuindo sentido" à identidade de seus alunos e alunas negros:

> Eu acho difícil trabalhar a auto-estima dos meninos da minha sala. Eu contei a história da Menina do laço de fita, eles começaram a rir, dizendo que ela era feia. A Tânia, então, que é negra, toda hora me atrapalhava: "Ah não! essa menina é feia *demais*" É *muito difícil* trabalhar assim (DC: 14.05.2001).

Adentramos a sala dessa professora com nossa oficina *Flores, pintinhos e crianças: somos diferentes?* Junto com os alunos, produzimos a história *Os pintinhos diferentes*, a ilustração e o material didático para a sua contação. Porque "não gostava de filmagem" e, após permitir que filmássemos "só os meninos", vimos a professora Diana sentir necessidade de romper com o afastamento buscando uma aproximação ao se colocar no círculo de carteiras, quando do seu trabalho com o pequeno grupo (DC: 25.10.2001).

Na festa junina, Diana se juntou às outras professoras para transformar, lindamente, em figura típica, a aluna Rariane, com quem acabara criando um vínculo de afeição, após atravessar o estranhamento que ela, professora branca, de cabelo liso e loiro, enfrentou sensibilizada pelo que ocorrera com a aluna:

> *Professora Diana*: Você ficou sabendo o que aconteceu com a Rariane?

> *Pesquisadora*: Não, o que aconteceu?
> *Professora*: Ela tava jogando queimada, ai não sei o que foi, alguém jogou uma bola com força, mas não foi com *tanta força* e bateu na cabeça dela. Ela começou a chorar e dizer que estava machucada. Eu fui olhar, estava soltando pus, mas não deu pra bola machucar *daquele jeito*. Quando eu resolvi olhar, ela tava com a cabeça *toda* ferida. Chamei a professora Helena... não dei conta de olhar mais. Chamamos a mãe dela. Ela veio e falou que havia alisado o cabelo da Rariane, mas depois de ter passado a pasta, não lavou a pasta, pra pasta não perder o efeito. Nós mandamos a mãe levar a menina pro médico. Ele mandou lavar a cabeça com soro e indicou benzetacil pra ela tomar (DC: 11.12.2001).

Após a preocupação, vem o "reconhecimento" da aluna como negra e concretiza-se o vínculo afetivo:

> Estou precisando conversar com você Denise... a Rariane me pediu uma boneca de natal... daí eu fui olhar no camelô, eu não consegui comprar porque só tem boneca loira. Eu sei que tem a Barbie pretinha, eu já vi, mas só que ela é cara. Ai eu fui aos camelôs, só tem Barbie loira do cabelo longo e liso. Eu fiquei pensando: não tá certo... dá uma boneca loira pra Rariane. Ela já tá com o problema de ter a cabeça toda ferida e até saindo pus por causa do alisamento, eu ainda dou pra ela uma boneca loira? (...) agora eu fiquei reparando depois das nossas conversas, que só vendem bonecas loiras, *não tem uma boneca preta* (...) eu estou preocupada com a Rariane. Ela me falou que vai alisar o cabelo de novo, eu falei: não faz isso não, você ainda tá com a cabeça toda ferida da vez que você alisou. O seu cabelo vai cair todo, eu não sei o que falar... (professora Diana, DC: 19.12.2001).

O efeito desse "reconhecimento", o envolvimento afetivo, ao longo do processo de pesquisa foi sendo estabelecido com todas as alunas e alunos e teve efeito mobilizador no aprendizado. Para Cavalleiro (2001), o afetivo no processo de ensino/aprendizagem garante um melhor preparo emocional daquele que aprende.

> eu tenho que CUIDAR ... tenho que PENSAR em alguma forma... tenho que pedir AJUDA... que, por exemplo... a questão RACISMO não tá legal: ou OUTRAS QUESTÕES... de procurar... acho que cê... assim... me ensinou que se eu tiver com dificuldade ... NO QUE FOR... no que for... eu tenho que pegar... eu tenho que LÊ (...) não deixar de lado... e falar assim... "eu não sei trabalhar" (...) minha sala lá... A MAIORIA são crianças negras... crianças pobres... e eu sem:pre fiquei vamo dizer... com as TURMAS FRACAS... tempo todo as turmas fracas... mas... eu não pensava... não observava... eu sabia que a maioria era negra... porque eu tava ali vendo... eu sabia que a maioria era pobre... mais sabe quando cê num... PENSA QUE ISSO PODE INFLUENCIAR? cê não raciocina? que... o quê que aquilo pode tá acarretando mesmo... no ensino... ou o que a auto-estima da criança pode tá atrapa/ a baixa-auto-estima pode tá atrapalhando ela sabe? a discriminação dos colegas pode tá colocando ela PRA BAIXO... ali... e ela tá se fechando... e não tá nem conseguindo aprender... porque tá preocupando com outras coisas... "nossa isso aqui... os meninos... tão me tratando assim..." e nem pra e nem presta atenção... não quer saber de nada... porque ele tá se sentindo MAL... então assim... isso num... pra falar a verdade... isso a gente ÀS VEZES NÃO PENSA ISSO... e com o tempo eu passei a pensar... pensar mais nisso (...) eu sinto mal quando chega Mariana por exemplo... que é uma das que a gente tentou... tinha o Leone... que eu percebi... era o Leone... O Natan e a Mariana... os três que eu senti mais RACISTAS ali... a Mariana até pouco tempo... ela tava chamando a Tânia de URUBU... então eu fico assim... "será que a gente conseguiu? eu sei que vai demorar" (...) mais as meninas que já estavam BEM COM SI MESMA... com o nosso trabalho... elas ficaram melhores ainda... cê vê né? (professora Diana, 1ª entrevista)

Estabelecido o vinculo afetivo, mudam as relações afetivas professora aluno(a) e alunos entre si, como constatado pela coordenadora de turno:

> os meninos começaram a respeitar mais os colegas... se RESPEITAREM, né? RESPEITAR a sua cor... sua... é... se olharem como pessoas... que merecem respeito... NOSSA... eu acho que os meninos assim... CRESCERAM... aquela turma da DIANA... né? ((risos)) como que eles aprenderam a gostar de si mesmos... uma coisa assim... (coordenadora Cláudia, 2ª entrevista).

A professora Willita falou da relação da pesquisadora com as crianças da escola e da sua mudança de postura e, quanto à sua relação com os alunos e alunas, ela revela que começa a:

> pensar MUITO a relação com... com a criança... que a gente PÁRA um pouquinho... quando a gente vê... né? algo diferente... deu pra mim dá uma REPENSADA... entendeu? tem uma diferença NO SEU RELACIONAMENTO com os meninos... então a gente vai APRENDENDO (...) eu achei que eles mudaram tanto o comportamento (...) eu acredito que todo mundo parou um pouquinho pra pensar... porque às vezes cê faz coisa que cê NEM PERCEBE, entendeu? (...) agora... cê já faz... cê já faz as coisas PENSANDO... entendeu? não faz aquilo AUTOMÁTICO... cê antes de fazer... pensa (professora Willita, 2ª entrevista).

Ao se avaliar no processo de pesquisa, a professora Willita inicia uma reflexão e, sensibilizada pelo grupo, passa a verbalizar a beleza das crianças negras. O conhecimento do sentimento e a vivência de diferentes ações possibilitaram a reflexão e, como aponta Cavalleiro, uma "distribuição igualitária dos afetos e estímulos no espaço escolar" (2001, p. 155), e, consequentemente, um cotidiano mais humano e acolhedor.

CONSIDERAÇÕES FINAIS

falaram tanto que nosso cabelo era ruim
que a maioria acreditou
e pôs fim
(raspouqueimoualisoufrisoutrançourelaxou...)

ainda bem que as raízes continuam intactas
e há maravilhosos pelos crespos
conscientes no quilombo das regiões
íntimas de cada um de nós
(Cuti)

Nossa pesquisa-ação surgiu de uma demanda psicossocial, expressa antes de nossa entrada em campo e realizada em um período de quatorze meses. Envolveu quatorze professoras alfabetizadoras (educação infantil e primeiro ciclo de formação) de uma escola pública da Rede Municipal de Ensino, localizada num aglomerado de favelas na zona sul de Belo Horizonte, onde o índice de violência e analfabetismo é elevado e a qualidade de vida é baixa. Nos primeiros meses, dedicamo-nos à observação da relação professora/aluno(a), ao mesmo tempo que interagíamos, buscando construir vínculos de confiança que permitissem o desenvolvimento do trabalho. À medida que esses vínculos surgiam, podíamos adotar uma postura mais ativa – ou proativa – onde houvesse uma "intervenção psicossocial" por meio de diversas ações e projetos pedagógicos.

Assim, com o objetivo de analisar a linguagem da professora dos níveis iniciais de formação no momento em que ela interagia com a criança, localizamos nessa interação a etnia e o gênero e verificamos as marcas dessa comunicação na produção de estigmas. Relacionamos esse estigma com o aprendizado e com a representação da professora acerca da criança negra. A partir daí, valemo-nos dessa linguagem cotidiana e articulamos uma nova prática pedagógica que contemplou as diferenças étnicas e de gênero.

Na fase de produção de dados e intervenção, a pesquisa acompanhou as atividades diárias do grupo de professoras e, no momento em que alcançou credibilidade, foi-se tornando intervenção cotidiana. Nessa fase, a partir dos trabalhos de grupo, foi possível produzir elementos, dados e materiais didáticos com os quais procuramos instrumentalizar a prática pedagógica, fato que foi constatado no decorrer da pesquisa pelas mudanças que surgiam na prática: os projetos com a preocupação de trabalhar a questão do grupo negro e a mudança de linguagem que foi se estabelecendo no contato com a criança negra.

O silêncio acerca da questão étnica foi sendo rompido no uso de imagens, diálogos, trabalho de grupo, projetos pedagógicos e textos. As professoras, à medida que se sentiam amparadas, iam trocando suas experiências na lida com a questão étnica no cotidiano. Ao longo da pesquisa, elas perceberam o quanto as crianças utilizam a linguagem de sua professora como forma de construir um referencial para si mesmas e, que, no dia a dia, elas constroem a sua subjetividade por meio das interações e do processo de aprendizado, processo que contém, silenciosamente, sua luta pela cidadania.

Consideramos que a melhor forma de finalizar este trabalho de pesquisa-ação é relatarmos as ações de que se tornaram capazes os sujeitos participantes da pesquisa. Começaremos pelas nossas últimas percepções em campo, e em seguida, falaremos dos nossos encontros de acompanhamento.

As ações que cada uma das sujeito-pesquisadoras se dispôs a realizar abrangiam os projetos pedagógicos, as mudanças de postura, as mudanças da linguagem e sua semântica.

A professora Shélida passou a explicitar seu envolvimento político com a educação da criança de favela. Denunciava, constantemente, a falta de compromisso que percebia no trabalho de algumas profissionais, alertando-nos para que a nossa pesquisa considerasse também o fato de que as crianças da Escola Municipal Serra Verde não aprendiam a ler por uma série de fatores, já estudados por diferentes autores, sendo que nossa pesquisa não poderia deixar de considerar a falta de compromisso de algumas profissionais da escola que, por pertencerem a um outro mundo social, não se comprometiam e acabavam encontrando fugas, como licenças longas durante todo o ano letivo, ou, ainda, dando um jeito de "fazer de qualquer jeito" porque trabalham em escola de favela.

A crítica da professora surgiu porque foi percebendo que, da mesma forma que ela e outras estavam envolvidas com a mudança, outras alfabetizadoras viviam o descompromisso profissional e, consequentemente, havia prejuízo de acompanhamento do alfabetizando.

Já na fase de acompanhamento, numa de nossas visitas à escola reformada, a mesma professora nos permitiu filmá-la coordenando, junto com as professoras Paula, Lílian e Paixão, uma nova prática do grupo: *a grande roda*, roda que fazem todos os dias, na entrada do turno, com as crianças de 4 a 6 anos na escola reformada. Na *grande roda* as professoras escutam as crianças com seus casos e acontecidos, seus sonhos e desejos. Elas cantam, dançam, se abraçam e se acolhem.

> Aqui, de tanto a gente falar da beleza das meninas negras de tranças e trancinhas, agora, todas elas, todo mundo, até as meninas de cabelo liso estão vindo de trancinhas (diretora/professora Helena – DC, 20.11.2002).

A prática das professoras, de todos os dias reunirem seis salas, com aproximadamente vinte crianças pequenas num momento único de socialização, quando as crianças vivem um tempo como iguais, antes de entrarem para salas diferentes, pode ser vista como investimento e mudança. Essa prática já está sendo proposta por essas professoras nos encontros de formação com outros profissionais da educação infantil.

A *grande roda*, no início do horário escolar, vem nos dizer que formamos crianças cidadãs não nas grandes e muitas filas que vemos nos pátios escolares da entrada, mas, sim, nas *grandes rodas*, nos grandes *círculos por* onde percorre a cultura, momentos em que a criança constrói a percepção de si, porque é sujeito e dialoga consigo mesma e com os outros.

No nosso último encontro com o grupo, na escola reformada, chegamos à escola debaixo da chuva de dezembro. Os alunos e alunas da professora Diana, os mesmos do ano anterior, com os quais ela decididamente continuou, abrigavam-se da chuva numa proteção junto ao portão de entrada. Tivemos a oportunidade de abraçar e compartilhar do sorriso da Klésia, do Ramon, do Leone, da Léia, da Rariane e do Helbert que, agora com 9 anos, frequentavam a mesma turma, sendo acolhidos pelas professoras e colegas.

Aqueles rostinhos sorridentes e unidos nos provocaram uma sensação boa, que cresceu ao vermos e ouvirmos lá dentro, na pequena sala, o grupo de professoras tentando, de forma preocupada e não estereotipada, articular um modo de ajudar a Rariane a incorporar os banhos em sua rotina diária. Já haviam constatado a falta do banheiro no barracão onde ela mora. Por um bom tempo, conseguiram convencê-la a tomar banho na escola, mas ela já não queria mais fazê-lo, porque estava se sentindo diferente das outras. É importante dizer que o grupo todo tomava para si o caso da menina como uma preocupação. Articulavam ideias e, quando chegamos, fomos imediatamente convidados a participar daquele esforço.

Nesse último encontro, contamos para o grupo sobre a forma como construímos os capítulos da nossa dissertação, que originou esta obra. Ao falarmos sobre o capítulo que chamamos de "ações afirmativas", foi muito confortável o fato de podermos citá-las não de um passado distante, e, sim, de um passado recente e de um presente que promete frutos.

Aquele grupo está trabalhando afirmativamente e nos mostrou projetos pedagógicos envolvendo o gênero e contemplando a etnia da criança, fotografados e registrados. Verificamos que naquelas fotografias estavam várias crianças com as quais convivemos na pesquisa e que, por vontade da família, ou por vontade própria, decidiram acompanhar a turma e a professora, matriculando-se na escola reformada. O mais importante é que havia outras crianças negras e brancas, bem pequenas, com seus quatro anos de idade iniciando, ali, um novo processo.

Os projetos foram registrados com imagens e documentos que, segundo a diretora Helena, seriam "apresentados no primeiro seminário ou encontro que a Prefeitura convocasse", o que demonstra a valorização efetiva do trabalho docente.

Levamos, nesse último encontro, para o grupo, o volume de nossos registros, as fitas, os diários de campo, as fotografias e as entrevistas transcritas, todo material básico de nossa dissertação.

A professora Tereza contou-nos, como quem demonstra sua energia para seguir lutando, sobre a sua derrota no pleito à direção da Escola Serra Verde. O logotipo de sua campanha, duas mãos dadas, uma branca e outra negra; e o *slogan*, a igualdade.

A professora Paula mostrou-nos seus registros do projeto de alfabetização e disse-nos: "Agora, eu registro as falas importantes dos meus alunos e coloco nas aulas e projeto, aprendi com você". Pediu-nos orientação para sua monografia, vai escrever sobre alfabetização e arte, porque está fazendo o Curso Normal Superior[16].

A professora Helena, diretora, falava-nos do seu esforço por aumentar a permanência do horário diário dos alunos com dificuldades de leitura, com os quais ela mesma se envolveria, num trabalho de alfabetização.

---

[16] Monografia da Professora Paula: *A Importância do Ensino das Artes Visuais no processo de Ensino-aprendizagem nas Escolas Públicas* (2006) pelo Curso de Magistério Superior Veredas, ministrado pela UEMG – Universidade e pela Prefeitura de Belo Horizonte. Vitória Paula..

A professora Diana mostrou-nos fotos de seus alunos negros Rariane, Fernanda, Tânia, Ramon e dos outros num desfile de modas e outras fotos registrando o passeio que fizeram ao Minas Shopping, quando lancharam e encantaram-se com a decoração de Natal.

Elaine, professora cada vez mais exigente com seu trabalho, saía da coordenação pedagógica, mesmo tendo nos deixado, ao longo do acompanhamento, a certeza de ter feito um bom trabalho. Enquanto relia nosso texto *O caso de Veralice*, disse-nos que sua realização é a sala de aula.

A coordenadora Sirlene, com quem nos encontramos uma única vez durante o acompanhamento, estava trabalhando no Departamento de Educação da Regional.

A professora Willita estava cursando a formação superior pelo Programa Veredas. Contou para o grupo que ficou comovida com sua aluna de sete anos, que teve o irmão baleado pelos traficantes e, para que ele fosse enterrado, a polícia "teve que tirar o corpo do aglomerado, com helicóptero, porque os bandidos queriam esquartejá-lo". Estava preocupada com essa aluna, porque ela escreveu para papai Noel sobre o seu desejo: "eu gostaria de um lugá para eu e minha mãe vivê mais as sossegadas".

As professoras Tereza, Paula, Shélida, Lílian, Linda, Willita e Diana, além de trabalharem na escola reformada, continuam o exercício das atividades em regime de dobra, ou cargo efetivo, na escola Municipal Serra Verde, onde a professora Isabel é coordenadora de turno. Quanto àquelas que se transferiram, a professora Maria foi para uma outra escola da Rede Municipal, também num aglomerado de favelas, e a coordenadora Cláudia, agora numa escola próxima a sua residência, estando na sala de aula, com crianças de seis anos, permitia a uma contadora de história étnica, do grupo de Educadoras Negras (do Centro de referência da Cultura Negra de Belo Horizonte), num projeto de formação de professores municipais, fazer por ela intervenções em sua sala.

Ao iniciarmos este último capítulo, vimos que era necessário retornar às ações. Assim, não nos permitimos chamá-lo de conclusões, porque as ações, ao serem desencadeadas, não se concluem em si mesmas, mas são continuadas em cada sujeito dentro de um processo subjetivo e intersubjetivo.

Não podemos ter a garantia de que 100% das professoras que participaram como sujeito e até pesquisadoras, nesta pesquisa-ação, venham a assegurar, na prática, um trabalho de ação afirmativa junto às crianças negras. Entretanto, podemos afirmar que houve mudanças, para elas, para as crianças, para as famílias e para a escola.

O trabalho de campo evidenciou que as experiências significativas iam sendo construídas por professoras que foram sensibilizadas e passaram a perceber terem convivido ou vivido socialmente algum tipo de discriminação, direta ou indiretamente. Ao mesmo tempo, elas iam recebendo fundamentação e acompanhamento, à medida que se envolviam no grupo, com a proposta de mudar sua prática pedagógica.

Trouxemos algumas conclusões, que aqui ressaltamos devido a sua centralidade no objetivo desta obra. Entre as dezoito professoras alfabetizadoras, em contato com a pesquisa, quatorze mostraram envolvimento com os grupos e se dispuseram a participar. Cada uma se engajou em um processo de reflexão e de envolvimento que influenciou a sua consciência acerca das relações étnico-raciais. Quatro delas resistiram a esse envolvimento. Nossa pesquisa contribuiu com um dado relevante: num total de dezoito professoras, numa ação de formação docente, com acompanhamento e investimento, 75% demonstraram interesse em mudar a prática pedagógica naquilo que ela possuía de discriminatória e racista. A minoria (25%) apresentou resistência e manteve postura de discriminação.

Pode ser necessário esperar algum tempo para saber se as mudanças acontecidas vieram (ou não) para ficar. De qualquer forma, foi demonstrada a possibilidade de desestigmatização da imagem da criança negra, num processo que envolveu o campo das relações étnicas e de gênero.

Nossa investigação provou-nos que a pesquisa-ação ganha força e expressão a partir do momento em que o(a) pesquisador(a) se faz antropologicamente inserido(a) no campo pesquisado, ou seja, quando a pesquisadora veio a se envolver não só com o corpo docente da escola como também com o corpo discente, quando "arregaçou as mangas" e ganhou a credibilidade do grupo pesquisado. Trabalho que se deu num movimento dialético, que produzia conhecimentos práticos e teóricos, tornando a pesquisa um testemunho vivo.

A utilização das imagens foi um importante recurso metodológico que ajudou "sem palavras" a "romper o silêncio" acerca da questão do racismo. O questionamento constante orientou o processo. Tomando como aliadas a história social do negro e a literatura étnica, levamos para dentro da escola o Brasil como ele é de fato e, a partir daí, foi possível, num processo acompanhado, as docentes reconhecerem e valorizarem o negro enquanto grupo étnico, assim como denunciar a situação de marginalidade da população negra brasileira.

As ações da pesquisa, instrumentalizadas pelos trabalhos de grupo, fundamentados na Psicologia Social, proporcionaram momentos de sensibilização, conscientização e envolvimento das participantes. Cada uma delas envolveu-se tomando como referência a sua vivência e, na mesma proposta de pesquisa, as professoras encontravam-se em movimentos distintos: resistindo, sensibilizando, conscientizando, envolvendo-se e produzindo conhecimento, objetivo central da pesquisa.

A partir das oficinas e dos trabalhos com o grupo, vimos surgir o envolvimento das professoras que, ao mesmo tempo, eram sujeito e pesquisadoras, que procuravam se instrumentalizar e concretizar mudanças. Constatamos que o coletivo de um grupo cujo vínculo é o trabalho pode ser resgatado, desde que o grupo se proponha a questionar e investir num projeto que lhes seja comum.

A pesquisa-ação veio comprovar que alunas, alunos, professoras e pesquisadores dispostos a fazer a "revolução das pedagogias" (LOPES,

1999) podem construir juntos uma "pedagogia interétnica" (LIMA, 1997) na qual cada um, com seu saber, pode colaborar para a construção de novos conhecimentos, combatendo a discriminação e o racismo.

As professoras perceberam, durante o processo, o quanto a linguagem que utilizam com as crianças, assim como o tratamento que lhes dispensam, pode colaborar ou prejudicar a autorrepresentação, a autoestima e a construção de sua identidade negra e de seu gênero, ainda que, no trato das relações de gênero, tenhamos tido tempo de trabalhar apenas no âmbito do questionamento e das reflexões.

As oficinas na educação infantil fluíam mais tranquilamente, o que nos faz sugerir que é o momento ideal para intervir visando à constituição de uma identidade negra positiva na criança. O contato com as crianças de quatro anos veio comprovar a teoria, ou seja, crianças não são naturalmente racistas ou preconceituosas. Elas vão aprendendo e incorporando tais sentimentos por meio da linguagem e do modelo adulto, inicialmente com a família, depois com seus pares e os "outros" da socialização secundária.

Ao observarmos e intervirmos na relação professora-alunos(as) negros(as), foco central de nosso trabalho, fomos comprovando que, na interação da professora com o alfabetizando negro, são produzidas marcas de comunicação que podem produzir estigmas que se relacionam ao aprendizado, ao grupo étnico e à identidade de gênero da criança. Nessa interação, a professora transmite, pela linguagem que utiliza, elementos que se tornam componentes constituidores da identidade da criança dos níveis iniciais de desenvolvimento. Mas comprovamos também que, dentro de outra prática, essa relação pode produzir um modelo positivo e criar uma identidade positiva para a criança negra. Vimos casos, como os de Helbert, Rariane, Warley, nos quais somente a partir da atitude de acolhimento docente a criança pode se sentir integrada à escola.

Os estudos da Psicologia Social não pretendem apresentar resultados imediatos, sobretudo num caso que diz respeito à etnia, ao gênero e à alfabetização, que demandam tempo para uma mudança efetiva. Contudo, tais intervenções são necessárias na sociedade brasileira porque, se uma discriminação começa na vida de uma criança aos quatro ou seis anos de idade, evidentemente o resultado imediato é seu sofrimento e, no longo prazo, a incorporação de uma autoimagem negativa.

Para a sociedade, o impacto será quando essa criança, na adolescência, cair na marginalidade e, sobretudo, o grande impacto será sentido daqui a dez anos, quando a sociedade constatar, pelos dados do censo e indicadores sociais, o resultado da discriminação hoje estudada. Esses dados serão percebidos por meio do aumento ou da redução do analfabetismo, da mobilidade social, da continuidade ou não das discriminações e da continuidade ou não das desigualdades sociais.

Na realidade, nossa pesquisa faz uma previsão para médio ou longo prazo, porque os dados do censo e indicadores sociais refletem sempre uma realidade anterior, de vinte a trinta anos passados, o que nos dá direito a questionar se essa escola hoje, que se diz democrática, está realmente mudando, ou se continua reproduzindo os mesmos processos discriminatórios que vão redundar nos mesmos dados dos censos e indicadores que, hoje, constatam a desigualdade no país. Se queremos que os dados do censo de 2020 estejam mudados, o nosso esforço e o esforço daqueles que almejam mudanças deve ser o de mudar aqui, hoje. No nosso caso, mudar na educação infantil ou no primeiro ciclo.

Outro dado importante que a pesquisa aponta e que a Psicologia Social nos comprovou trata-se da importância de se realizar a pesquisa-ação, se de fato, queremos transformar as relações no contexto escolar. Cabe-nos aqui enfatizar a importância de a Pedagogia, na formação dos professores, preocupar-se com propostas que tenham como objetivo intervenções que visem à mudança das relações no âmbito da escola, sobretudo nas relações que resultam na produção do fracasso escolar e que se determinam pelas relações étnicas e de gênero.

A prática nos provou que é possível a construção de uma pedagogia igualitária dentro da instituição escolar. Evidenciamos que, numa formação continuada, o corpo docente pode agir no sentido de construir um trabalho pedagógico pautado no respeito à diferença, em que se trabalhem positivamente a imagem e a representação da criança negra.

As professoras comprovaram que, para o corpo docente, é possível transformar a situação do grupo negro dentro da escola, criando-lhe oportunidades por meio de ações que desenvolvam uma nova consciência e promovam a cidadania da população negra. Resta-nos saber: como fica a situação desse mesmo grupo, quando fora do ambiente escolar? Quem se responsabiliza por garantir-lhe o direito de cidadania?

Que a escola possa dar os primeiros passos em um processo que se torne cada vez mais amplo e democrático!

REFERÊNCIAS

AFONSO, Lúcia (Org.). *Oficinas em dinâmicas de grupo*: um método de intervenção psicossocial. Belo Horizonte: Campo Social, 2002. 151 p.

_______. *Delicadeza*. Belo Horizonte: Poesia Orbital, 1997.

_______. Gênero e processo de socialização em creches comunitárias. *Cadernos de Pesquisa*, São Paulo, n. 93, p. 12-21, maio 1995.

ALMEIDA, Miguel Vale de. "Flores ao colonialismo" masculinidades numa perspectiva antropológica. *Cadernos Pagu*, Campinas, n. 11, p. 201-229, 1998. Entrevista concedida a Adriana Piscitelli e Mariza Correa.

ALVES, Nilda. A formação da professora e o uso de multimeios como direito. *In*: FILÉ, Walter. *Batuques, fragmentações e fluxo*. Rio de Janeiro: DP&A, 2000. p. 25-40.

ANDRADE, Inaldete Pinheiro. Construindo a auto-estima da criança negra. *In*: MUNANGA, Kabengele (Org.). *Superando o racismo na escola*. Brasília: Ministério da Educação, 1999. p. 111-118.

ANTÓNIO, Manuel. *Gênero e identidade racial de crianças negras e brancas na prática de uma professora de pré-escola*. 1999. 139 f. Dissertação (Mestrado) – Faculdade de Educação, Universidade Federal de Minas Gerais, Belo Horizonte, 1999.

ASSOCIAÇÃO MUNICIPAL DE ASSISTÊNCIA SOCIAL – AMAS. *Famílias de crianças e adolescentes*: diversidade e movimento. Belo Horizonte: Prefeitura Municipal, 1995. 168 p.

BAPTISTA, Mônica Correa. *A (de)formação da professora alfabetizadora*. 1996. 241 f. (Mestrado) – Faculdade de Educação, Universidade Federal de Minas Gerais, Belo Horizonte, 1996.

BARCELOS, Luiz Cláudio. Educação e desigualdades raciais no Brasil. *Cadernos de Pesquisa*, São Paulo, n. 86, p. 15-24, ago. 1993.

_______. Educação: um quadro de desigualdades raciais. *Estudos Afro-Asiáticos*, Rio de Janeiro, n. 23, p. 37-69, dez. 1992.

BEATO, Cláudio C. *et al.* *Atlas da criminalidade de Belo Horizonte*: diagnósticos e perspectivas, sugestões de programas de controle. Belo Horizonte: Centro de Estudos de Criminalidade e Segurança Pública, 2002.

BERGER, Peter; LUCKMAN, Thomas. *A construção social da realidade*: tratado de Sociologia do Conhecimento. Trad. Floriano de Souza Fernandes. Petrópolis: Vozes, 1999. 247 p.

BETTELHEIN, Bruno; ZELAN, Karen. *Psicanálise da alfabetização*. Trad. José Luiz Caon. Porto Alegre: Artmed, 1992. 234 p.

BITTENCOURT, Luciana A. Algumas considerações sobre o uso da imagem fotográfica na pesquisa antropológica. *In*: BIANCO, Bela Feldman; LEITE, Mírian L. Moreira (Org.). *Desafios da imagem*: fotografia, iconografia e vídeo nas ciências sociais. São Paulo: Papirus, 1998. p. 197-212.

BORDIEU, Pierre; PASSERON, J. C. *A reprodução*: elementos para uma teoria do sistema de ensino. Rio de Janeiro: Francisco Alves, 1975. p. 11-135.

BRANDÃO, Helena H. Nagamine. *Introdução à análise do discurso*. Campinas: Ed. Unicamp, 1998. 95 p.

BRUSCHINI, Cristina; AMADO, Tina. Estudos sobre mulher e educação: algumas questões sobre o magistério. *Cadernos de Pesquisa*, São Paulo, n. 64, p. 4-13, fev. 1988.

CADERNOS NEGROS, São Paulo, n. 23, 2000.

CARVALHO, Marília Pinto de. Mau aluno, boa aluna?: como as professoras avaliam meninos e meninas. *Estudos Feministas*, Rio de Janeiro, ano 9, p. 554-575, fev. 2001.

CASHMORE, Ellis de. *Dicionário de relações étnicas e raciais*. Trad. Dinah Kleve. São Paulo: Selo Negro, 2000.

CAVALLEIRO, Eliane. Educação anti-racista: compromisso indispensável para um mundo melhor. *In*: CAVALLEIRO, Eliane. *Racismo e anti-racismo na educação*: repensando a nossa escola. São Paulo: Selo Negro, 2001. p. 141-160.

________. *Do silêncio do lar ao silêncio escolar*: racismo, preconceito e discriminação na educação infantil. São Paulo: Contexto, 2000. 110 p.

CIAMPA, Antonio da Costa. *A Estória de Severino e a História da Severina*. São Paulo: Brasiliense, 1996. 245 p.

COSTA, Jurandir Freire. *Violência e psicanálise*. Rio de Janeiro: Graal, 1984. 189 p.

CUTI. *Sanga*: poemas. Belo Horizonte: Mazza, 2002.

D'ADESKY, Jacques. *Pluralismo étnico e multiculturalismo*: racismo e anti-racismos no Brasil. Rio de Janeiro. Pallas, 2001. p. 246.

DIAS, Maria Teresa Ramos. *Desigualdades sociais e oportunidade educacional*: a produção do fracasso. 1979. 155 f. Dissertação (Mestrado em Sociologia) – Instituto Universitário de Pesquisa do Estado do Rio de Janeiro, Rio de Janeiro, 1979.

DUARTE, Cármen A. *et al.* Meninas bem-comportadas, boas alunas: meninos inteligentes, indisciplinados. *Cadernos de Pesquisa*, São Paulo, n. 107, p. 207-226, jul. 1999.

ERIKSON, Erik. *Identidade, juventude e crise.* Trad. Álvaro Cabral. Rio de Janeiro: Guanabara, 1987. 323 p.

FERREIRA, Ricardo Franklin. *Afro-descendente*: identidade em construção. Rio de Janeiro: Pallas, 2000. p. 39-53.

FRANCHI, Eglê Pontes. *Pedagogia da alfabetização*: da oralidade à escrita. 3. ed. São Paulo: Cortez, 1991. 359 p.

FREIRE, Paulo. *Pedagogia da autonomia*: saberes necessários à prática educativa. 18. ed. São Paulo: Paz e Terra, 2001. 165 p.

________. *A pedagogia do oprimido.* Rio de Janeiro: Paz e Terra, 1987. 218 p.

________. *Educação como prática de liberdade.* Rio de Janeiro: Paz e Terra, 1980. 158 p.

FOCAULT, Michel. *A ordem do discurso*. São Paulo: Loyola, 1996. 80 p.

GIFFONI, Mauro de Carvalho. *Os bons e os maus*: interação verbal e rendimento escolar: do discurso à prática. 1993. 269 f. Dissertação (Mestrado em Educação) Faculdade de Educação, Universidade Federal de Minas Gerais, Belo Horizonte, 1993.

GODOY, Eliete Aparecida. *A representação étnica por crianças pré-escolares*: um estudo de caso à luz da teoria piagetiana. 1996. 253 f. Dissertação (Mestrado em Educação) – Faculdade de Educação, Universidade de Campinas, Campinas, 1996.

GOFFMAN, Erving. *A representação do eu na vida cotidiana.* 7. ed. Trad. Maria Célia Santos Raposo. Petrópolis: Vozes, 1996. 233 p.

________. *Estigma*: notas sobre a manipulação da identidade deteriorada. 4. ed. Trad. Márcia Bandeira de Nunes. Rio de Janeiro: Guanabara Koogan, 1988. 158 p.

________. *Ritual de la interacción.* Trad. Floreal Mazia. Buenos Aires: Editorial Tiempo Contemporâneo, 1970. p. 11-47.

GOMES, Jeruse V. *Socialização primária*: tarefa familiar?. *Cadernos de Pesquisa*, São Paulo, n. 91, p. 54-61, nov. 1994.

GOMES, Nilma Lino. *Corpo e cabelo como ícones de construção da beleza e da identidade negra nos salões étnicos de Belo Horizonte.* 2002. 453 f. Tese (Doutorado em Antropologia Social) – Faculdade de Filosofia, Letras e Ciências Humanas, Universidade de São Paulo, São Paulo, 2002. f. 173-206.

_______. *A mullher negra que vi de perto.* Belo Horizonte: Mazza, 1995. 198 p.

GOMES, Nilma Lino; SILVA, Petronilha Beatriz (Org.). *Experiências étnico-culturais para a formação de professores:* o desafio da diversidade. Belo Horizonte: Autêntica, 2002. p. 13-33.

GONÇALVES, Luis Alberto. *O silêncio*: um ritual pedagógico a favor da discriminação racial: um estudo acerca da discriminação racial como fator de seletividade na escola pública de 1° grau. 1985. 333 f. Dissertação (Mestrado em Educação) – Faculdade de Educação, Universidade Federal de Minas Gerais, Belo Horizonte, 1985.

GUIMARÃES, Antonio Sérgio Alfredo Guimarães. *Racismo e anti-racismo no Brasil.* São Paulo: FUSP; Ed. 34, 1999. 238 p.

IANNI, Octávio. A questão racial no Brasil. *In*: LOVELL, Peggy (Org.). A *desigualdade racial no Brasil contemporâneo.* Belo Horizonte: CEDEPLAR, 1991. p. 15-32.

INSTITUTO BRASILEIRO DE GEOGRAFIA E ESTATÍSTICA – IBGE. *Síntese dos indicadores sociais.* 2000.

INSTITUTO PICHON-RIVIÈRE DE SÃO PAULO. *O processo educativo segundo Paulo Freire e Pichon-Rivière.* 3. ed. Petrópolis: Vozes, 1991. 80 p.

KOCH, Ingedore Villaça. *A inter-ação pela linguagem.* São Paulo: Contexto, 1997.

LEMLE, Míriam. *Guia teórico do alfabetizador.* São Paulo: Ática, 1995. 75 p.

LEWIN, Kurt. *Problemas de Dinâmica de Grupo.* São Paulo: Cultrix, 1988.

LIMA, Ivan Costa. Ações educacionais em Santa Catarina. *In*: SILVA, Petronilha B. Gonçalves; BARBOSA, Lúcia M. Assunção (Org.). O *pensamento negro em educação no Brasil*: expressões do movimento negro. São Paulo: Ed. UFSCAR, 1997. p. 81-88.

LOPES, Ana Lúcia. *Ampliando o olhar*: um estudo sobre a construção da identidade da criança negra mestiça frente à experiência escolar. 1997. 195 f. Dissertação (Mestrado em Antropologia) – Faculdade de Filosofia, Letras e Ciências Humanas da Universidade de São Paulo, São Paulo, 1997.

LOPES, Véra Neusa. Procedimentos didático-pedagógicos e a conquista de novos comportamentos. *In*: MUNANGA, Kabengele (Org.). *Superando o racismo na escola.* Brasília: Ministério da Educação, 1999a. p. 199.

_______. Racismo, preconceito e discriminação. *In*: MUNANGA, Kabengele (Org.). *Superando o racismo na escola.* Brasília: Ministério da Educação, 1999b. p. 183-201.

LUDKE, Menga; MEDIANO, Zélia (Coord.). *Avaliação na escola de 1º grau*: uma análise sociológica. 3. ed. São Paulo: Papirus, 1994. 162 p.

MACIEL, Maria Inês Etrusco. *A pesquisa ação e Habermas*: um novo paradigma. Belo Horizonte: Una Ed., 1999. 90 p.

MAILHIOT, Gérald Bernard. *Dinâmica e gênese dos grupos*: atualidades das descobertas de Kurt Lewin. 3. ed. São Paulo: Duas Cidades, 1976. 147 p.

MAINGUENEAU, Dominique. *Novas tendências em análise do discurso.* 3. ed. Campinas: Pontes, 1997. 198 p.

MATOS, Maria Aparecida. O negro nos livros de literatura. *In*: SEMINÁRIO DE EDUCAÇÃO 2002. *Relações raciais e educação, cidadania e diversidade o século XXI.* Cuiabá: UFMT, 2002.

MEAD, George Herbert. *Espiritu, persona y sociedad*: desde el punto de vista del conductismo social. Trad. Florial Mazía, México: Paidos, 1993. p. 9-84, 249-343.

MELLO, Guiomar Namo de. Os estereótipos sexuais na escola. *Cadernos de Pesquisa*, São Paulo, n. 15, p. 141-144, jul. 1975.

MIRANDA, Luciana Lobo. Protagonismo juvenil: fragmentos de um olhar. *In*: FILÉ, Walter (Org.). *Batuques, fragmentações e fluxo.* Rio de Janeiro: DP&A, 2000. p. 9-24.

MOLLICA, Maria Cecília. *Influência da fala na alfabetização.* Rio de Janeiro: Tempo Brasileiro, 1998. 111 p.

MORAIS, José. *A arte de ler.* São Paulo: Unesp, 1995. 327 p.

MUNANGA, Kabengele. Prefácio. *In*: CARONE, Iray; BENTO, Maria Aparecida S. (Org.). *Psicologia social do racismo*: estudos sobre branquitude e branqueamento no Brasil. Rio de Janeiro: Vozes, 2002. p. 9-11.

_______. Negritude afro-brasileira: perspectivas e dificuldades. *Revista de Antropologia*, São Paulo, n. 33, p. 108-117, 1990.

_______. *Negritude*: usos e sentidos. São Paulo: Ática, 1986. 86 p.

NAHAS, Maria Inês Pedrosa. IQVU/IVS: experiência de construção e perspectivas de aplicabilidade de índices e indicadores na gestão urbana da qualidade de vida: uma síntese da experiência de Belo Horizonte (Minas Gerais, Brasil). *In*: BELO HORIZONTE. Prefeitura Municipal. Secretaria Municipal de planejamento.

Departamento de Informações Técnicas. *Anuário Estatístico de Belo Horizonte.* Belo Horizonte: [s.n.], 2001.

OLIVEIRA, Ivone Martins. *Preconceito e autoconceito*: identidade e interação na sala de aula. São Paulo: Papirus, 1994. 119 p.

OLIVEIRA, Marta Khol de. *Vygotsky*: aprendizado e desenvolvimento um processo sócio-histórico. 2. ed. São Paulo: Scipione, 1997. 111 p. (Pensamento e Ação no Magistério).

OLIVEIRA, Rachel. *Relações raciais na escola*: uma experiência de intervenção. 1992. 231 f. Dissertação (Mestrado em Educação) - Pontifícia Universidade Católica de São Paulo, São Paulo, 1992.

OLIVEIRA, Roberto Cardoso. *Identidade etnia e estrutura social.* São Paulo: Pioneira, 1976. 118 p.

ORLANDI, Eni Puccinelle. *Análise do discurso*: princípios e procedimentos. Campinas: Pontes, 2000. 100 p.

ORLANDI, Eni Puccinelle. *As formas do silêncio*: no movimento dos sentidos. 3. ed. São Paulo: Ed. Unicamp, 1995. 188 p.

PEREIRA, João Baptista Borges. A criança negra: identidade étnica e socialização. *Cadernos de Pesquisa*, São Paulo, n. 63, p. 41-45, nov. 1987.

PICHON-RIVIÈRE, Enrique. *O processo grupal.* 2. ed. Trad. Marco Aurélio F. Velloso. São Paulo: Martins Fontes, 1986. 181 p. (Psicologia e Pedagogia).

PINTO, Mércia da Conceição Veloso. Oficinas em dinâmicas de grupo com adolescentes na escola: a construção da identidade e autonomia mediada pela interação social. 136 f. 2001. Dissertação (Mestrado em Psicologia Social) - Faculdade de Filosofia e Ciências Humanas, Universidade Federal de Minas Gerais, Belo Horizonte, 2001.

PINTO, Regina Pahim. Movimento negro e educação do negro: ênfase na identidade. *Cadernos de Pesquisa*, São Paulo, n. 80, 1992.

_______. A educação do negro: uma revisão da bibliografia. *Cadernos de Pesquisa*, São Paulo, n. 62, p. 3-34, 1987.

RAZA, sexo, nível socioeconômico y aprovechamiento Académico. *In*: *Como las cuelas estafan a las niñas*: un estudio de las principales investigaciones en torno a lãs ninãs y la educación. Estados Unidos: AAUW, 1992. cap. 3, p. 26-29.

REIS FILHO, José Tiago. *Ninguém atravessa o arco-íris*: a subjetividade na história de negros e negras pobres. 126 f. 1995. Dissertação (Mestrado em Psicologia Social) - Faculdade de Filosofia e Ciências Humanas, Universidade Federal de Minas Gerais, Belo Horizonte, 1995.

RENA, Luiz Carlos C. *Sexualidade e adolescência*: as oficinas como prática pedagógica. Belo Horizonte: Autêntica, 2001. 246 p. (Trajetória).

ROMÃO, Jeruse. O educador, a educação e a construção de uma auto-estima positiva no educando negro. *In*: CAVALLEIRO, Eliane (Org.). *Racismo e anti-racismo na escola*: repensando a escola. São Paulo: Summus, 2001. p. 161-178.

ROSEMBERG, Fúlvia. Políticas educacionais e gênero: um balanço dos anos 1990. *Cadernos Pagu*, Campinas, n. 16, p. 151-197, 2001.

_______. Expansão da educação infantil e processos de exclusão. *Cadernos de Pesquisa*, São Paulo, 107, p. 7-40, jul. 1999.

_______. Raça e desigualdade educacional no Brasil. *In*: AQUINO, Júlio Groppa (Org.). *Diferenças e preconceito na escola*: alternativas práticas e teóricas. São Paulo: Summus, 1998. p. 73-88.

_______. Instrução, rendimento, discriminação racial e de gênero. *Revista Brasileira de Estudos Pedagógicos*, Brasília, v. 68, n. 159, p. 324-55, maio/ago. 1987a.

_______. Relações raciais e rendimento escolar. *Cadernos de Pesquisa*, São Paulo, n. 63, p. 19-23, nov. 1987b.

ROSEMBERG, Fúlvia; PIZA, Edite. A cor nos censos brasileiros. *In*: CARONE, Iray; BENTO, Maria Aparecida de S. *Psicologia social do racismo*: estudos sobre a branquitude e branqueamento no Brasil. Rio de Janeiro: Vozes, 2002. p. 91-120.

SANTANA, Patrícia Maria de Souza. Rompendo as barreiras do silêncio: os projetos pedagógicos que discutem as relações raciais em escolas da Rede Municipal de Ensino de Belo Horizonte. *In*: SILVA, Petronilha Beatriz G.; PINTO, Regina Pahim (Org.). *Negro e educação*: a presença do negro no sistema educacional brasileiro. São Paulo: Ação Educativa, 2001. p. 37-52.

SANTOS, Gláucia Romualdo dos. *Mulher não branca e magistério primário*: uma versão em preto e branco da professorinha de azul e branco?. 2001. 222 f. Dissertação (Mestrado em Educação) - Faculdade de Educação, Universidade Federal de Minas Gerais, Belo Horizonte, 2001.

SANTOS, Luiz Carlos. *Sons e saberes*: a palavra falada e o seu valor para os afro-brasileiros. 1995. 172 f. Dissertação (Mestrado em Sociologia) - Faculdade de Filosofia, Letras e Ciências Humanas, Universidade de São Paulo, São Paulo, 1995.

SCOTT, Joan. Gênero: uma categoria útil para análise histórica. *Educação e Realidade*, Porto Alegre, UFRS, n. 20, p. 71-99, jul./dez. 1995.

SILVA, Ana Célia. A desconstrução da discriminação no livro didático. *In*: MUNANGA, Kabengele (Org.). *Superando o racismo na escola*. Brasília: Ministério da Educação e Cultura, 1999. p. 13-30.

SILVA, Consuelo Dores. *Negro qual é o seu nome?*. Belo Horizonte: Mazza, 1995. 127 p.

SILVA, Maria Alice Setúbal; LOMÔNACO, Beatriz Penteado. A construção do Papel do professor: uma experiência com alfabetizadoras. *Cadernos de Pesquisa*, São Paulo, n. 75, p. 71-78, nov. 1990.

SILVA, Petronilha Beatriz Gonçalves e. *Discriminação no cotidiano das escolas*: em busca de estratégias de fortalecimento da ação dos docentes. Mimeo. Apresentado no Encontro da Pastoral do Negro em Belo Horizonte, nov. 1998.

_______. Prática do racismo e a formação de professores. *In*: DAYRELL, Juarez (Org.). *Múltiplos olhares sobre educação e cultura*. Belo Horizonte: Ed. UFMG, 1996. p. 168-178.

SKIDMORE, Thomas E. Raça e classe no Brasil: perspectiva histórica. *In*: LOVELL, Peggy A. (Org.). *Desigualdade racial no Brasil contemporâneo*. Belo Horizonte: CEDEPLAR, 1991. p. 35-50.

SLENES, Robert W. *Na senzala uma flor*: esperanças e recordações na formação da família escrava, Brasil, sudeste, século XIX. Rio de Janeiro: Fronteiras, 1999. 299 p.

SOARES, Magda Becker. *Linguagem e escola*: uma perspectiva social. São Paulo: Ática, 1992. 95 p.

SOUZA, Ana Lúcia S. Negritude, letramento e uso social da oralidade. *In*: *Racismo e anti-racismo na educação*: repensando nossa escola. CAVALLEIRO, Eliane (Org.). São Paulo: Selo Negro, 2001. p. 178-194.

SOUZA, Andréia Lisboa. Personagens negros na literatura infanto-juvenil: rompendo estereótipos. *In*: *Racismo e anti-racismo na educação*: repensando a nossa escola. CAVALLEIRO, Eliane (Org.). São Paulo: Selo Negro, 2001. p. 195-213.

SOUZA, Neusa Santos. *Tornar-se negro ou vicissitudes da identidade do negro brasileiro em ascensão social*. Rio de Janeiro: Graal, 1983. 88 p.

TEODORO, Maria de Lourdes. Identidade cultura e educação. *Cadernos de Pesquisa*, São Paulo, n. 63, p. 46-50, nov. 1987.

THIOLLENT, Michel. *Metodologia da pesquisa-ação*. 10. ed. São Paulo: Cortez, 2000. 108 p.

TONDIM, Celso Furtado. *Relação família e escola*: processos psicossociais. 2001. 147 f. Dissertação (Mestrado em Psicologia Social) – Faculdade de Filosofia e Ciências Humanas, Universidade Federal de Minas Gerais, Belo Horizonte, 2001.

VYGOTSKY, Lev Seminovich. *A formação social da mente*: o desenvolvimento dos processos psicológicos superiores. Trad. José C. Neto, Luis S. M. Barreto, Solange Castro Afeche. 3. ed. São Paulo: Martins Fontes, 1998. 191 p.

VYGOTSKY, Lev Seminovich. *Pensamento e linguagem.* Trad. Jeferson Luiz Camargos. São Paulo: Martins Fontes, 1995. 135 p. (Psicologia e Pedagogia).

YAGUELLO, Marina. Baktin, o homem e seu duplo. *In:* BAKTIN, Mikhail. *Marxismo e filosofia da linguagem.* São Paulo: HUCITEC. 1997. p. 11-19. Introdução.

Cadernos da Escola Plural

PROPOSTA POLÍTICO PEDAGÓGICA: assumindo a Escola Emergente. 1994.

TURMAS ACELERADAS: Retratos de uma nova prática. Caderno 2. Escola Plural. Coordenação Político Pedagógica. SMED. Prefeitura de Belo Horizonte. 1996.

Literatura infantil

A VIDA de Zumbi dos Palmares. MEC/FAE. 1995. (Caderno do Aluno).

ALMEIDA, Gercilga de. *Bruna e galinha d'Angola.* [S.l.]: Pallas, 2000.

BOULOIS JUNIOR, Alfredo. *20 de novembro*: a consciência nasceu na luta. São Paulo: FTD, 1992.

COOKE, Trish. *Tanto, tanto!.* São Paulo: Ática, 1994.

LIMA, Norma Sofia Coelho. *Elê... o quê?.* 5. ed. Belo Horizonte: Ed. Lê, 1991.

LISBOA, Alaíde. *A bonequinha preta.* 20. ed. atual. Belo Horizonte: Ed. Lê, [s.d.].

MACHADO, Ana Maria. *Menina bonita do laço de fita.* 4. ed. São Paulo: Ática, 1999.

MOVIMENTO DE LUTA PRÓ CRECHE. *Sou preto da linda cor*: uma proposta metodológica de combate ao racismo na educação infantil. Belo Horizonte: [s.n.], 2001.

OTERO, Regina; RENNÓ, Regina. *Ninguém é igual a ninguém*: o lúdico no conhecimento do ser. São Paulo: Ed. do Brasil, 1994.

Jornais, revistas e cartilhas

BELO HORIZONTE. Secretaria Municipal para Assuntos da Comunidade Negra. *SOS Racismo.* Prefeitura de Belo Horizonte, nov. 2001.

CARVALHO, Rosa Margarida; AGOSTINHO, Cristina. *Alfabeto negro*: a valorização do povo negro no cotidiano da vida escolar. Belo Horizonte: Prefeitura Municipal; Secretaria Municipal para Assuntos da Comunidade Negra, 2000.

LOPEZ, Imaculada. Quebrando o silêncio: a pedagoga Eliane Cavalleiro ensina a usar o diálogo contra o preconceito nas escolas. *Raça Brasil*, São Paulo, ano 4, n. 41, p. 11-14, jan. 2000.

PINTO, Tânia Regina; MOURÃO, Eduardo Leonardo. Racismo: os negros vão quebrar o silêncio. *Nova Escola*, São Paulo, n. 120, p. 10-17, mar. 1999.

PIRES, Pablo. IBGE mostra a permanência da desigualdade racial: levantamento evidencia falta de uma política de combate ao racismo no país, apesar das melhorias na área educacional. *O Tempo*, Belo Horizonte, 11 maio 2001. Magazine/Blequitude, p. 3.

Este livro foi composto em Kepler Std e impresso em
papel Offset 75 g/m² (miolo) e Cartão 250 g/m² (capa),
no mês de março de dois mil e doze.